D1641241

Christa Holtei

SOMMER OHNE KAISERWETTER

Die gebürtige Düsseldorferin CHRISTA HOLTEI *arbeitete lange Zeit im Bereich der mittelalterlichen englischen Literatur, Sprache, Geschichte und Kultur am Anglistischen Institut der Heinrich-Heine-Universität Düsseldorf. Seit 1994 ist sie erfolgreich als Übersetzerin und Autorin für verschiedene Verlage tätig.*

Christa Holtei

SOMMER OHNE KAISERWETTER

Düsseldorf 1902

ROMAN

Droste Verlag

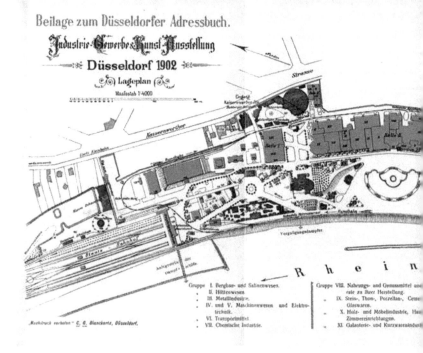

Beilage zum Düsseldorfer Adressbuch.

Industrie-Gewerbe & Kunst-Ausstellung
Düsseldorf 1902
Lageplan

Maasstab 1:4000

Nachdruck verboten C. G. Blanckertz, Düsseldorf.

Gruppe I. Bergbau- und Salinenwesen.
„ II. Hüttenwesen
„ III. Metallindustrie.
„ IV. und V. Maschinenwesen und Elektrotechnik.
„ VI. Transportmittel.
„ VII. Chemische Industrie.

Gruppe VIII. Nahrungs- und Genussmittel und erate zu ihrer Herstellung.
„ IX. Stein-, Thon-, Porzellan-, Cement-Glaswaren.
„ X. Holz- und Möbelindustrie, Hausund Zimmereinrichtungen.
„ XI. Galanterie- und Kurzwarenindustrie

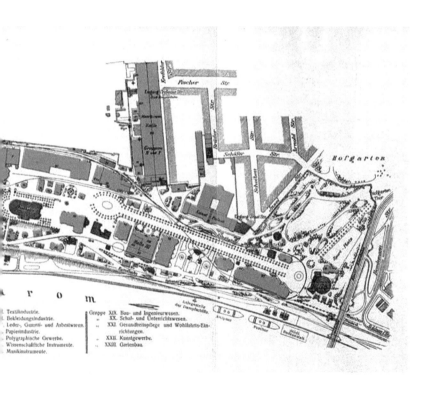

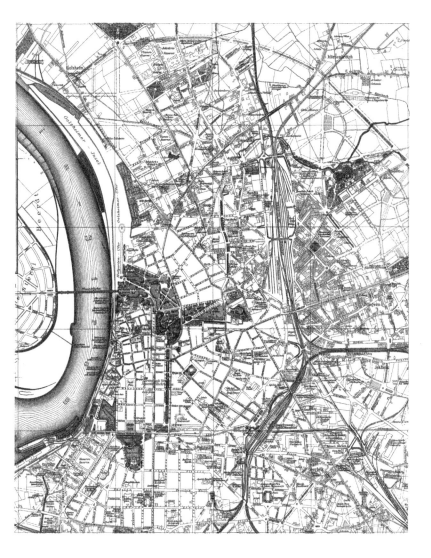

Im ganzen beförderte das Postamt der
Ausstellung 24 448 Telegramme
und 5 566 045 schriftliche Sendungen.
Unter letzteren waren 5 054 015 Postkarten und diese
natürlich zum weitaus größten Teil mit Abbildungen.
Im Durchschnitt wurden täglich 32 174 Briefsendungen,
darunter 29 214 Postkarten, ausgeliefert,
an 17 Tagen stieg die Zahl über 50 000.

(Gottfried Stoffers. Die Industrie- und
Gewerbeausstellung verbunden
mit einer Deutsch-Nationalen Kunstausstellung.
Bagel Verlag: Düsseldorf, 1903)

SAMSTAG, 10. MAI 1902

Mitten in der Nacht schlich er geduckt über den mondbe-
schienenen Golzheimer Friedhof. Er fürchtete sich nicht vor
nächtlichen Gottesäckern. Das waren friedvolle Orte voll ru-
hender Menschen. Zu Lebzeiten wären sie wohl unnachsichtig
mit ihm gewesen. Jetzt waren sie tot. Still. Ohne Stimme. Sie
würden ihn nicht aufhalten. Hier, von der Friedhofseite aus,
konnte er leicht über das hohe Gitter klettern und auf das Gelände gelangen, ohne dass ihn jemand sah. Dennoch war dies
der schwierigste Teil seiner Aufgabe, denn ganz oben auf dem
Gitter – jetzt – war er für einen Moment ohne Deckung. Bei
dem gewagten Sprung hielt er die Luft an, bis er beinahe lautlos
auf dem Boden aufkam. Das Gewicht seines Rucksacks drückte ihn dabei fast zu Boden. In gebückter Haltung blieb er wie
erstarrt stehen. Und lauschte.

Nichts.

Ab hier halfen ihm die tiefen Schatten der Gebäude, der
jungen Bäume, der Büsche. In der Dunkelheit durfte er nur
nicht den Weg verfehlen und in den großen Seerosenteich fallen. Er fürchtete sich vor Wasser. Er konnte nicht schwimmen.
„Seerosen ziehen dich in die Tiefe", hatte sein Vater immer ge-

sagt. „Sei immer vorsichtig." Und das war er. Man wusste ja auch nie, wie tief das Wasser wirklich war. Und wie unheimlich.

Er hatte genau ausgekundschaftet, wer sich nachts auf dem Gelände befand. So menschenleer, wie man denken mochte, war es gar nicht. Wachleute drehten ihre Runden, aber er kannte ihre Wege. Ein Stück weiter rechts von ihm drang plötzlich Gelächter aus einem kleineren Gebäude. Die Feuerwehrleute im Nachtdienst. Hastig lief er weiter, entfernte sich von den Stimmen, immer im Schatten der Bäume auf der großen Allee. Fast unsichtbar.

Wenn man ihn aufspüren und fragen würde, was er hier suchte – was sollte er sagen? Sie würden es doch nicht verstehen. Niemand verstand es. Nur er.

Langsam kam er seinem Ziel näher. Er konnte die Konturen der beiden Säulen erkennen. Und das Ungetüm dazwischen. Das mussten die Zentauren sein. Dort war auch die Treppe. Er fand sie und schlich hinunter zum Eingang des Restaurants. Zu der großen Tür aus trockenem Eichenholz. Er setzte seinen Rucksack ab und häufte den Inhalt ordentlich auf den Boden vor der Tür. Systematisch. Stroh, Holzspäne, ölgetränkte Lappen.

Langsam und voller Vorfreude zog er die Schachtel Zündhölzer aus der Hosentasche.

SONNTAG, 11. MAI 1902

„Kommt, wir gehen oben auf die Brücke! Da kann man besser sehen!"

Eilig verließen vier junge Damen an diesem Sonntagnachmittag im Mai 1902 das *Café auf dem Eiskellerberg* direkt neben der Kunstakademie, um ihren Plan in die Tat umzusetzen. Ein leichter Wind wehte, aber wenigstens schien die Sonne, worüber man froh und dankbar sein konnte, denn in der letzten Zeit hatte es fast nur geregnet. Alle vier trugen weiße Kleider mit schlanker Taille und hochgeschlossenem Spitzenkragen, dazu passende große Hüte, verziert mit bunten Bändern und Blumen. Weil sie es eilig hatten, hielt jede mit einer Hand ihren Hut fest, während sie mit der anderen ein wenig durch die Luft ruderte, um beim Laufen bergab nicht das Gleichgewicht zu verlieren.

„Nicht so schnell! Mein Gott, diese Jugend! *Ümmer* in Hast und Eile."

Eine ganz in dunkles Bordeauxrot gekleidete ältere Frau, der man manchmal noch anhörte, dass sie in Berlin aufgewachsen war, versuchte mit ihnen Schritt zu halten. In ihrem

Bemühen warf sie die Arme ein wenig in die Höhe, während sie ihnen mit kurzen, schnellen Schritten über den Kiesweg folgte, vorbei an den voll besetzten Tischen der beiden großen Terrassen. Amüsierte Blicke – Herren zwirbelten Schnurrbärte, Damen hoben Augenbrauen – folgten der Gruppe bis hinunter auf die Alleestraße. Man konnte den Eindruck gewinnen, dass die ältere Dame die jüngeren wie eine Schar Gänse vor sich her scheuchte.

Sie war unschwer als Anstandsdame zu erkennen, ohne die sich kein Mädchen ab einem gewissen Alter auf den Straßen oder in Cafés bewegen durfte. Allzu leicht geriet es in den Ruf, liederlich, ja sogar lasterhaft zu sein, mithin ein Fall für die Sittenpolizei. Da es sich bei diesen jungen Damen jedoch um die Töchter wohlbekannter Düsseldorfer Familien handelte, hätte natürlich kein Polizeisergeant im Traum daran gedacht, ihnen Schwierigkeiten zu bereiten. Aber es schickte sich trotzdem nicht. Und so war „Tante Hedwig" eine Institution und bei jedem Ausflug dabei. Ihre Schützlinge allerdings allein deshalb für Gänse zu halten – nun, dieser Fehler war für jeden fatal, der ihn machte.

Sie passierten die Bendemannstraße, liefen durch den kleinen Park, der anstelle des zugeschütteten Sicherheitshafens entstanden war, und nahmen schließlich einen der Spazierwege die Brückenrampe hinauf. Oben blieben sie lachend und nach Luft schnappend einen Moment stehen, denn Tante Hedwig war inzwischen doch ein ganzes Stück zurückgefallen. Auf der anderen Seite konnte man am Fuß der Rampe das hohe Gittertor der Ausstellung erkennen. Menschen strömten hinein, wurden abgefangen und energisch zum Kassenhaus gewiesen, wo prompt Rangeleien entstanden.

Die jungen Damen oben auf der Brückenrampe warteten, bis der Wagen der Elektrischen aus Oberkassel vorbeigerasselt war, überquerten die Straße und blieben am schmiedeeisernen Brückengeländer stehen, um dem Trubel zuzuschauen.

„Papa sagt, sie hätten die Schranke am Eingang vergessen", lachte Johanna. „Mit einer Schranke müsste man einzeln hintereinander hergehen. Jetzt stürmen alle auf einmal hinein und streiten sich, wer zuerst da war, um Eintrittskarten zu kaufen."

Johannas Vater, Eduard Korn, war Zeitungsredakteur. Seit am 1. Mai die große *Industrie-, Gewerbe- und Kunst-Ausstellung Düsseldorf 1902* eröffnet worden war, hatte er kaum einen Tag Ruhe gehabt. Täglich berichtete er über alles Wissenswerte oder Kuriose und war insgesamt bestens informiert.

„Wir haben Dauerkarten." Bertha seufzte unglücklich.

„Ja, wir auch!", rief Ilse. „Ist das nicht furchtbar praktisch? Man kann einfach hineingehen."

„Das ist nicht furchtbar praktisch, das ist furchtbar öde", maulte Bertha. „Es ist eine Dauerkarte, also meint Papa, man muss auch dauernd hingehen. Ich bitte euch! Maschinen, Kanonen, Automobile." Sie verdrehte die Augen. „Wie langweilig!"

Gertrud lächelte geheimnisvoll. „Ich sage nur: Halle II, Gruppe 11, 12 und 13."

„Was ist da?", wollte Bertha wissen. „Bergwerke? Eisenbahnen? Bitte nicht."

„Textil- und Bekleidungsindustrie, Galanterie und Kurzwaren, alles, was das Herz begehrt", schwärmte Gertrud. „Und Schuhe! Kinder, ich sage euch, so viele Schuhe habt ihr noch nie auf einmal gesehen."

„Ach was", schnaufte Tante Hedwig. Sie hatte die vier inzwischen eingeholt und den letzten Satz aufgeschnappt. „Firlefanz und Flausen!" Sie stützte sich auf das Brückengeländer und holte noch einmal tief Luft. „Diese Ausstellung soll lehrreich sein. Mit ihr wird nach dem Höchsten gestrebt, was man erreichen kann. Das hat der Geheime Kommerzienrat Lueg in seiner Eröffnungsrede gesagt." Und nach einem erstaunten Blick der jungen Damen fügte sie hinzu: „So stand es zumindest in der Zeitung."

Die Eröffnung der Ausstellung war geladenen Gästen vorbehalten gewesen, schließlich war sogar der Kronprinz anwesend gewesen, den alle gerne gesehen hätten. Da half nur eine Auswahl. Tante Hedwig und ihre Schützlinge hatten nicht dazugehört. Aber sie hatten sich damit getröstet, dass das Wetter ja ohnedies allzu fürchterlich gewesen war. Wem hätte es da schon Vergnügen bereitet, im strömenden Regen mitanzusehen, wie der Kronprinz die Ehrenkompanie abschritt, und sich danach im Matsch der neu angelegten Wege die Kleidung zu ruinieren?

„Ich finde die Textilindustrie sehr lehrreich." Gertrud nickte ernsthaft und sah ein bisschen so aus wie kurz vor Ostern, als sie alle noch in die zehnte Schulklasse gegangen waren, die Abschlussklasse. Aber das war jetzt zum Glück vorbei.

„Ja, und erst die Kurzwaren", sagte Ilse. „Die sind das Höchste! Ein wenig Spitze, ein wenig Litze …"

Tante Hedwig schaute sie vorwurfsvoll an. „Putzsüchtig. So nennt man das. Das leert den Geldbeutel eurer Väter und bringt sie früh ins Grab."

Johanna lachte übermütig auf. „Niemals. Es hilft dabei, ein altes Kleid wie neu auszustaffieren. Das spart doch sogar Geld, oder nicht, Tante Hedwig? Dann muss Papa mir kein neues kaufen. Das wäre nämlich viel teurer. Oder?"

„Firlefanz und Flausen", sagte Tante Hedwig noch einmal streng. Ihr wollte einfach keine Erwiderung einfallen. Mit Johanna passierte ihr das immer wieder. Sie war so ein kluges Mädchen. Tante Hedwig warf ihrer einzigen Nichte einen liebevollen Blick zu. Viel zu schade für ihr vorgezeichnetes Leben als Hausfrau und Mutter. Es war ein Jammer, dass sie kein Junge war. Aber diese Meinung behielt sie lieber für sich. Weibliche Wesen waren entweder verheiratet oder wurden alte Jungfern, so wie sie. Das war ehernes Gesetz. Tante Hedwig seufzte.

„Und wo ist nun Halle II?", hakte Bertha nach. „Die finde ich ja nie. Es sind einfach zu viele Gebäude."

„Ach, das ist doch ganz leicht", rief Johanna, „kommt mit, weiter nach oben auf die Brücke."

Sie liefen die Rampe hinauf und kamen einem der beiden riesigen Brückenpfeiler immer näher, die fast so aussahen wie Stadttore. Kutschen und Leute mit Handkarren auf dem Fahrweg hielten beim Schaffner an und bezahlten die Maut. Aus dem Kassenhäuschen im Brückenpfeiler schaute der Kopf einer Frau heraus, die Pfeile auf dem Schild neben ihr wiesen genau auf sie: *Fussgänger, hier Scheine lösen.*

„Wir müssen Brückenscheine kaufen", flüsterte Ilse.

„Aber wir wollen doch gar nicht über die Brücke", entrüstete sich Bertha.

„Eben." Johanna ging auf die Frau im Kassenhäuschen zu und sprach mit ihr. Die anderen blieben stehen und beobachteten gespannt, was passieren würde. Endlich nickte die Frau. Johanna kam strahlend zurück.

„Nicht weiter als bis zum Brückenpfeiler, sagt sie. Aber das reicht uns ja."

So dicht beim Pfeiler wie möglich stellten sie sich ans Geländer. Von hier hatten sie in Richtung Norden die Ausstellung auf ganzer Länge im Blick. Gleich vorne die Rotunde mit dem großen Panoramagemälde *Blüchers Rheinübergang bei Caub, 1814,* dann weiter zum Rhein hin der riesige Pavillon von Krupp, die „Kanonenburg", sogar ausgestattet mit einem funktionsfähigen Gefechtsmast. Gleich dahinter stand die Halle des Bochumer Vereins für Bergbau und Guss-Stahl mit ihrem Uhrenturm. Überall riesige Gebäude, Türme und Türmchen, verzierte Kuppeln. Und ganz in der Ferne, quasi am anderen Ende des Geländes, der Fesselballon, von dem aus man die Ausstellung aus der Luft betrachten konnte.

„Schaut mal", rief Gertrud, „von hier sieht es aus wie Kirchen und Paläste aus ganz verschiedenen Ländern."

„Verschiedene Länder?", fragte Ilse, verstellte ihre Stimme, so gut es ging, und hob den Zeigefinger. „Aber mein liebes Kind, denken Sie immer daran: Es gibt nur ein Land für die wahre Kunst – Italien."

„Ja, Fräulein Krause", antworteten die anderen im Chor.

Sie prusteten vor Lachen und konnten sich kaum beruhigen. Der Gedanke an ihre ehemalige Kunsterzieherin machte ihnen wieder einmal bewusst, dass die Schule endgültig vorbei war. Seit Ostern waren sie erwachsen. Zumindest fühlten sie sich so.

„Nicht so laut", mahnte Tante Hedwig, musste aber selbst schmunzeln.

„Und wo ist jetzt Halle II?" Bertha ließ nicht locker.

„Also pass auf", sagte Gertrud. „Siehst du da den Uhrenturm vom Bochumer Verein? Er sieht ein bisschen aus wie von einer Dorfkirche. Links davon stehen die beiden Siegessäulen am Zentaurenbrunnen vom Betonverein, und dann noch weiter links, aber viel weiter weg, ist eine große Kuppel. Siehst du sie?"

Bertha hatte zu allem genickt. „Ja, ganz da hinten."

„Das ist die Hauptindustriehalle, also Halle II."

„Stoffe, Kleider, Hüte, Schuhe", sang Ilse, „alles, alles, alles."

„Da ist aber noch mehr", rief Johanna. „Möbel und Musikinstrumente und Glas und Porzellan und …"

Weiter kam sie nicht. Bertha ließ plötzlich das Brückengeländer los und fuhr zu ihren Freundinnen herum.

„Habt ihr eure Dauerkarte mitgebracht?", fragte sie aufgeregt. „Sie auch, Tante Hedwig?"

Wie verabredet zeigten alle auf ihre Handtaschen, kleine Bügeltaschen, mit einer kurzen Metallkette an hübschen Gürteln befestigt. Hochmodisch.

„Worauf warten wir dann?", rief Bertha und lief die Brückenrampe wieder hinunter.

Die anderen – doch noch weniger erwachsen, als sie glaubten – folgten ihr auf der Stelle.

„Diese Jugend!", seufzte Tante Hedwig, als sie die Verfolgung aufnahm. „*Ümmer* in Hast und Eile."

Etwa zur gleichen Zeit saß Kriminalkommissar August Höfner in einer Straßenbahn der braunen Linie und fuhr auf dem Weg zu seinem Nachmittagsdienst ratternd die Cölner Straße hinunter. Eigentlich dachte er bei dem Wort „Straßenbahn" immer noch an ein gemütliches Vorwärtszuckeln mit der Pferdebahn. Aber wie so vieles hatte sich auch das in den letzten zwei, drei Jahren geändert. Die Elektrische brauste nun quietschend und in allen Schrauben und Nieten ächzend mit 15 Stundenkilometern durch die Straßen. Er vermisste den Geruch nach Pferd und Leder, das Hufgeklapper auf dem Kopfsteinpflaster, ein geduldiges „Hü!" oder ein verärgertes „Willst du wohl …!" des Kutschers. Irgendwie mochte er das neue Jahrhundert nicht. Es war, als hätte jemand an einem Rädchen gedreht, und alles würde plötzlich schneller an einem vorbeiziehen, sogar das Leben.

Es hatte einige gegeben, die die elektrischen Ungetüme auf den Straßen nicht gut fanden. Manche wehrten sich sogar erfolgreich dagegen, Eisenrosetten für die Oberleitung an ihren

Häusern befestigen zu lassen. Das war müßig gewesen. Sie hatten zwar vier Bohrlöcher in ihrer Hauswand vermieden, aber nicht die Straßenbahn. Die Trasse war trotzdem gelegt worden, und zwar durch noch unbebautes Gebiet. Jetzt hatten sie gewissermaßen das Nachsehen. Heutzutage mussten sie ein ganzes Stück weiter zur nächsten Haltestelle laufen. Wie man es drehte und wendete, die Zeiten änderten sich rapide und der Alltag gleich mit. Man konnte es nicht aufhalten. Und vor vielen Jahren war es der Pferdebahn ja auch nicht anders gegangen. Die Leute brauchten eben immer eine Weile, bis die Stimmung von „dagegen" in „dafür" umschwang. Meistens dann, wenn es die nächste Neuerung geben sollte. Wenn er ehrlich war, nur so für sich und im Stillen, dachte er ja selbst oft genauso. Und man konnte auch gar nicht anders. Im Moment veränderte sich mehr, als man jemals für möglich gehalten hätte.

August Höfner blickte aus dem Fenster. Wilhelmsplatz. Die Bahn hielt an der großzügigen ovalen Parkanlage vor dem neuen Hauptbahnhof – nun ja, der war jetzt auch schon zehn Jahre alt – und bog dann in die Bismarckstraße ein. Also, etwas Gutes hatte dieser neue Bahnhof ja gebracht: Der alte war endlich weg. Er stand nicht mehr mitten auf dem Graf-Adolf-Platz am Fuß der Königsallee. Und es fuhren keine Dampfloks mehr über die Haroldstraße zum Rheinwerft. Immer mehr Menschen lebten hier, da waren solche Zustände gar nicht mehr tragbar. Wenn man früher mit der Pferdebahn von Süden kam, musste man am alten Bahnhof aussteigen, die Bahngleise überqueren und dahinter in einen anderen Wagen der Pferdebahn umsteigen, der dann nach Norden weiterfuhr. Die Gleise der Pferdebahn konnten nämlich die höheren Bahngleise nicht kreuzen. Das gehörte mit zum Gefährlichsten, was man auf Düsseldorfs Straßen erleben konnte. Es herrschte ein dichtes Gedränge: Fahrgäste, Reisende, Fußgänger, Fuhrwerke,

Pferde, Kutschen und Droschken, ja manchmal kam sogar noch eine Dampflok dazu. Hufe und Räder waren überall, und man konnte leicht daruntergeraten, bevor man endlich den rettenden Wagen der Pferdebahn auf der anderen Seite der Schienen erreichte.

Kriminalkommissar Höfner seufzte schwer, während er gedankenverloren nach draußen auf ein viereckiges weißes Emailleschild in einem geschwungenen eisernen Rahmen starrte. *Halte-Stelle der Strassenbahn* las er und an der Hauswand dahinter das Straßenschild *Oststraße.* Die Bahn fuhr gerade wieder an, als ihn diese Information wie ein Blitz durchzuckte. Aber er beschloss, sich nicht zu ärgern. An der Haltestelle hätte er in die rote Linie umsteigen müssen, um zur Nordstraße zu kommen und damit zu dem Eingangstor der Ausstellung, das der Polizei- und Sanitätswache auf dem Gelände am nächsten lag. Nun, stattdessen würde er heute also zum Hofgartentor am Ende der Alleestraße fahren. Zum Haupteingang. Zu dem Tor, durch das sogar der Kronprinz bei der Eröffnung der Ausstellung gefahren war. Das war doch mal ein guter Dienstbeginn. Zufrieden mit dieser unerwarteten Wendung lehnte er sich zurück.

Noch vor ein paar Wochen wäre ihm so etwas nicht passiert. Da musste er gar nicht mit der Straßenbahn zur Arbeit fahren. So viel stand fest: Er war überhaupt nicht davon erbaut, dass man ihn zum Dienst auf der Ausstellung abgeordnet hatte. In Golzheim. Da kannte er sich noch nicht einmal aus! Sein Revier war Oberbilk. In der Josefstraße 21, in einem der hübschen Häuser, die dem Installateur Reinhard Otterbach auf dieser Straße gehörten, befand sich im Parterre *Polizei-Bezirks-Bureau und Polizeiwache IV.* Seine Polizeiwache. Darüber, in der ersten Etage, wohnte er, seine beiden Wachtmeister hatten die Wohnungen in der zweiten Etage, und sein Polizeisergeant lebte mit Frau und Kind in der dritten. Rund um die Uhr war jemand auf der Wache, unter der Nummer „16" auch per Telephonapparat erreichbar. Sein morgendlicher Weg zum Arbeitsplatz betrug exakt vierundzwanzig Treppenstufen und einen Meter dreißig Flur. Nur zwei Häuser weiter, in der Nummer 17, war eine Bäckerei, gegenüber eine Metzgerei und eine Kolonialwarenhandlung. Und die Zeit wurde von St. Josef schräg gegenüber eingeteilt. Dienstbeginn, Mittag, Dienstschluss. Eine Taschenuhr war überflüssig, seit letztes Jahr die fünf Bronzeglocken in den neuen Turm gehängt worden waren. Mehr brauchte man nicht. Keine weiten Wege, überall bekannte Gesichter, lieb gewordene Gewohnheiten. Es hatte ihn insgesamt ein wenig behäbig werden lassen, ein wenig rundlich, aber nichtsdestoweniger war er nach wie vor gefürchtet. Er kannte seine Oberbilker Pappenheimer, und sie kannten ihn, und das schon sehr lange. Eigentlich hatte er so kurz vor seiner Pensionierung an dieser beschaulichen Ruhe nichts ändern wollen. Doch dann war der Brief gekommen. Die Abordnungsanordnung von Mai bis Oktober. Er hatte die Zeilen überflogen: „… langjährige Erfahrung … stets erfolgreiche Polizeiarbeit … besonders befähigt … daher ausgewählt …" Mit anderen Worten: Man lobte ihn, nur um dann kurz vor Schluss noch einmal sein ganzes Leben durcheinanderzuwerfen. So sah er das.

Im Vorüberfahren blinkte draußen der Schalenbrunnen auf dem Corneliusplatz in der Sonne. Wenigstens schien sie endlich, und der Dauerregen hatte aufgehört. Und dahinten stand es: das nagelneue Parkhotel. Neunzig Zimmer, hatte in der Zeitung gestanden, einhundertzwanzig Betten und eigens erbaut für die fürstlichen Besucher der Ausstellung. Es besaß alle modernen Annehmlichkeiten eines großstädtischen Grandhotels: Zimmer für die Dienerschaft auf jeder Etage, einen hydraulischen Aufzug, eine Dampfniederdruckheizung, elektrisches Licht und fließend warmes Wasser. Davon konnte er beim Treppensteigen zu seiner Wohnung mit Kaltwasserleitung und Kohleofen nur träumen. August Höfner seufzte wieder. Purer Luxus. Nichts für ihn und seinen Geldbeutel. Und überhaupt. Bis er seine rundliche Figur aus weichen, schmeichelnden Seidendaunen gewälzt hätte, wären die Verbrecher schon über alle Berge. Er schmunzelte bei der Vorstellung. Obwohl – im Winter …

Nun ja, wie auch immer, jetzt schlängelte sich die Bahn durch die Flinger Straße und bog in die Marktstraße ein. Einige Leute stiegen am Rathaus aus und gingen über den Marktplatz davon. Höfners Blick folgte den Konturen des neuen Rathauses. Noch so eine Neuerung. Er verstand sie auch nach achtzehn Jahren nicht. Anstelle des alten Stadttheaters stand da ein riesiger Turm, der den Marktplatz verdunkelte. Er bewachte ein großes halbes Haus zu seiner Rechten, zu seiner Linken duckte sich das Grupellohaus quasi verängstigt beiseite. Das neue Rathaus sah fehl am Platze aus. Es wirkte kolossal … unfertig. Als hätte man für die zweite Hälfte keinen Platz mehr gehabt. Und so war es ja auch. Der bronzene Jan Wellem auf seinem Sockel drehte dem Ganzen jedenfalls den Rücken zu. Höfner tauschte noch schnell einen verständnisvollen Blick mit dem Kurfürsten, bevor die Bahn ihn weiter zum Burgplatz trug, von wo sie eigentlich wieder zurückfahren würde. Während der Ausstellung allerdings nicht. Da fuhr sie weiter zur neuen Rheinufer-Promenade.

Dagegen hatte fast niemand protestiert, denn am Rhein promenieren zu können und durch eine Mauer gegen Hochwasser geschützt zu sein, das waren Vorteile, gegen die niemand etwas einzuwenden hatte. Man vermisste einzig den weiten Blick über den Fluss Richtung Norden. Dort spannte sich jetzt unübersehbar eine neue Brücke über den Rhein und verstellte mit ihren eisernen Bögen die Aussicht. Aber – und auch das musste man einsehen – über diese Brücke fuhr sogar die Straßenbahn. Und man musste nicht mehr regelmäßig die Schiffsbrücke für Dampfer und Lastkähne öffnen, was bedeutete, dass Fußgänger und Kutschen warten mussten. Die neue Brücke schwankte nicht mit dem Wasser, sie riss sich bei Sturm nicht los, und sie konnte mehr Gewicht tragen. Und wenn man die schöne Aussicht wollte, konnte man oben auf der Brücke weiter sehen als je zuvor. Nun, dachte August Höfner, eigentlich kam es bei all diesen Veränderungen ja nur darauf an, was man aus ihnen machte.

Die Bahn bog in die Bendemannstraße ein, fuhr zwischen Brückenrampe und Kunstakademie her und hielt am Eiskellerberg, um die letzten Fahrgäste zu entlassen. Auch Höfner ergriff seinen Schirm, stieg aus und machte sich auf den Weg zur gegenüberliegenden Seite, zum Hofgartentor am Fuß der Rampe. Nach diesem unverhofften Ausflug fühlte er sich erquickt genug für seine Arbeit.

Tante Hedwig schnaufte erleichtert, als sie und ihre Schützlinge am Gitter des Hofgartentores ankamen. Sie stellten sich in die Schlange vor dem Kassenhäuschen, wo sie ihre Karten vorzeigen mussten. Es ging nur langsam voran, aber es bewegte sich. Die Dauerkarten für Damen waren ziegelrot, von einer Schreibstube der Ausstellung mit Datum und Namen der Besitzerin versehen und auf eine eingereichte Fotografie geklebt worden.

Ilse hielt triumphierend ihre Karte hoch. „Ein Glück, dass ich sie mir zu Weihnachten gewünscht habe. Später kamen sie mit der Lieferung kaum nach."

„Papa hat sie uns einfach zu Weihnachten geschenkt", seufzte Bertha, lächelte aber gleich darauf. „Jetzt bin ich natürlich froh, dass ich sie habe."

„Stimmt." Gertrud bewegte sich mit den wartenden Menschen ein paar Schritte vorwärts. Es konnte nicht mehr lange dauern, bis sie an der Kasse waren. „Wir haben noch schnell im März bestellt, weil die Karten ab April ja eine Mark teurer werden sollten."

„Das war doch der Sinn der Sache", sagte Johanna und grinste.

„Was meinst du?"

„Sind die Karten denn teurer geworden?", fragte Johanna mit verschmitztem Gesicht.

Gertrud zuckte die Schultern. „Keine Ahnung."

„Sind sie nicht! Aber alle wollten noch schnell an die billigeren Karten kommen, und da wurden im März so viele Karten bestellt wie noch nie."

„… sagt dein Vater?", wollte Ilse wissen.

„Sagt mein Vater", nickte Johanna.

Ein junger Mann, der vor ihnen in der Schlange stand, wandte sich um und musterte die Damengesellschaft wohlwollend durch sein Monokel.

„Das muss ein kluger Vater sein", sagte er lächelnd.

Tante Hedwig plusterte sich ein wenig auf. Bei diesem Leutnant in Zivil – und genau das musste er ihrer Meinung nach sein, schließlich trugen die allesamt Monokel – handelte es sich mit Sicherheit um ein Exemplar der Sorte „gefährlicher junger Mann". Sie signalisierte also unmissverständlich, dass sie bereit war, für ihre Schutzbefohlenen auch noch größere Unannehmlichkeiten in Kauf zu nehmen.

„Ich wüsste nicht, was Sie das …"

„Ja", sagte Johanna schnell und wandte sich dem Unbekannten zu, „das ist er. Klug, meine ich. Und er würde nie einfach so fremde Leute in ihrer Unterhaltung stören."

„Oh, entschuldigen Sie." Der junge Mann deutete amüsiert eine Verbeugung an. „Das bringt mein Beruf so mit sich." Mit einem effektvollen Zucken der Augenbraue ließ er sein Monokel vom Auge fallen, was sein Gesicht nur noch jung und sehr viel weniger verwegen aussehen ließ. „Gestatten? Kurt Mäckerrath. Ich bin Reporter bei den *Düsseldorfer Allerneuesten Nachrichten*. Vielleicht haben Sie schon von mir gehört?"

Johanna verneinte und überlegte gleichzeitig, wie sie aus dieser unbedachten Unterhaltung am besten wieder herauskäme, als ihr ein älterer, rundlicher Herr mit einem Schirm unter dem Arm zu Hilfe kam. Er zog seinen Hut, nickte freundlich in die Runde und fragte: „Gibt es hier ein Problem, meine Damen? Sehen Sie, ich kenne diesen Herrn. Er kann manchmal sehr lästig sein, nicht wahr, Herr Mäckerrath?"

„Aber lieber Kriminalkommissar Höfner! Ich bin doch nicht lästig." Der Reporter klemmte – ein wenig ungehalten – sein Monokel wieder vors Auge. „Ich tue nur meine Arbeit. Und wenn Sie mir nicht glauben, lesen Sie morgen einfach die Zeitung. Guten Tag, die Herrschaften!"

Mit einer kurzen Verbeugung drehte er sich wieder um und war nun zum Glück auch schon an der Reihe, seine Dauerkarte vorzulegen. Neugierig beobachtete Johanna den seltsam aufdringlichen Mann. Wenigstens hatte er sie nicht belogen. Wie ihr Vater besaß er tatsächlich die blaugrüne Karte mit den beiden roten Schlangenlinien für die Pressevertreter. Ohne sich noch einmal umzuwenden, verschwand er in der Menge.

Als sie alle glücklich an der Kasse vorbei waren und auf dem Ausstellungsgelände standen, verabschiedete sich der Kommissar von den Damen.

„Ich wünsche Ihnen noch einen schönen Tag. Und wenn Sie morgen in den *Allerneuesten Nachrichten* lesen: ‚Kommissar verbietet Pressearbeit‘, dann glauben Sie es besser nicht.“ Er zog noch einmal den Hut und ging schnell davon.

Tante Hedwig seufzte tief. „Was für ein netter Mann.“ Sie schaute ihm versonnen nach.

Johanna warf ihren Freundinnen einen verschmitzten Blick zu. Sie taten alle ihr Bestes, nicht auf der Stelle loszuprusten.

„Aber Tante Hedwig! Der ist doch schon so alt!“

„Ach Kind“, seufzte Tante Hedwig noch einmal, „was weißt du denn vom Alter?“ Ein Ruck ging durch ihre Gestalt. „So, und nun kommt. Wir haben viel vor.“

Diesmal marschierte Tante Hedwig entschlossen voraus. Auch die vier jungen Damen dachten nicht mehr an Reporter und Kommissare, denn jetzt wollten sie fast auf eigene Faust die Ausstellung erkunden.

„Ja, danke, Redemann, dann bleibt es dabei.“ Ernst Döring nickte dem Hausmeister zu und malte ein Häkchen auf die Liste vor sich. „Sie sagen Zimmermann Bescheid. Einen schönen Sonntag noch.“

Er verabschiedete den älteren Mann, der bereits wieder an der Tür des Bureaus stand. Redemann setzte sich mit geübtem Schwung die Schirmmütze auf und beeilte sich, den Auftrag des Geschäftsführers auszuführen. Döring lehnte sich seufzend zurück. Am Mittwoch fing der Trubel an, und er würde bis Oktober nicht mehr abreißen. Er wusste aus Erfahrung, dass der Betrieb, den er leitete, nämlich die Städtische Tonhalle an der Schadowstraße/Ecke Tonhallenstraße, wie eine Maschine arbeiten würde. Jedes Rädchen hatte er sozusagen persönlich geölt. Ab morgen würde er noch den nötigen Schwung hineinbringen, und dann, wenn nichts Unvorhergesehenes passierte, lief diese Maschine unter seiner Aufsicht von allein. Josef Redemann, der Hausmeister, war ein wichtiges Rädchen, Hubert Zimmermann, der Städtische Tonhallengärtner, ein anderes. Leute, auf die er sich verlassen konnte, was ihn ungemein beruhigte. Immerhin arbeiteten sie alle für das zurzeit größte und vornehmste Konzert- und Gesellschaftshaus im Westen Deutschlands.

Die großen Veranstaltungen, das Goethefest zum siebzigsten Todestag oder das Niederrheinische Musikfest Ende nächster Woche, zu dem wie immer die Menschen strömen würden, wollten organisiert sein. Letztes Jahr hatte er Stuck und Wände im Kaisersaal renovieren und das Deckengemälde im Rittersaal erneuern lassen. Für den prächtigen Rahmen der Feste und auch der über hundertfünfzig Konzerte in diesem wichtigen Jahr 1902 war also gesorgt. Döring fuhr mit dem Finger über den Plan der Tonhallensäle, den sein Sekretär Franz Brieden ausgearbeitet hatte. Für die Zeit der Ausstellung waren über neunhundert Kongresse und andere Treffen von zum Teil sehr großen Gruppen angekündigt. Ein Großteil davon fand in der Tonhalle statt, die ein sehr viel komfortablerer Ort war als die Gebäude auf dem Ausstellungsgelände. Nächste Woche Mittwoch machten siebzig Oberbürgermeister von deutschen Städten mit mehr als 50 000 Einwohnern den Anfang, mit einem Festessen zum Abschluss ihres Treffens. Eine kleine Gruppe. Bei dem schlechten Wetter zurzeit im Tonhallengarten zu feiern, was sonst jeder immer gerne tat, kam nun überhaupt nicht infrage. Solchen Gruppen musste man einen der vielen kleineren Säle anbieten. Auf dem Plan war ersichtlich, dass Sekretär Brieden für die Bürgermeister den Oberlichtsaal in der Nähe des Rittersaals gewählt hatte. Sehr gut. Sie würden sich dort wohlfühlen.

Ende nächster Woche dann, am Pfingstsonntag, begann das Niederrheinische Musikfest. Parkett und Balkone im Kaisersaal waren mit fast dreitausend Karten schon lange ausverkauft, schließlich hatte man aus diesem Anlass bereits zum dritten Mal Richard Strauss als Gastdirigenten gewinnen können. Und seit vielen Jahren – nein, eigentlich schon damals, vor vierzig Jahren, als die Tonhalle aus Stein den ursprünglichen hölzernen Saal ersetzt hatte, in dem noch Mendelssohn, Rietz, Hiller und Schumann aufgetreten waren, seitdem jedenfalls hatte es sich eingebürgert, dass das Publikum im Parkett während eines Konzertes an langen Tischen saß und speiste. Man musste jedes Mal mit ungefähr tausend Gedecken rechnen. Aber auch hier konnte er als Geschäftsführer völlig beruhigt sein, denn der Restaurantchef Wilhelm Spickernagel wusste immer genau, was er tat. Insgesamt, so war schon einmal von dritter Seite angemerkt worden, wäre es für die Musiker und Sänger vielleicht leichter und auch besser für die Konzentration, wenn das Publikum wie anderswo auch nur auf Stühlen säße und zuhörte, aber die Einbußen für die Wirtschaftsbetriebe wären natürlich enorm. Solange Musikdirektor Julius Buths sich jedoch nicht über Gläsergeklirr und tausendfaches Teller- und Besteckgeklapper beschwerte, konnte man es dabei belassen.

Mit einem wichtigen Mann im Haus hatte er noch nicht gesprochen: Paul Hürter. Im Gegensatz zu ihm selbst, Hausmeister Redemann und einigen anderen Mitarbeitern hatte Hürter keine Wohnung in der Tonhalle, sondern wohnte auf der Cölner Straße. Aber ab dem frühen Nachmittag, das wusste er, war der Kellermeister auch sonntags immer in der Tonhalle anzutreffen. Döring stand von seinem Schreibtisch auf und verließ das Bureau, um die Treppe hinunterzugehen und in Gefilde vorzudringen, die dem Publikum verborgen blieben. Paul Hürter war der Herrscher der Unterwelt, im wahrsten Sinne des Wortes. Die riesigen Gewölbekeller unterhalb der großen Säle waren sein Reich, das sich über fünf Fasskeller, zwölf Flaschenkeller und einen Probierraum erstreckte. Man konnte mit Stolz behaupten, dass die Biere und Weine aus der Tonhallen-Kellerei über Düsseldorfs Grenzen hinaus berühmt waren. Im Probierraum stand Paul Hürter an einem Tisch, vor sich verschiedene geöffnete Flaschen. Als Döring den Raum betrat, spuckte der Kellermeister gerade einen Schluck Wein in ein dafür vorgesehenes Gefäß.

„Kommen Sie herein!", rief er Döring strahlend zu. „Probieren Sie! Das ist der neue Mosel. Wunderbar."

„Ist er das?", fragte Döring skeptisch. „Mir ist Mosel immer zu sauer, nicht süffig genug, eben anders als Rheinwein oder ein Badischer."

„Das sagen alle, die es nicht besser wissen", strahlte Hürter. „Aber dieser hier wird Sie bekehren. Ein Piesporter Riesling, nicht ganz billig, aber jede Mark wert."

„Danke, aber …"

„Keine Widerrede. Nur ein, zwei kleine Schlückchen, mehr nicht. Sie wollen ja noch einen klaren Kopf behalten."

Döring mochte kein Spielverderber sein, denn der Kellermeister schien wirklich begeistert von diesem Wein. Vorsichtig nahm er einen Schluck aus dem kleinen Probierglas. Er erwartete den typisch sauren Geschmack von Moselwein, den er so gar nicht leiden konnte. Er erwartete, dass sich sein Mund zusammenzog und die Geschmacksnerven rebellierten. Er hatte nie verstanden, warum die Düsseldorfer ihr „Möselchen" weitaus lieber mochten als alle anderen Weine auf der Karte. Aber während der Kellermeister ihn gespannt ansah, passierte etwas

Unerwartetes. Er schmeckte – wie sollte man das am besten beschreiben – Zitrone und Pfirsich? War das möglich? Mit einer gewissen Süße, aber dann auch wieder trocken genug, um ihm zu gefallen. Er hatte die gängigen Bezeichnungen für den Geschmack eines Weines immer für übertrieben gehalten, aber wie sollte man einen süffigen, leichten, sympathischen Wein anders beschreiben?

Hürter sah mit breitem Lächeln zu, wie der Geschäftsführer genüsslich den zweiten Schluck probierte und offenbar nicht enttäuscht wurde.

„Nun?“

„Sie haben recht. Wunderbar.“

„Genau meine Rede!“ Der Kellermeister nickte zufrieden. „Dazu etwas helles Huhn oder Kalb, ein Fisch wäre auch möglich. Mehr braucht es nicht.“

Das brachte Döring auf eine Idee. „Haben Sie schon mit Spickernagel darüber gesprochen?“

„Ach, Sie meinen …“

„Ja sicher. Wir machen es einmal anders als sonst. Passende Speisen zu einem guten Wein. Lassen Sie die Düsseldorfer doch ihren heiß geliebten Moselwein richtig feiern.“

„So machen wir's“, sagte Hürter vergnügt. „Gleich morgen rede ich mit Spickernagel.“

Döring überließ den Kellermeister wieder seiner Weinprobe. Vielleicht fand er ja noch weitere Weine, zu denen bestimmte Speisen besonders gut passen würden. Er nickte zufrieden, während er beschwingt die Treppe wieder hinauflief. Man musste die Rädchen nur ölen, dann lief die Maschine wie von selbst.

Warum, überlegte August Höfner, während er vom Hofgartentor Richtung Kunstpalast ging, musste Mäckerrath anderen Menschen immer lästig fallen? Nun gut, auch der tat nichts anderes, als sein Geld zu verdienen. Man kam schließlich nur an Auskünfte, wenn man fragte. Trotzdem, dieser Reporter fragte nicht bloß. Er hakte nach, er insistierte, er verfolgte seine Auserkorenen, beharrlich und hartnäckig, immer wieder, wie eine Stubenfliege. Das hatte er, Höfner, vor einem Jahr am eigenen Leibe erfahren. Damals war es um eine Serie von Einbrüchen in Oberbilk gegangen, und er hatte nichts dagegen gehabt, dass die Zeitung berichten wollte. Mäckerrath hatte ihm begeistert erzählt, dass er jetzt anders arbeite. Moderner. Auch der Journalismus verändere sich schließlich, besonders in Amerika. Die Auflagen der New Yorker Zeitungen von Pulitzer und Hearst – hier war Mäckerrath direkt ins Schwärmen geraten – stiegen dadurch ins Unvorstellbare. Höfner hatte diese Namen noch nie gehört. Er war froh gewesen, als die Einbrecher gefasst waren, als der Reporter aufhörte, Leute zu verdächtigen, die überhaupt nichts mit allem zu tun hatten, und als die haarsträubenden Sensationsberichte in der Zeitung endlich aufhörten, aus dem einfachen Grund, weil es nichts mehr zu berichten gab. Das hatte am Ende auch Mäckerrath einsehen müssen. Für ihn, Höfner, sahen Zeitungsartikel anders aus, gerade wenn es um Verbrechen ging. Aber zum Glück war Mäckerrath nur ein Einzelfall.

Und wegen dieses Reporters musste Höfner sich jetzt auch noch beeilen. Durch den kleinen Zwischenfall hatte er keine Zeit mehr, gemütlich Richtung Norden zur Polizeiwache zu spazieren. Das dauerte mindestens eine Viertelstunde, also viel zu lange. Sein Kollege wartete bestimmt schon sehnsüchtig auf Ablösung. Aber Höfner hatte Glück. Als er um die Ecke bog, um am Kunstpalast vorbeizulaufen, kam ihm die elektrische

Rundbahn entgegen. Sie bestand aus einem an den Seiten offenen Wagen, in den man direkt an den Sitzplätzen einsteigen konnte, und fuhr alle fünf Minuten. Höfner ging ein wenig schneller, stieg ein, und während er noch seine zwanzig Pfennig beim Schaffner bezahlte, war die Bahn bereits in einer eleganten Kurve am Rundbau des Blücher-Panoramas und am großen Musikpavillon vorbeigefahren und hielt bei der Krupp'schen Kanonenburg. Höfner fiel auf, dass er noch gar keine Zeit gehabt hatte, sich alles in Ruhe anzusehen. Er kannte die Pavillons und Hallen von außen, hatte sich ihre ungefähre Lage eingeprägt, aber mehr nicht. Schon in den ersten Tagen hatten ihn Taschendiebe auf Trab gehalten, und vor allem Verkäufer von Katalogen, Führern und Ansichtskarten, die nicht von der Ausstellungsleitung autorisiert waren und deshalb auf dem Gelände nicht verkauft werden durften. Und dann hatte es noch mehrere Brände gegeben. Nichts Aufregendes. Sie waren allesamt auf das immer noch neue technische Wunder der Elektrizität zurückzuführen. Schaltbretter waren heiß geworden und hatten sich entzündet. Da aber aus Sicherheitsgründen jeder Brand auf der Ausstellung wie ein Großfeuer behandelt wurde, hatte die Feuerwache neben der Hauptindustriehalle ausreichend zu tun gehabt. Die Glocke des Spritzenwagens hatte alles in Aufregung versetzt, die Menschen waren zur Seite gesprungen, die Feuerwehrleute hatten Aufstellung genommen – aber da war der Brand meistens schon vom Aufsichtspersonal gelöscht worden. Zum Glück waren ja die roten Feuer-Annihilatoren von Bauer in Bonn in jedem Pavillon und in jeder Halle vorgeschrieben. Trotzdem. Sie würden es immer wieder so machen. Man konnte nie wissen.

Die Bahn fuhr nah am Rhein entlang nach Norden, passierte die Haltestellen „Betonverein" und „Festhalle" und kam nach etwas mehr als fünf Minuten Fahrzeit am Haupt-Wein-restaurant an. Hier stieg Höfner aus. Trotz der vielen Besucher, durch die er sich kämpfen musste, war er jetzt zu Fuß schneller als die Rundbahn. Er ging durch die immer noch neu wirkende hügelige Parkanlage am Haupt-Weinrestaurant vorbei in Richtung Kaiserswerther Straße. Dort, wo der hohe Gitterzaun die Grenze des Ausstellungsgeländes anzeigte, ragten auf einem großen Areal direkt nördlich vom Golzheimer Friedhof die schneebedeckten Gipfel der Tiroler Alpen in die Höhe. Höfner hatte sie sich bereits genauer angesehen, denn die riesige Kulisse imponierte ihm. Die Modelleure der Firma Boswau & Knauer hatten sich selbst übertroffen. Aus Holz, Gips und feuersicherer Drahtputzmasse war die Landschaft von Zillertal und Suldental entstanden, deren Berghänge man mit einer Seilbahn erreichen konnte, auf die höchsten Gipfel gelangte man mittels eines modernen Aufzuges. Der Alpenverein Düsseldorf hatte sogar die „Düsseldorfer Hütte" vom Suldental originalgetreu nachbauen lassen. Wer nicht mit der Seilbahn wieder hinunterschweben wollte, stieg auf einem Pfad am Wasserfall vorbei ins Tal und gelangte unterwegs über eine Rutschbahn, die sogar dem Kronprinzen überaus gefallen hatte, zum unterirdischen Berchtesgadener Salzsee im Fackellicht. Zurück auf ebener Erde konnte man sich in der Gastwirtschaft im „Tiroler Dorf" bei Bier oder Wein von alpenländischer Musik und Tanz unterhalten lassen. Höfner staunte inzwischen nicht mehr über die schroffen Felsen und grünen Almwiesen aus Stuck oder über die bläulich bemalten Schneegipfel, die fast bis zur Kreuzung Kaiserswerther und Rolandstraße reichten. Er hatte gelernt, dass solch eine Alpenlandschaft seit vielen Jahren zu jeder großen Ausstellung dazugehörte. Was ihm aber zu schaffen machte, zumal bei der Arbeit, war der tägliche Lärm der Alphörner, das Stampfen der Schuhplattler und das Jodeln aus einem Dutzend geübter Tiroler Kehlen. Schloss man jedoch Tür und Fenster der Polizei- und Sanitätswache fest zu, konnte man wieder verstehen, was die Kollegen sagten.

Die Wache war in einem hübschen Fachwerkhaus aus Holz und Stuck untergebracht, das versteckt zwischen dem Pavillon der Benrather Maschinenfabrik und der Cantine an der Kaiserswerther Straße stand. Diese Cantine gegenüber dem Alpenpanorama hatte Höfner mit dem ungeliebten Dienst auf der Ausstellung teilweise versöhnt. Hier, nur ein paar Schritte von der Wache entfernt, konnte er ganz bequem für sein leibliches Wohl sorgen. Jean Schmitz, der Wirt, bot die rheinischen Gerichte an, die niemanden hungrig vom Tisch aufstehen ließen. In seinem zweiten Beruf war er Garderobier in der Tonhalle und kannte natürlich den dortigen Küchenchef. Vielleicht hatte er sich von ihm beraten lassen und sein Essen schmeckte deshalb so gut.

Als Höfner sich der Wache näherte, sah er einen der beiden Oberfeuerwehrmänner herauskommen und eilig davongehen. Neugierig betrat er das Haus. Bereits an der Tür empfing ihn eine alarmierende Frage.

„Ist denn jemand verletzt worden?"

„Zum Glück nicht", antwortete ein Polizeisergeant, „sonst hätten unsere Sanitäter ja auch schon längst davon gehört."

Es war Lenzen, der Sergeant, mit dem Höfner für die Zeit der Ausstellung enger zusammenarbeitete. Lenzen berichtete mit ausholenden Gesten, umringt vom diensthabenden Arzt, den Sanitätern und anderen Polizeisergeanten der Nachmittagsschicht, was er Neues erfahren hatte. Höfner trat besorgt näher.

„Was ist passiert, Lenzen?"

Lenzen nahm Haltung an und schlug die Hacken zusammen. Man merkte den Sergeanten die militärische Ausbildung, die viele von ihnen vor dem Polizeidienst genossen hatten, auch nach längerer Zeit noch an.

„Ein Brand. Heute Nacht, Herr Kommissar", schnarrte Lenzen. „Restaurant Betonverein. Selbstentzündung."

„Wie bitte?" Höfner war nun doch erstaunt. Er wedelte mit einer Hand in Lenzens Richtung, was so viel bedeutete wie „Rühren".

Bei Lenzen war das notwendig, so viel wusste Höfner inzwischen, sonst käme er aus seiner strammen Haltung überhaupt nicht mehr heraus.

„Ein Feuer, das sich selbst entzündet? Wie soll das denn vonstattengehen?"

„Mit Lappen, Herr Kommissar."

„Mit Lappen? Was für Lappen?"

„Kommen Sie, Herr Kommissar, ich zeige es Ihnen am besten vor Ort."

Höfner schaute Lenzen durchdringend an. So gut kannte er ihn noch nicht, deshalb war er nicht ganz sicher, ob der Sergeant nicht überraschenderweise eine Art von Humor an sich entdeckt hatte und sie nun an seinem Vorgesetzten ausprobieren wollte. Aber Lenzen hatte ein ernstes Gesicht und sprach auch wieder in ganzen Sätzen.

„Nun gut, Lenzen. Zeigen Sie mir, wo es gebrannt hat."

Kaum fünfzehn Minuten später stand Höfner vor einer riesigen Brunnenskulptur aus Beton und versuchte, sie zu mögen. Um mit Lenzen die Brandstelle zu erreichen, war er zum zweiten Mal an diesem Tag mit der Rundbahn gefahren. Direkt gegenüber dem Kunstpalast mit seiner barock anmutenden hohen Kuppel lag nahe am Rhein der Ausstellungspavillon des Betonvereins. Es war eine große Anlage aus mehreren Wasserbecken, unter und neben ihr in Tunneln mit Oberlichtfenstern die Ausstellungsräume und das Restaurant *Münchener Franziskaner-Keller*. Alles hier bestand aus gegossenen Kunststeinen und zeigte die Möglichkeiten dieses neuen Baumaterials. Es gab Wasserspeier in Fischform, Mauern, Tunnel, Treppen, Säulen, breite Stufen für die Wasserkaskade in das zweite Becken – und eben eine aus Beton gegossene Brunnenskulptur. Sie war irgendwie zu groß für das obere Becken. Höfner beschloss, dass das der Grund war, warum sie ihm nicht gefiel. Sie war faszinierend, aber sie war ihm zu wuchtig. Eine Art Fels in der Mitte, darauf zwei Zentauren, ein toter weiblicher, daneben ein männlicher Zentaur, der verzweifelt mit einer vielköpfigen Schlange rang, die ihn zu umschlingen drohte. Die Köpfe der Schlange ragten überall empor, einer auch hoch oben im festen Griff des Zentauren. Aus jedem der Köpfe schoss eine Fontäne in die Höhe und fiel ins Becken zurück. Das Wasser im Becken sah dadurch aus, als ob es brodelte. Dramatisch. Aber …

„Kommen Sie hier entlang, Herr Kommissar", beendete Lenzen die künstlerischen Überlegungen seines Vorgesetzten. „Es ist hier unten."

Nach einem letzten kritischen Blick auf die Skulptur wandte sich Höfner ab und folgte dem Sergeanten.

„Haben Sie auch gehört, dass diese Brunnenanlage für immer hier bleiben soll?", fragte er betrübt, während sie an der Stufenkaskade vorbei die Treppe hinuntergingen.

„Ja, Herr Kommissar", antwortete Lenzen sachlich knapp. „Das habe ich auch gehört. Und hier ist es. Hier hat es gebrannt."

Am Fuß der Treppe bogen sie um die Ecke und gingen auf

die Tür des *Franziskaner-Kellers* zu. Das dicke Eichenholz zeigte einen Brandfleck, der vom Boden bis zur Hälfte der Tür reichte, sonst war nicht viel passiert. Offenbar hatten die Feuerwachen den Brand schnell entdeckt, obwohl das nicht einfach gewesen sein konnte. Von der Allee bei der Brunnenskulptur aus war der Eingang hier unten nicht einzusehen.

„Und wie soll sich hier inmitten von Beton und Wasser ein Feuer entzünden?", fragte Höfner skeptisch. „Auch noch von allein?"

„Wir gehen davon aus …", begann Lenzen.

„Wer ist ,wir'?"

„Die Feuerwehr und wir auf der Wache. Wir gehen davon aus, dass hier ölgetränkte Lappen zum Imprägnieren der Türen liegen geblieben sind. Und die haben sich selbst entzündet. Die Feuerwehr hat das eben noch einmal bestätigt."

„Kommen Sie, Lenzen, das glaubt doch kein Mensch! Da liegen also Lappen herum, und nachdem alle fort sind, die an der Tür gearbeitet haben, fangen die vergessenen Lappen plötzlich an zu brennen?"

„Ja, das kann passieren. Wir wissen, dass beide Türen, auch die drüben auf der anderen Seite der Kaskade, noch mal eingerieben worden sind, weil es bei diesem scheußlichen Wetter ja dauernd vom Rhein her dagegenregnet."

„Wann war das?"

„Gestern Morgen. Der beste Schutz dagegen ist Halböl."

„Und was ist das nun wieder?"

„Das ist ein Gemisch aus Leinöl und Terpentin. Jemand hat Halböl auf einen Lappen gegeben, die Tür eingerieben und den Lappen dann vielleicht hier in der Ecke neben der Tür vergessen. Draußen an der Luft wird der zusammengeknüllte Lappen beim Trocknen von innen her heiß und entzündet sich. Wenn er anfängt zu brennen, sind die Handwerker bereits wieder weg. Deshalb", der Zeigefinger des Sergeanten fuhr in die Höhe, „müssen solche Lappen immer in fest verschlossene Behälter."

Höfner, der sich ohne fremde Hilfe schon mit Hammer und Nägeln schwertat, war gebührend beeindruckt. „Unglaublich! Woher wissen Sie so etwas, Lenzen?"

„Mein Onkel ist Schreiner. Er benutzt ständig Leinöl."

„Und warum brennt die Tür nicht auch von selbst, wenn sie mit diesem Teufelszeug eingerieben worden ist?"

„Die Tür wird beim Aushärten gar nicht erst so heiß, ihre Oberfläche ist zu glatt und zu groß."

„Nun gut." Höfner betrachtete die Tür und die Umgebung genauer. „Dann lassen Sie uns überlegen, ob Ihre Theorie richtig ist."

Der Kommissar wurde durch zwei Männer unterbrochen, die aus dem *Franziskaner-Keller* traten, sich Zigarren anzündeten und die benutzten Streichhölzer wegwarfen. Nun lagen die verkohlten Hölzchen am Boden bei der Tür, nicht weit von ein paar Strohhalmen und Holzspänen entfernt, die der Wind wohl in die Ecke geweht hatte. Höfner blickte sich nach seinem Sergeanten um.

„Sagen Sie, Lenzen, haben Sie irgendetwas Interessantes gefunden, als Sie heute Morgen hier an der Brandstelle waren?"

Lenzen schmunzelte, was auf sein sonst so pflichtbewusststarres Gesicht freundliches Leben zauberte. Sieh mal einer an, dachte Höfner. Irgendwo hatte er gelesen – es war in einer Zeitung gewesen, aber er wusste nicht mehr, in welcher, und der Artikel stammte auch ganz bestimmt nicht von Mäckerrath –, dass die Blödigkeit des Ausdrucks im Gesicht von preußischen Militärs Absicht sei und lange eingeübt, damit ihre jeweiligen Vorgesetzten sie für so unterwürfig hielten, wie sie es erwarteten. Er nahm sich vor, Lenzen ein wenig dahingehend zu beobachten. Es konnte nicht schaden, zu wissen, woran man war.

„Warum schmunzeln Sie, Lenzen?"

„Ich dachte schon, Sie fragen mich gar nicht mehr, Herr Kommissar."

Lenzen holte einen Umschlag aus der Tasche und reichte ihn dem Kommissar, der ihn neugierig öffnete, aber nur zwei abgebrannte Streichhölzer fand.

„Die lagen hier auf dem Boden, Herr Kommissar."

„Ja und? Sie widersprechen doch Ihrer Theorie der Selbstentzündung, wenn sie tatsächlich für den Brand benutzt wurden."

Lenzen nickte, immer noch schmunzelnd.

„Sie wissen das, Lenzen? Wieso dann diese ganzen Erklärungen?"

„Ich wollte Sie mit der Meinung der Feuerwehr vertraut machen, Herr Kommissar. Man kann den Brand so erklären, aber ich glaube nicht daran." Er zeigte in die Ecke, wo seit ein paar Minuten auch die beiden Streichhölzer der Zigarrenraucher lagen. „Da, diese Strohhalme und die Holzspäne haben mich darauf gebracht. Sie zeigen Brandspuren, wenn auch nur unbedeutend. Ich dachte, Sie wollten den Fall vielleicht näher untersuchen, Herr Kommissar, da habe ich der Feuerwehr nichts von meinem Verdacht gesagt, insbesondere nicht dem Feldwebel, der die Feuerwache hier leitet. Er reagiert manchmal ein bisschen … nun ja, aufgebracht, wenn man ihm widerspricht."

„Und was ist Ihr Verdacht?", fragte Höfner, nun wirklich interessiert.

„Ich glaube, es ist Brandstiftung gewesen. Die Türen riechen nach Leinöl und Terpentin, aber das ist vielleicht nur Zufall. Jemand hat mit Stroh, Holzspänen und wohl auch ölgetränkten Lappen hier unten ein Feuer gelegt."

„Wie sind Sie darauf gekommen, Lenzen? Wäre eine Selbstentzündung nicht auch möglich?"

Lenzen schüttelte den Kopf. „Dann hätte es früher gebrannt. Wenn jemand den Lappen gestern Vormittag vergessen hätte, hätten wir hier spätestens ab mittags Trubel gehabt und vom Sicherheitspersonal gehört, dass es brennt. Aber das Feuer ist erst spät in der Nacht ausgebrochen. Das ist viel zu viel Zeit!"

„Richtig", nickte Höfner. „Ich verstehe, was Sie meinen. Aber die Strohhalme und die Streichhölzer? Die können doch aus vielen Gründen hier liegen, wie wir ja eben selbst erleben konnten."

Wieder schüttelte Lenzen den Kopf. „Der Wirt, ein Herr Heinrich Baden, hat mir gesagt, dass seine Kellner noch gestern Abend nach Geschäftsschluss vor beiden Ausgängen gekehrt haben, eben wegen solcher weggeworfenen Dinge. Hier war nichts, vor allem keine Streichhölzer."

„Gut." Höfner runzelte die Stirn und schaute hinauf zur Brunnenskulptur, die er jetzt an Wasserspeiern und Säulen vorbei nur von hinten sah. Er ließ sich Zeit damit, Lenzens Theorie zu überdenken.

„Sie meinen also, wir müssen einen Brandstifter suchen?", fragte er schließlich.

„Ja, das meine ich, Herr Kommissar."

Höfner nickte lächelnd. „Sie haben mich überzeugt, Lenzen. Und wissen Sie was? Ich glaube, wir werden sehr gut zusammenarbeiten. Offenbar bilden Sie sich gerne eine eigene Meinung, und es macht Ihnen auch nichts aus, selbstständig ein Stück weiter als erforderlich zu denken. Habe ich recht?"

„Jawohl, Herr Kommissar." Lenzen strahlte, knallte die Hacken zusammen und nahm Haltung an.

„Dann lassen Sie uns den Brandstifter suchen. Und um Himmels willen, Lenzen! Rühren! Aber sofort."

DONNERSTAG, 15. MAI 1902

Franz Busch schloss seinen Pavillon auf, den Pavillon mit der Nummer 117 auf dem Ausstellungsgelände, und stellte die schwere Ledertasche ab. Auf dem Weg hierher hatte er das Gefühl gehabt, dass er irgendwann die Tasche einfach fallen lassen würde. Ihr Gewicht war über eine längere Strecke zu Fuß kaum zu bewältigen. Aber alles war gut gegangen.

Nicht zum ersten Mal an diesem Morgen fragte er sich, wieso er bloß einen Beruf gewählt hatte, der von ihm verlangte, eine solche Tasche zu tragen. Die Antwort war einfach: François Haby. Das war sein Vorbild. Er hatte schließlich den gleichen Vornamen. Franz oder François – was war schon der Unterschied? Außer vielleicht, dass François sich eleganter anhörte und deshalb für einen Friseur genau der richtige Name war. Aber das war nur Zufall und eigentlich Nebensache. Wichtig waren die Ideen, die dieser Mann hatte. Kreativ, modern, erfolgreich, und das in Berlin! Seufzend öffnete Franz Busch die Tasche und holte verschiedene größere und kleinere Flaschen, Flakons und Dosen heraus, um sie in eine Vitrine zu stellen – soeben eingetroffene Tinkturen, Öle, Parfüms und Essenzen mit berühmten Namen und garantiertem Erfolg bei der Pflege von Körper und Haar. Zumindest versprachen das die Hersteller, die Besitzer der berühmten Namen. So wie François Haby. Der Unterschied zu allen anderen Herstellern war, dass Haby auch direkt für den Kaiser arbeitete. Er war seit zehn Jahren dessen Hoffriseur, was unweigerlich so viel bedeutete wie der Beste der Besten. Aber es bedeutete auch, dass Haby jeden Morgen um sieben Uhr zum Rasieren und Frisieren ins Berliner Schloss gehen und Seine Majestät auf allen Staatsbesuchen begleiten musste. Vor zehn Jahren war ihm nämlich die Lösung für ein Problem gelungen, das dem Kaiser viel Verdruss bereitet hatte, die Lösung für den „Kaiser-Wilhelm-Aufsteiger". Die Form des kaiserlichen Bartes war nicht einfach zu erreichen, das war jedem klar, der versuchte, Schnurrbartspitzen in die erforderliche triumphale Position zu zwingen. Es war niemandem gelungen, sie dauerhaft nach oben zu biegen und dort zu halten, ohne das Barthaar zu verkleben, als hätte man Leim benutzt. Niemandem, außer Haby, seiner Barttinktur mit dem zugkräftigen Namen *Es ist erreicht* und seiner speziellen Kaiser-Bartbinde. Beides war auch für jeden, der dem Kaiser nacheifern wollte, käuflich zu erwerben. Und so konnte man inzwischen an manchem Herrn einen „Aufsteiger" bewundern. Für die Dame hatte Haby letztes Jahr das Haarwaschmittel *Ich kann so nett sein* auf den Markt gebracht. Nach allem, was man hörte, kam er mit der Produktion kaum nach.

Franz Busch stellte den letzten Flakon in die Vitrine und schloss nachdrücklich die Glastüren. Er seufzte und schaute auf die Uhr. Kurz vor zehn, also würde in ein paar Minuten die Ausstellung öffnen und der Ansturm beginnen.

Sein Pavillon sah von außen wie eines der orientalischen Würfelhäuser aus und rief daher sofort märchenhafte Bilder aus Tausendundeiner Nacht wach. Die rund geschwungene, große Eingangstür aus Holz und Glas nahm als Lichtquelle fast die gesamte vordere Wand ein, das restliche Licht kam durch das Oberlicht im flachen Dach. Auf diese Weise hatte er drei Wände zur Verfügung, an denen er seine Handwerkskunst präsentieren konnte. Es war genug Platz rechts und links für je zwei Frisierplätze für Damen und Herren und für die Regale mit seinen handgefertigten Perücken und Haarteilen. Die Vitrinen für die neuesten Düfte, Cremes und Toilette-Artikel standen als Blickfang an der Wand direkt gegenüber dem Eingang. Sie gefielen ihm besonders gut, denn vor allem das Parfümgeschäft war noch neu für ihn und deshalb spannend und reizvoll.

Welchen Duft mochten seine Kunden am liebsten? Er erwischte sich dabei, allein vom ersten Eindruck her abzuwägen, wofür ein Herr oder eine Dame sich entscheiden würde. Reißenden Absatz fand im Augenblick natürlich das *Bouquet de l'Exposition* für Damen, das Edouard Pinaud bereits für die Weltausstellung in Paris vor zwei Jahren kreiert hatte. Schon wegen des Namens wurde es hier auf der Ausstellung gerne gekauft. Es duftete blumig-holzig mit einer Ahnung von Eisen. Ein herber Duft, der gut zu einer Ausstellung passte, aber nicht jeder Dame gefiel. Bevorzugte Damendüfte, das hatte er inzwischen gelernt, waren Rosen, Lavendel, Maiglöckchen und Jasmin. Und natürlich Veilchen. Alle Großen der Parfümwelt wetteiferten mit neuen Veilchendüften, davon allein vier in diesem Jahr: Roget & Gallet und Guerlain, Paris, Eastman's Royal Perfume, London, und Colgate and Company, New York.

Busch riss sich vom Anblick der kostbar geschliffenen Flakons und der runden, bleistiftflachen Dosen für Puder und Lippenrot los. Sie würden sich auch als Geschenke gut verkaufen und jeden Frisiertisch zieren, da war er sich sicher, aber er hatte jetzt ein anderes Problem. Noch einmal schaute er auf die Uhr. Wo blieb sein Assistent? Er verstaute die Tasche hinter der kleinen Theke im Hintergrund des Pavillons, zog sein

Sakko aus und band sich eine knielange weiße Schürze um. Der Blick in den Spiegel zeigte ihm einen noch jungen Mann mit vollem Haar, der eine dunkle Weste über einem blütenweißen Hemd trug. Perfekt. Während er nach Art der Pariser Coiffeure die Hemdärmel aufkrempelte, trat er vor die Tür, um nach seinem Assistenten Ausschau zu halten. Albert Mertens schien sich zu verspäten. Es wäre nicht das erste Mal.

Über den breiten Weg und die kleine, üppig mit Rosenbüschen bepflanzte Parkanlage hinweg konnte er sehen, wie sich die Tiroler im Alpenpanorama auf den Tag vorbereiteten und in die erforderliche gute Stimmung brachten. Wie jeden Tag würden sie tanzen und singen und auf jeder Photographie lächeln müssen. Insbesondere die „Madeln" hatten dazu manchen weinseligen Klatsch auf die hintere Figur und andere Anzüglichkeiten zu verkraften. Sie waren nicht zu beneiden, aber sie konnten damit umgehen.

Er schaute nach links und rechts – keine Spur von Mertens. Neben seinem Pavillon betraten die ersten Besucher das Gebäude der Holzhandlung Anton Peters, Düsseldorf. Aus den Kaffeeröstereien hinter der Weinstube im Alt-Trierer Haus wehte ein köstlicher Duft herüber. Wenn sein Assistent jetzt da wäre, könnte er sich kurz davonstehlen, um nach der Schlepperei mit der Tasche wenigstens eine vernünftige Tasse Kaffee zu trinken. Ärgerlich. Auf der anderen Seite, den Weg hinunter, schloss Berthold Neumann aus der Altstadt seinen Zigarrenkiosk auf. Und jetzt hörte man drüben vom Alpenpanorama her den ersten Jodler.

Die Rundbahn war vorgefahren und spuckte an der Haltestelle eine Handvoll Neugieriger aufs Gelände. Und unter ihnen war auch Mertens. Franz Busch beobachtete, wie sein junger Parfümeur anfing zu laufen, als er ihn vor dem Pavillon stehen sah. Er hatte Glück gehabt, dass Mertens vor einem halben Jahr eine neue Stelle gesucht hatte. Bis dahin hatte er in Heinrich Fütterers renommiertem Friseur- und Parfümeriegeschäft in der Tonhalle gelernt und gearbeitet, aber diese Stelle relativ hastig verlassen. Was bei Fütterer vorgefallen war, hatte ihn, Busch, nicht interessiert. Er selbst war gerade mit ehrgeizigen Plänen für ein Friseur- und Perückengeschäft nach Düsseldorf gekommen und hocherfreut, so schnell einen fähigen Parfümeur einstellen zu können, der auch noch wusste, wie man frisierte und Perücken machte. Und Mertens hatte sich bewährt. Er konnte unentschiedenen Kundinnen nicht nur erklären, aus welchen Essenzen ein Duft bestand, sondern auch, wie dieser Duft sie umschmeicheln, wie er ihre Persönlichkeit auf das Vorteilhafteste herausstellen würde, und vor allem, wie sie damit auf andere wirken würden. Seine Ausführungen unterstrich er stets mit einem tiefen Blick in die Augen der jeweiligen Damen, bis diese – egal welchen Alters – zart erröteten und den Duft kauften. Mertens war wirklich genial. Unbezahlbar. Allerdings vielleicht ein wenig zu … nun, leichtlebig, das traf es wohl. Zumindest hatte Busch den Eindruck. Es wäre auch absolut notwendig, dass er damit aufhörte, seinen Vorgesetzten immer mit diesem vermaledeiten Spitznamen zu bedenken. Auch noch vor Kunden! Mertens kannte seinen Wert, aber ein bisschen Respekt täte ihm trotzdem gut. Und jetzt stand er außer Atem und mit rotem Gesicht vor ihm.

„Guten Morgen, Mertens. Ausgeschlafen?"

„Morgen, Figaro. Tut mir leid, aber ich hatte unterwegs eine Meinungsverschiedenheit mit einem Bekannten." Er winkte ab, als Busch vielsagend die Schramme am Kinn betrachtete. „Nicht schlimm, sieht nur so aus."

„Gut. Dann gehen Sie hinein, und bringen Sie Ihr Gesicht in Ordnung. So können Sie den Kunden jedenfalls nicht gegenübertreten. Und nennen Sie mich nicht immer ‚Figaro'. Ich versuche, hier ein respektables Geschäft aufzubauen. Gerede von belustigten Kunden kann man da am wenigstens gebrauchen."

Der Parfümeur nickte und ging seufzend in den Pavillon. Kurz darauf hörte Busch Wasser laufen. Nun. Was würde François Haby in Berlin tun? Mertens sofort entlassen? Möglich, aber hier in Düsseldorf ging das nicht. Die Auswahl an guten Parfümeuren war nicht so groß. Und Mertens hatte ohne Zweifel Qualitäten, die für ihn sprachen. Er wusste alles über Düfte und kannte die Ansprüche des gehobenen Publikums sehr genau. Nein, dachte Busch, es wäre weitaus lohnender, wenn er versuchte, dem jungen Mann die Flausen auszutreiben. Vielleicht würde es ihn schon auf andere Gedanken bringen, wenn sie zusammen ein neues Parfüm entwickelten? Er schmunzelte. Busch & Mertens, Düsseldorf. Das hörte sich doch gut an! Immer noch schmunzelnd ging er zurück in den Pavillon.

August Höfner fragte sich, ob es die richtige Entscheidung gewesen war, seinem Polizeisergeanten freiwillig zu folgen, ohne zu wissen, wohin es gehen würde. Er wollte sich mit Lenzen über die Ermittlungen in Sachen Brandstiftung unterhalten, aber nicht in der Wache, wo niemand etwas von Brandstiftung ahnte, weil niemand bisher die Ungereimtheiten bemerkt hatte und die Feuer deshalb als Unfälle eingestuft waren. Außerdem dröhnten nebenan gerade die Alphörner, und man konnte sein eigenes Wort nicht verstehen. Da hatte Lenzen ihm eine Tasse Kaffee und ein belegtes Brötchen versprochen, er würde ihn dazu einladen. Vermutlich hätte ihn das stutzig machen müssen. Allein die Tatsache, dass Lenzen auf der Allee beim Pavillon des Friseurs nicht nach links zum *Café zur schönen Aussicht* oder zum *Café Weitz* abgebogen war, sondern nach rechts, machte nachdenklich. Höfner schaute sich um, ob er vielleicht erraten könnte, wohin Lenzen strebte. Drüben in Richtung Rhein konnte er die Orient-Straße „Kairo" erkennen. Dort gab es vorzüglichen Kaffee in winzigen Tassen, wie man ihm erzählt hatte. Geradeaus stand ein Musikpavillon mitten auf einem großen runden Grasplatz, Stühle drum herum, aber noch war keine der Militärkapellen eingetroffen, die für gewöhnlich hier spielten. Meinte Lenzen das große Alt-Trierer Haus dahinter? Nein, da gab es nur Wein. Sie gingen an einer Holzhandlung, dann an einem Obststand vorbei. Hier gab es auch keinen Kaffee, obwohl die Luft verführerisch danach roch. Irgendwo wurde hier Kaffee geröstet. Lenzen führte den Kommissar in den östlichen Teil des großen runden Grasplatzes.

„Hier ist es, Herr Kommissar."

„Das ist nicht Ihr Ernst, Lenzen."

Entsetzt schaute Höfner auf die große Schrift über dem rund geschwungenen verglasten Eingang: „Automat". Bei diesem Wort überfiel ihn sofort die Sehnsucht nach einem der gemütlichen Orte irgendwo in der Stadt, nach einem Köbes oder einer Serviererin mit einem Tablett voller Köstlichkeiten, wie sie das Herz begehrte. Was hatte Lenzen vor? Sollte man etwa selbst …? Aber …

„Kommen Sie, nur Mut, Herr Kommissar", lächelte Lenzen. Er hatte Höfner inzwischen lange genug erleben können, um zu erraten, was in ihm vorging. „Sie werden sehen, es hat Vorteile. Ich zeige Ihnen auch, wie es geht."

Höfner warf Lenzen einen verstohlenen Blick zu. War er so leicht zu durchschauen? Nun ja, und wenn schon! Dann wusste er eben nicht, wie so ein Automatenrestaurant funktionierte. Da war er bestimmt nicht der Einzige. Manche Dinge sollte man einfach nicht verändern, Kneipen, Restaurants und Cafés gehörten dazu. Mitleidig betrachtete er die Leute, die bei dem heutigen erstaunlicherweise trockenen Wetter auf der seitlichen Gartenterrasse saßen. Irgendwie kamen sie ihm – so gänzlich ohne Bedienung – wie ein verlorenes Häuflein vor. Da stand einer der Herren auf, ging ins Lokal und kam kurz danach mit tropfenden Kaffeetassen für sich und seine Begleitung zurück. Auf ihrem Tisch sammelte sich benutztes Geschirr. Niemand räumte ab und rückte Stühle gerade. Niemand lächelte. Niemand fragte, ob es noch Wünsche gäbe. Hier, das spürte Höfner genau, saßen Vergessene. Schrecklich. Wenn so die modernen Zeiten aussahen, dann mochte er sie nicht.

Lenzen hielt die Eingangstür für ihn auf, und Höfner betrat zum ersten Mal in seinem Leben ein Automatenrestaurant. Erstaunt stellte er fest, dass der lang gestreckte Raum sich nicht sehr von einem gewöhnlichen Restaurant unterschied. Tische und Stühle, Blattpflanzen, eine Theke. Und an den Wänden – nun, das weckte tatsächlich seine Neugier. Er trat auf eine Wand zu und betrachtete sie genauer. Der gesamte Schmuck bestand aus bunt bemalter Keramik, sogar die Säulen in regelmäßigen Abständen, aus denen sich Bögen formten, die die Wand in einzelne Felder einteilten. Aus den Fliesen innerhalb der Bögen schauten unzählige lange, regelmäßig angeordnete Haken hervor, über jeden war ein sauberes Trinkglas gestülpt. Aus Messingkränen konnte man jeweils Bier, Wein, Wasser oder Saft fließen lassen. Höfner wusste auch nicht, was plötzlich in ihn fuhr. Wider besseres Wissen über die möglichen Folgen drehte er probeweise an einem Kran. Nur ein bisschen. Aber nichts passierte.

„Man muss hier zehn Pfennig einwerfen", erklärte Lenzen, „dann funktioniert es."

Höfner nickte. Natürlich. Geld kostete das Ganze ja auch. Er wandte sich um. Die Wand gegenüber zeigte dieselben Bögen aus Keramikfliesen, aber dort waren Reihen kleiner Glasfenster eingebaut. Dahinter lagen köstlich belegte Brötchen zum Greifen nah. Aber jetzt ließ Höfner sich nicht mehr täuschen. Er entdeckte die Schlitze für die Münzen sofort.

„Wissen Sie, wie ich mir hier vorkomme?", fragte Lenzen mit einem verträumten Ausdruck in den Augen. „Ein bisschen so wie damals bei meiner Großmutter. Sie hatte eine große Küche mit einer riesigen Speisekammer, und wenn niemand da war, sind wir Kinder hineingeschlichen und waren mit den Köstlichkeiten allein. Natürlich brauchten wir keine Zehnpfennigstücke."

Höfner schmunzelte. Lenzen hatte recht. Man fühlte sich hier wirklich wie ein heimlicher Eindringling, auf den niemand aufpasste. Aber dann hörte er ein Geräusch. Jemand lachte. Es kam eindeutig aus der Wand mit den Brötchen. Dahinter, erklärte Lenzen, arbeitete Küchenpersonal und spülte Gläser, füllte die leeren Fächer auf, tauschte leere Fässer aus und bewachte die großen Blechkannen mit Kaffee und Tee auf der Theke. Ganz allein war man in diesem „Automaten" also doch nicht.

„Kommen Sie, Herr Kommissar."

Während Höfner sich noch umschaute, hatte Lenzen bereits Kaffee und Brötchen auf ein Tablett gestellt und trug alles zu einem Tisch in dem sonst noch leeren Raum. Manchmal kam ein Gast von der Terrasse herein und zapfte ein neues Getränk an der Wand, aber sonst waren sie an diesem Vormittag allein. Zur Mittagszeit würde das völlig anders aussehen. Höfner seufzte. Es war wunderbar ruhig, der Kaffee war ausgezeichnet, das Brötchen knusprig, und er war fast geneigt, diesen Ort doch als erträglich einzustufen. Zumindest für ein dienstliches Gespräch reichte es völlig.

„Nun, Lenzen", fragte er, als sie sich beide gestärkt hatten. „Was denken Sie über unseren Fall?"

Lenzen spitzte die Lippen und wägte ab. „Also ich halte den Brand beim Betonverein immer noch für Brandstiftung, Herr Kommissar. Allerdings habe ich schon mal gedacht, es könnten auch ein paar Halbwüchsige gewesen sein, wissen Sie? Klettern einfach über den Zaun und brennen wahllos irgendetwas ab. Aber der Brand passt nicht dazu. Es ist nur eine einzige Stelle, und nur eine einzige Türe ist beschädigt worden. Jungs in dem Alter hätten viel mehr angestellt."

Höfner nickte. „Da haben Sie recht. Und Sie dürfen die Nachtwachen nicht vergessen, Lenzen. Geräusche tragen nachts weit, es ist ja absolut still. Nein, da kannte sich jemand aus. Das waren keine Kinder. Apropos – haben Sie noch etwas zu den Wachen herausgefunden?"

„Ja, zum Glück habe ich gestern endlich den Wachmann vom Hörder Bergwerksverein befragen können, der in der Nacht Dienst hatte. Sie wissen schon – der große Pavillon direkt südlich vom Betonverein?" Höfner bejahte. „Na ja, und der ist ja ein Wachmann der Firma selbst, nicht von uns. Die haben völlig andere Dienstpläne."

„Ja und, was hat er gesagt?"

„Er hat nichts gesehen, denn er war nur in der Halle und nicht draußen. Gehört hat er auch nichts." Lenzen schmunzelte. „Wenn Sie mich fragen, Herr Kommissar, dann ist er wohl ein bisschen eingenickt, aber so deutlich hat er das natürlich nicht gesagt. Auf der anderen Seite, beim Bochumer Verein, dasselbe. Der Wachmann war in der Halle und hat nichts Ungewöhnliches bemerkt."

Höfner war nicht zufrieden. Er hatte gehofft, dass es Zeugen geben würde, irgendjemand, dem etwas aufgefallen war. „Und was halten wir jetzt von den beiden neuen Bränden, Lenzen?"

„Die Schalttafel in der Maschinenhalle und die Holzverkleidung im Musikpavillon?" Lenzen wies mit dem Kopf nach draußen auf den Platz. „Das waren beides Kurzschlüsse."

Höfner nickte und schaute nachdenklich aus dem Fenster. In der riesigen Maschinenhalle neben dem Kunstpalast am südlichen Ende der Ausstellung gab es eine Schalttafel, dreimal so groß wie eine Zimmertür in seiner Wohnung. Diese Schalttafel war überhitzt und hatte gebrannt. Und der skandinavisch bunte hölzerne Musikpavillon draußen in der Mitte des Platzes – nun, dessen Einzelteile hatten noch vor zwei Jahren auf der Weltausstellung in Paris das große norwegische Gebäude geziert, wie er gehört hatte. Und die Stadt Düsseldorf hatte sie den Norwegern dann abgekauft, um daraus für die jetzige Ausstellung … aber er schweifte ab. Immer wieder ließ er sich von interessanten Menschen, Dingen und Zusammenhängen hier auf der Ausstellung ablenken. Wenn das so weiterging, würde er den Brandstifter nie finden. Nun, abends war dieser Pavillon jedenfalls mit Gott weiß wie vielen Glühbirnen beleuchtet. Und das bei dem scheußlichen Wetter! Elektrizität und Regen vertrugen sich nicht, so viel wusste er über diese neue Technik. Da war ein Kurzschluss, der die Holzverkleidung in Brand steckte, nicht überraschend.

„Wieso entsteht bei Regen eigentlich ein Kurzschluss, Lenzen?", fragte er unvermittelt.

„Wasser und Elektrizität vertragen sich nicht, Herr Kommissar."

„Das weiß sogar ich, Lenzen, aber wie kann das hier auf der Ausstellung passieren?" Höfner wies hinaus auf den Platz. „Man war doch sorgfältig beim Aufbau?"

„Ja, schon, aber es muss gar kein Fehler beim Aufbau passiert sein. Manchmal liegt es auch am Material. Meinen Sie den Kurzschluss im Musikpavillon?"

„Ja, genau."

„Ich vermute, es liegt an den neuen Fassungen der Glüh-birnen. Es gibt wasserdichte und nicht wasserdichte Fassun-gen."

„Glauben Sie wirklich, man hat außen an den Gebäuden nicht wasserdichte Fassungen genommen? Das wäre doch pu-re Dummheit", empörte sich Höfner. „Man musste doch damit rechnen, dass es einmal regnen würde."

„Nun, auf dem Ausstellungsgelände sind Tausende von Glühbirnen als Schmuckbeleuchtung angebracht worden. Ei-ne Firma hat dafür Fassungen geliefert, die leicht und schnell zu handhaben sind. Man hat zu spät bemerkt, dass sie einen Nachteil haben …"

„Lassen Sie mich raten", fiel Höfner dem Sergeanten ins Wort. „Sie sind nicht wasserdicht!"

„Richtig."

„Heißt das, hier überall, an den Dächern und Kuppeln der großen Pavillons, an den Brückenbögen nach Oberkassel, an der beleuchteten Fontäne vor der Haupthalle, überall sind die-se falschen Fassungen für die Glühbirnen benutzt worden?"

Lenzen nickte. „Wahrscheinlich nicht an der beleuchteten Fontäne, das wäre ein bisschen zu gefährlich, aber sonst schon. Es ging schneller, die Beleuchtung damit anzubringen als mit den anderen Fassungen."

„Dann hat es hier nicht zum letzten Mal gebrannt, Lenzen. Darauf müssen wir uns konzentrieren. Kennt unser Brand-stifter diese Schwäche auch, was meinen Sie?"

„Ich denke schon, Herr Kommissar." Lenzen zuckte die Schultern. „Das mit den Fassungen ist kein Geheimnis, sogar die Zeitungen haben darüber berichtet. Allerdings ging es da vordringlich um die Arbeitserleichterung. Aber wissen kann das jeder. Was sollen wir tun?"

Höfner hatte nichts darüber gelesen. Über die Ausstellung

war seit letztem Jahr so viel geschrieben worden, man konnte gar nicht jeden Artikel kennen. Er überdachte die Sachlage und beobachtete dabei fasziniert, wie ein Mann an der Getränkewand drei Gläser Wasser zapfte und dann versuchte, sie ohne Tablett auf die Gartenterrasse zu tragen. Er umklammerte sie mit beiden Händen und konnte trotzdem noch die Tür öffnen, wenn auch nur langsam und mit zusätzlicher Hilfe seines Ellbogens, seines Fußes und der genauen Berechnung des Türschwungs beim Hindurchgehen. Höfner hielt die Luft an – aber schließlich stellte der Mann die drei Gläser unbeschadet und immer noch gefüllt draußen auf einen Tisch. Pure Akrobatik. Unbegreiflich, wozu Menschen sich hinreißen ließen, nur weil es keinen Kellner gab. Höfner merkte, dass Lenzen ihn aufmerksam ansah und auf eine Antwort wartete.

Er räusperte sich. „Nun, Lenzen, kreisen wir die Sache ein, vielleicht entdecken wir dabei, was unser Brandstifter noch vorhaben könnte. Ich befürchte nämlich, dass es noch mehr Brände geben wird, gerade an einem Ort wie dieser Ausstellung. Ein Brandstifter braucht Aufmerksamkeit, und die bekommt er hier. Es ist jemand, der genau plant, jemand, der überhaupt auf die Idee mit dem Leinöl kommt. Dazu braucht man schon spezielles Wissen. So einem wird ein einziger Brand nicht reichen."

„Und Sie glauben jetzt, dass er das nächste Mal eventuell Fassungen manipuliert, Herr Kommissar?"

„Warum nicht, Lenzen? Diese Fassungen wären doch ideal für ihn, vor allem in Verbindung mit Wasser. Wenn wir wüssten, wo sie überall benutzt wurden, könnten wir vielleicht diese Orte genauer im Auge behalten."

„Vielleicht haben wir ja Glück", wandte Lenzen ein, „und es bleibt bei dem einen Brand."

„Ja, vielleicht, Lenzen, aber wenn nicht, sind wir wenigstens vorbereitet. Das hier ist ein Ausstellungsgelände. Hier halten sich sehr viele Menschen auf, die darf man doch nicht in Gefahr bringen. Passen Sie auf, wir machen Folgendes: Es existieren doch bestimmt Elektrifizierungspläne für das Gelände. Da müsste man doch herausbekommen, wo genau die Glühlampen mit den falschen Fassungen …"

Weiter kam der Kommissar nicht, denn draußen ging ein Höllenspektakel los. Die Kapelle des Düsseldorfer Infanterie-Regiments Nr. 39 hatte sich im Musikpavillon aufgestellt und spielte nun mit viel Tschingderassabum „Preußens Gloria" von Johann Gottfried Piefke. Menschen versammelten sich auf den Stühlen ringsum und hörten zu. Das Vormittagskonzert hatte begonnen. An ein ruhiges Gespräch war nicht mehr zu denken. Und jetzt, erkannte Höfner, war es doch ein großer Vorteil, dass Lenzen und er in einem „Automaten" saßen. Sie mussten nicht auf einen Kellner warten, um zu bezahlen. Sie konnten sofort gehen.

❦

Etwa um die gleiche Zeit lief Johanna die Treppe zur großen Wohnung im zweiten Stock hinauf, die sie mit ihren Eltern bewohnte.

„*Good morning,* Johanna. *How are you?*"

Lächelnd blieb sie stehen.

„*Thank you, Mr. Vezin, I'm fine. And you?*"

„Wunderbar, Johanna", lächelte Frederick Vezin, der Eigentümer des Hauses, während er die Tür zu seinem Atelier aufschloss. „Ganz ohne Akzent. Du wirst noch eine richtige Amerikanerin."

Der Mann mit dem schwungvoll breit gezwirbelten Schnurrbart war schon vor langer Zeit aus Philadelphia nach

Düsseldorf gekommen, um an der berühmten Kunstakademie zu studieren. Inzwischen war er ein erfolgreicher Maler für Porträts und Landschaften und lebte mit Frau und Kind im eigenen Haus in der Stadt. Eigentlich sprach er akzentfrei, nur das amerikanisch gerollte R verriet ihn manchmal. Johanna hatte lange gebraucht, bis sie das R so sprechen konnte, und war immer noch unzufrieden mit sich.

„Wann kommt denn Ihr Bruder aus New York? Bis dahin muss ich doch noch ein bisschen Englisch sprechen üben."

„Ich sage dir Bescheid. Charles will unbedingt die Ausstellung im Kunstpalast sehen, also kommt er irgendwann bis Oktober. Er weiß es noch nicht genau. Warst du schon in der Ausstellung? *You know ...*" Er hauchte auf die Fingernägel der rechten Hand, rieb sie an seiner Jacke und betrachtete danach mit übertrieben hochgezogenen Augenbrauen ihren Glanz. „Meine Porträts hängen auch da."

Johanna wusste inzwischen, dass diese Bewegung so viel bedeutete wie: *Ich weiß, dass ich jetzt ein bisschen angebe, aber es muss einfach sein.* Sie lachte. „Nein, noch nicht. Da waren immer solche langen Schlangen von Besuchern."

„Zum Glück! Aber vielleicht kannst du ja deinen Vater begleiten. Er will darüber in der Ausstellungszeitung schreiben."

„Ja, furchtbar gern, aber er wird mir niemals erlauben, ihn zu begleiten, wenn er arbeitet." Johanna zuckte seufzend die Schultern und wandte sich wieder zur Treppe. „*Have a good day, Mr. Vezin.*"

Frederick Vezin lächelte. „*And you, Johanna! See you at the museum.*"

Johanna hörte die Tür zu seinem Atelier im ersten Stock zufallen, als sie oben im zweiten ihre Tür aufschloss. Ihre Eltern, Eduard und Clara Korn, hatten wirklich Glück gehabt, als sie vor vier Jahren in den neuen Häusern auf der Rubensstraße in Pempelfort gleich eine Wohnung fanden, und zwar in dem großen Haus Ecke Duisburgerstraße. Der Umzug vom Land in die Großstadt war damals für Johanna schwer gewesen. Ihr Vater hatte sich auf seinen neuen Posten als Redakteur gefreut, aber sie hatte sich vor der neuen Schule gefürchtet und besonders davor, vielleicht keine Freundinnen zu finden.

Lautlos schloss sie die Wohnungstür und lauschte, aber außer leisem Gemurmel aus dem Esszimmer war nichts zu hören. Offenbar hatte niemand etwas bemerkt. Und es duftete nach Kaffee. Ihr Magen begann zu knurren. Ein Marmeladenbrot! Das wäre jetzt gut. In der Schule wäre die Pause schon lange vorbei. Irgendwie reagierte sie immer noch auf die Zeiten ihres alten Stundenplans und erwartete fast, dass jemand die Glocke läutete. Ihre Schule war ja nur ein paar Straßen entfernt, auf der Ehrenstraße 6 – die *Staatlich anerkannte Höhere Privat-Mädchenschule* der Schwestern Josefine und Johanna Müller. Ihre Eltern hatten gedacht, dort, in einem kleineren Rahmen, würde es ihr leichter fallen, sich einzugewöhnen, als in der großen Luisenschule in der Stadt. Sie hatten recht gehabt. In der Schule hatte sie dann auch ihre drei besten Freundinnen kennengelernt. Und wie sich herausgestellt hatte, wohnten sie alle direkt in der Nähe.

Die große Wohnung hatte auch noch andere Vorteile. Sie hatte Platz genug für Mamas Musik und ihre Geigenschüler – und für Tante Hedwig, die unverheiratete Schwester ihres Vaters und im Moment auch ihre Anstandsdame. Johanna mochte ihre Tante, aber kein Kindermädchen, und so fand sie immer wieder Gelegenheiten, aus dem Haus zu schlüpfen, ohne dass es jemand merkte, so wie jetzt gerade. Sie war nur schnell hinüber zu Gertrud gelaufen und hatte ihr das neue Buch aus *Engelhorns allgemeiner Roman-Bibliothek* gebracht. Alle zwei Wochen brachte Engelhorn einen neuen Roman heraus, diesmal *Elisabeths Besuche* von Elinor Glyn. Immer, wenn Ilse ihr neues Buch gelesen hatte, was meistens nicht lange dauerte, machte es unter den ungeduldig wartenden Freundinnen die Runde. Und wenn Johanna deshalb schnell damit zu Gertrud lief, dann konnte eigentlich niemand etwas dagegen haben.

Trotzdem musste es nicht unbedingt jeder wissen, denn Mama hielt nicht viel von den unterhaltsamen Romanen. „Sie entführen dich in eine erfundene Welt, mit der man vorsichtig sein muss", sagte sie immer. „Auch Lesen muss man erst lernen, besonders zwischen den Zeilen, sonst glaubt man alles."

Meistens strich Mama ihr dann über die Schulter, was so viel bedeutete wie „Ich meine es gut mit dir". Aber trotzdem – Johanna war lieber vorsichtig.

Sie öffnete die Tür zum Esszimmer und schaute sich um. Keine Tante Hedwig. Dann hatte zum Glück wohl tatsächlich niemand etwas von ihrem Ausflug bemerkt. Ihr Vater blickte über seine Zeitung zur Tür. Wieso war er um diese Zeit zu Hause? War etwas passiert?

„Ah, Johanna, da bist du ja. Komm her und setz dich."

Während Johanna sich gespannt auf ihren Platz am Tisch setzte, faltete Eduard Korn die Zeitung zusammen und legte sie neben seine Tasse. Clara Korn trank ihren Kaffee aus, nahm ihre Notenblätter und stand auf.

„Dann lasse ich euch mal allein." Sie beugte sich zu Johanna hinunter und flüsterte: „Wenn du immer heimlich aus dem Haus gehst, auch nur hinüber zu Gertrud mit einem neuen Roman, setz bitte einen Hut auf. Du bist jetzt eine junge Dame."

Johanna blickte ihre Mutter erschrocken an, aber die zwinkerte ihr nur zu, strich ihr über die Schulter und ging aus dem Zimmer. Wie machte sie das? Sie bekam alles mit. Dabei sah sie immer so aus, als hätte sie nur Augen und Ohren für ihre Musik. Aber Johanna konnte sich nicht weiter darüber wundern. Ihr Vater räusperte sich.

„Johanna", sagte er, „deine Mutter und ich haben überlegt, wie du nun nach Abschluss der Schule dein Leben sinnvoll ausfüllen kannst."

Johanna schaute ihn entsetzt an. Alle Romanheldinnen, die sie immer zutiefst bedauert hatte, fielen ihr ein. Sie mussten im Haus arbeiten, Wäsche besticken, Aussteuer nähen und warten, dass ein Ehemann vom Himmel fiel. Und sie waren sogar damit zufrieden! Grässlich. Sie wollte einen Beruf erlernen, am liebsten wollte sie wie ihr Vater für eine Zeitung schreiben, das war ihr Traum. Viele Frauen hatten schon für Zeitungen geschrieben. Zwar unter Kürzeln oder Pseudonymen, aber …

„Deine Mutter hat dafür plädiert, dass du etwas Vernünftiges tust", fuhr er fort, „etwas, das deinen Geist anregt. Offenbar scheint für sie ‚das Vernünftige' darin zu bestehen, dass du den Beruf des Journalisten kennenlernst."

Johanna wunderte sich, wie schnell Furcht in Freude umschlagen konnte. Sie strahlte ihren Vater an. Der hob die Hand.

„Ich will dir ehrlich sagen, dass ich im Gegensatz dazu deine weitere Ausbildung hier zu Hause befürwortet habe. Als zukünftige Ehefrau muss man lernen, wie ein Haushalt zu führen ist, damit man sich später in allen Dingen zu helfen weiß und nicht alles drunter und drüber geht. Aber deine Mutter" – hier folgte ein kleiner Seufzer – „du kennst sie, sie kann sehr hartnäckig sein. Kurzum, du darfst mich den Sommer über begleiten und lernen, wie man für eine Zeitung arbeitet."

Johanna merkte, dass sie die ganze Zeit die Luft angehalten hatte. Jetzt sprang sie mit einem Freudenschrei auf und fiel ihrem Vater um den Hals. Eduard Korn lächelte über die Freude seiner Tochter, löste ihre Arme von seinem Nacken und schob sie ein wenig von sich, um ihr ins Gesicht zu schauen.

„Überzeuge mich, Johanna, und dann werden wir weitersehen. Wir fangen gleich heute an."

Inzwischen hatten sich Höfner und Lenzen ein ganzes Stück von der Militärkapelle im Musikpavillon entfernt und konnten sich wieder verständlich machen.

„Einen Elektrifizierungsplan gibt es mit Sicherheit im technischen Bureau der Ausstellung", sagte Lenzen. „Aber wahrscheinlich ist er gar nicht nötig."

„Und wieso nicht?"

„Nun, wenn der Brandstifter ein Feuer mit einem Kurzschluss erzeugen will, dann kann er das überall versuchen. Er braucht dazu keine bestimmten Fassungen."

Höfner seufzte. „Sie haben recht. Das heißt aber doch auch, dass wir nicht herausfinden können, was er als Nächstes vorhat. Wir müssen uns überraschen lassen. Und wissen Sie was, Lenzen? Solche Überraschungen mag ich nicht."

„Ich auch nicht, Herr Kommissar. Aber wir müssen Geduld haben und einfach jeden Brand genau untersuchen. Früher oder später wird der Übeltäter sich verraten."

Sie gingen weiter, beide in ihre Gedanken versunken. Als sie beim Pavillon des Friseurs angekommen waren, wo sie zur Polizeiwache abbiegen mussten, nahmen sie ein hohes, penetrant schepperndes Geräusch wahr. Es wurde immer lauter, zerschnitt die Luft in kurzen, rhythmischen Abständen und drang unangenehm direkt ins Gehirn, wo es lärmend nachhallte. Die Feuerwehrglocke! Der Spritzenwagen, gezogen von einem galoppierenden Pferd, näherte sich und blieb dann ab-

rupt in der Nähe der großen Fontäne an der Hauptindustriehalle stehen. Höfner und Lenzen liefen los. Als sie an der
Brandstelle ankamen, befragte Lenzen die Umstehenden, während der Kommissar genau hinschaute und versuchte, sich einen Reim darauf zu machen, was passiert war. Es stellte sich
heraus, dass nicht die Hauptindustriehalle betroffen war, sondern eine Terrasse von *Café Weitz* gegenüber. Aus dem Holzboden war offenbar Qualm gedrungen, aber bevor die Flammen herausschlagen konnten, hatte ein umsichtiger Kellner
einen Eimer Wasser darübergegossen. Die Feuerwehr musste
jetzt nur noch eventuelle weitere Brandnester suchen.

Höfner blickte sich aufmerksam um. Aus Oberbilk kannte
er die Situation, dass sich an einem Tatort Neugierige sam-
melten, unter denen manchmal sogar der Täter stand. Er er-
freute sich am plötzlichen Interesse der anderen an seiner Tat,
am schnellen Handeln der Polizei und der Feuerwehr. Man erkannte solche Menschen oft am gebannten Zusehen, manchmal an einem leichten Lächeln auf den Lippen. Es gab jedoch
niemanden, der diesem Bild entsprach. Und gerade wollte der
Kommissar sich wieder Lenzen zuwenden, als ihn ein Mann
stutzig machte. Normalerweise hätte er ihn gar nicht bemerkt,
denn er hatte sich vom Tatort schon weit entfernt. Aber er
blickte sich immer wieder um, blieb sogar kurz stehen und
ging dann doch weiter. Höfner hätte schwören können, dass er
ihn schon einmal irgendwo gesehen hatte. Etwas an seiner Gestalt und an seinen Bewegungen kam ihm bekannt vor. Aber
er war bereits zu weit weg, um ihn deutlich erkennen zu können. Nun wandte der Mann sich noch einmal um und begann
sogar zu laufen. Kurz darauf war er in der Menge verschwunden. Sehr verdächtig.

Höfner beschloss, in Ruhe darüber nachzudenken, was hier
im Moment nicht möglich war. Stattdessen betrachtete er den

Holzfußboden. Erstaunlicherweise sah der gar nicht so verbrannt aus, wie er erwartet hatte. Ein Feuerwehrmann hatte ein Brett dicht an der Hauswand entfernt, zeigte in das entstandene Loch und erklärte Lenzen etwas. Lenzen nickte.

„Irgendetwas Neues?", fragte der Kommissar. „Ist es wieder ein Kurzschluss?"

Lenzen federte aus der Hocke in die Höhe, was ihm, wie Höfner neidisch feststellte, gelang, ohne schmerzhaft das Gesicht zu verziehen oder sich die Knie zu reiben. Er selbst, sinnierte Höfner überrascht, käme wohl gar nicht mehr auf die Idee, in die Hocke zu gehen. Gerade fiel ihm auf, dass er darüber eigentlich noch nie nachgedacht hatte. „Nun, Lenzen?"

„Ein Kurzschluss war es wohl. Seltsamerweise aber nicht an der Stelle, wo wir ihn vermutet haben."

„Und wo wäre das gewesen, Lenzen?"

Beide nickten dem Feuerwehrmann zu, der wieder zum Spritzenwagen gehen wollte. Für die Feuerwehr gab es hier nichts mehr zu tun.

„Unfall", sagte der Mann kurz angebunden. „Defektes Gerät, meiner Meinung nach."

Lenzens Augen blitzten kurz auf, aber er ließ den Mann gehen und beantwortete Höfners Frage.

„Der Rauch stieg aus dem Boden auf. Hier." Lenzen zeigte auf die Stelle bei der Wand. „Aber die Kabel hier unten sind nicht beschädigt. Das war auch ein Glück, denn der Eimer Wasser, den der Kellner über den Boden gegossen hat, hätte sonst unliebsame Nebenwirkungen gehabt."

Höfner schaute Lenzen fragend an.

„Nun ja, Wasser und Elektrizität vertragen sich nicht, Herr Kommissar."

Höfner verdrehte die Augen. „So weit waren wir schon, Lenzen. Was würde also in diesem speziellen Fall passieren?"

„Das Wasser selbst wird elektrisch, und Sie bekommen einen Stromschlag."

Höfner trat unwillkürlich einen Schritt von der verdächtigen Stelle zurück.

„Und wieso ist das in diesem Fall nicht geschehen?"

„Weil das Kabel eben nicht beschädigt war und keine Drähte offen lagen."

Höfner schaute den Sergeanten von der Seite an. Lenzen wurde ihm allmählich unheimlich.

„Woher wissen Sie das alles eigentlich schon wieder so genau, Lenzen?"

„Mein Onkel ist Elektriker. Der hat es mir erklärt."

„Das kann nicht sein. Ihr Onkel ist doch Schreiner!"

„Ja, das ist der eine Onkel. Der andere ist Elektriker."

„Gut. Und wie viele Onkel haben Sie noch? Ich möchte keine Überraschungen mehr erleben."

Lenzen rechnete kurz. „Noch einen Maurer und einen Klempner. Es sind insgesamt vier Brüder. Deren Schwester ist meine Mutter."

„Phantastisch. Bei handwerklichen Fragen wende ich mich jetzt immer an Sie. Also, warum hat es hier gebrannt?"

Lenzen zeigte auf eine mit einem regelmäßigen Lochmuster verzierte Metallröhre auf kurzen Beinen, die einer der Feuerwehrmänner wohl beiseitegestellt hatte.

„Das ist ein elektrischer Strahlofen der Firma Prometheus. So etwas gibt es seit vier Jahren als Wärmequelle. Man kann den Ofen auch dafür benutzen, Gästen auf einer Terrasse eine angenehme Temperatur zu bescheren."

„Aber dann muss es doch nicht gleich brennen."

Höfner schmunzelte über seinen Scherz, aber Lenzen verfolgte ganz offensichtlich einen anderen Gedanken und blieb völlig ernst. Manchmal, dachte Höfner, hatte er etwas von einem Spürhund. Er schaltete störende Umgebungen einfach aus. Das war schon eine Gabe, wenn man es genauer betrachtete, insbesondere für Polizisten. Sie waren dadurch konzentriert und ...

„Natürlich nicht, Herr Kommissar", unterbrach Lenzen die wieder einmal abschweifenden Gedanken seines Vorgesetzten. „Allerdings ist die Stromleitung hier draußen nur für die Abendbeleuchtung, also ein paar Glühbirnen, installiert worden. Der Strahlofen war zu viel des Guten. Sehen Sie mal hier."

Die Steckdose draußen an der Wand war rußig-schwarz, was durch überhitzte Drähte und den daraus resultierenden Kurzschluss zu erklären war. Direkt unter dem Holzboden hatte sich Rauch gebildet, weil dort, durch das Bodenbrett an die Wand gepresst, auch das Gewebe um die Kabelisolierung zu heiß geworden war. Der aufsteigende Rauch war zum Glück früh genug bemerkt worden.

„Wer hat den Ofen eigentlich heute Morgen an die Steckdose angeschlossen? Wissen Sie das, Lenzen?"

Lenzens Zeigefinger fuhr in die Höhe. „Das ist nach dem, was ich bisher erfahren konnte, die wichtigste Frage von allen, Herr Kommissar. Ich habe sie dem Kellner und der Serviererin gestellt. Sie waren es beide nicht. Sie kennen diesen Ofen nämlich gar nicht. *Café Weitz* hat keine solchen Öfen für die Terrassen."

„Wie bitte? Das hieße ja ..." Höfner betrachtete alles noch einmal genau, auch die Umgebung und den Zugang zur Terrasse. Plötzlich wandte er sich um. „Sagen Sie, Lenzen, wie stand der Strahlofen eigentlich genau, bevor die Feuerwehr ihn weggeräumt hat?"

„Mit den Löchern Richtung Wand, dicht vor der Steckdose." Lenzen konnte den Eifer in seiner Stimme kaum verbergen. „Das hat mich schon gewundert. Jemand hat den Ofen absichtlich so herum hingestellt, dass entweder der Ofen selbst oder Steckdose und Kabel schon so heiß werden müssen, dass irgendwann die Funken fliegen. Das zu schwache Kabel kommt noch dazu. Es ist wieder Brandstiftung und kein Unfall, Herr Kommissar!"

Höfner nickte. „Wahrscheinlich müssen wir jemanden suchen, der all das, was Sie mir wegen Ihrer Onkel immer so schön erklären können, auch weiß. Vielleicht selbst ein Handwerker? Oder jemand wie Sie mit einem ganz anderen Beruf, aber den nötigen Quellen für sein Wissen?"

Und dann erzählte er Lenzen von dem Unbekannten, den er vorhin gesehen hatte und der sich so verdächtig verhalten hatte. Wenn er nur wüsste, an wen der Mann ihn erinnerte! Und obwohl das alles wunderbar zusammenpasste, war es viel zu vage und deshalb viel zu früh, um irgendetwas davon nach außen dringen zu lassen, das war beiden klar.

Wie aufs Stichwort stand plötzlich Kurt Mäckerrath vor ihnen. „Ah, der Herr Kommissar und sein Adlatus! Eben noch am Musikpavillon, jetzt hier, und an beiden Orten hat es gebrannt – ein Schelm, der Böses dabei denkt?"

„Ja", sagten Höfner und Lenzen wie aus einem Mund, verließen die Terrasse und gingen zielstrebig zur Polizeiwache zurück. Mäckerrath blickte ihnen mit einem wissenden Lächeln nach.

*Pfingstmontag. Nachdem Gertrud und ich den
regnerischen Pfingstsonntag gemütlich in Köln zugebracht
und am Montag dort gut gefrühstückt hatten,
fuhren wir zur Ausstellung, wo wir uns wegen der ungünstigen
Witterung hauptsächlich in dem Kunstpalaste aufhielten.*
(Ansichtskarte des Kunstpalastes, 19.5.1902)

PFINGSTSONNTAG, 18. MAI 1902

In seiner Wohnung im zweiten Stock des Tonhallengebäudes, auf der Seite der Tonhallenstraße, bereitete sich Geschäftsführer Ernst Döring am frühen Sonntagmorgen auf den Tag vor. Das Dienstmädchen brachte einige Handtücher und legte sie auf die Kommode. Sie schloss die Tür zum Schlafzimmer, knickste und verließ den schmalen Raum, der Döring als Ankleidezimmer diente. Die Kommode, ein hoher Spiegel, eine elektrische Lampe, ein Stuhl und ein breiter Einbauschrank in der Holzvertäfelung waren das einzige Mobiliar. Der schwere Orientteppich auf dem Boden war warm unter den Füßen, und einige Bilder an den Wänden brachten Farbe in den Raum. Direkt gegenüber der Schlafzimmertür befand sich eine weitere Tür zum angrenzenden Bad. Wie eine herrschaftliche Zimmerflucht, und das nur zum Schlafen und Ankleiden, dachte Döring wieder einmal, als er den seidenen Hausmantel über seiner Kleidung schloss und den Gürtel zuband. Er war in weit beengteren Wohnverhältnissen aufgewachsen, aber diese großzügige Dienstwohnung hatte er sich wirklich verdient. Er trat ans Fenster und schaute auf die Tonhallenstraße hinunter, die so früh am Morgen, zumal am Pfingstsonntag, noch nicht sehr belebt war. In den Wohnungen gegenüber wurden hier und da die Vorhänge aufgezogen. Der kaum besetzte Wagen einer Straßenbahn der roten Linie ratterte vorbei und hielt quietschend vor dem Zigarrenladen Ecke Wehrhahn, aber noch stieg niemand aus.

Heute Abend würde sich hier ein völlig anderes Bild bieten. Da begann nämlich um sechs Uhr das 79. Niederrheinische Musikfest. Ungefähr dreitausend Zuschauer würden von überallher unter anderem mit Straßenbahnen ankommen, um im Kaisersaal als festlichen Auftakt die „Hohe Messe in h-Moll" von Bach zu hören. Döring freute sich auf diesen Abend, in den sie alle viel Arbeit investiert hatten. Seiner Meinung nach würde die festliche Eröffnung einen überwältigenden Eindruck machen. Richard Strauss war aus Berlin angereist, um über sechshundert Sänger und einhundertzwanzig Orchestermusiker zu dirigieren. Grandios. Die unglaublich gute Akustik im Kaisersaal würde dafür sorgen, dass dieser musikalische Genuss den ganzen Körper durchdrang und nicht kurz hinter den Ohren stecken blieb. Gänsehautatmosphäre. Der Dirigent Strauss würde sie mit seinen immer sehr sparsamen, aber punktgenauen Bewegungen entstehen lassen. Wunderbar. Auch die nächsten beiden Tage waren ausverkauft. Morgen Abend um sechs Uhr folgte Musik von Edward Elgar und Franz Liszt, dirigiert vom Düsseldorfer Musikdirektor Julius Buths, und am Dienstag, schon ab fünf Uhr, noch einmal Richard Strauss mit der „Sinfonie Nr. 5 in c-Moll" von Beethoven und einem Potpourri nach der Pause. Internationale Musiker und Sänger boten Musik berühmter Komponisten und ein Werk von Strauss selbst. Es war ein rundes Programm. Es war ein musikalisches Fest. Sogar die stets kritische Presse würde es loben müssen. Wenn nichts Unvorhergesehenes passierte, was bei solchen Veranstaltungen, wie er sehr wohl wusste, immer möglich war.

Er wandte sich um, als es an der Tür zum Flur klopfte.

„Kommen Sie herein, Fütterer."

Geschäftig betrat Heinrich Fütterer, Friseur und Parfümeriehändler in der Tonhalle, Geschäftseingang Schadowstraße, den Raum. Seit Jahren betätigte er sich für ausgesuchte Kunden wie Ernst Döring auch als Barbier. „Guten Morgen, Herr Döring. Sie haben wie immer wohl geruht? Wo doch heute ein besonderer Tag ist, mit dem großen Pfingstkonzert und so weiter. Haben Sie schon gesehen, dass es heute Morgen zum Glück einmal nicht regnet? Am Nachmittag soll es allerdings schon wieder anfangen. Über den Rhein kommen bereits dicke Wolken, hat mein Mitarbeiter gesagt, als er eben unten in den Laden kam. Aber ganz unter uns, der alte Fischer war schon immer eine Unke, was das Wetter angeht. Nun ja, wie dem auch sei, der Kaisersaal hat ja ein Dach, sage ich immer, da ist jedes Konzert vom Wetter unabhängig. Wenn Sie sich bitte setzen wollen?"

Döring fand es immer wieder faszinierend, wie Fütterer mit geübten Bewegungen seine Barbierutensilien auspackte, auf der Kommode zurechtlegte, das Messer über dem ledernen Streichriemen schärfte, sich aber davon mitnichten von seinem Redeschwall abhalten ließ. Noch nie hatte er etwas vergessen oder musste noch einmal kontrollieren, ob alles auch richtig bereitlag. Es war die lange berufliche Erfahrung, vermutete Döring. Er setzte sich gehorsam auf den Stuhl, wohlweislich schweigend. Fütterer breitete den weißen Rasierumhang um ihn aus und drückte ihm die flache Rasierschale mit der Einkerbung für den Hals in die Hand, damit Döring sie sich unter das Kinn halten konnte. Von einem Stück Rasierseife hobelte er eine kleine Menge in einen Tiegel und verschwand mit einem zweiten Tiegel im Bad, um ihn mit Wasser zu füllen, den Pinsel darin anzufeuchten und damit die Seifenflocken aufzuschäumen, was ungefähr eine Minute dauerte, in der er berichtete, dass es neue Hygieneauflagen gäbe, die es nötig machten, im Geschäft Gefäße mit Desinfektionsmittel sichtbar aufzustellen, damit die Kunden auch wüssten, dass die Instrumente bei ihm sauber wären und niemand Gefahr liefe, Bartflechte oder andere unliebsame Erscheinungen der Haut davonzutragen. Man stelle sich das vor! Als ob er das nötig hätte, bei seiner unbedingten Reinlichkeit.

„Wenn Sie sich jetzt bequem hinsetzen würden, Herr Döring? Und bitte die Schale unter das werte Kinn zu halten? Ja, genau so. Danke sehr.“

Döring schloss die Augen und spürte, wie Wangen und Kinn mit Seifenschaum bedeckt wurden und wie Fütterer mit behänden, sicheren Bewegungen Schaum und Bartstoppeln mit dem Messer abschabte, wobei er erzählte, dass in Amerika jetzt ein Erfinder – Giller oder Gilles oder so ähnlich – einen Rasierhobel mit austauschbaren Klingen auf den Markt gebracht hätte, der das Selbstrasieren zu Hause vereinfachen würde.

„Gillette“, murmelte Döring mit steifen Lippen. „Ich habe davon gehört.“

„Ich will gar nicht wissen, wie er heißt. Was denkt sich dieser Mann? Das macht Barbiere doch überflüssig, insbesondere Hausbesuche. Er ruiniert das Geschäft.“

Für eine Weile verschlug die Empörung Fütterer die Sprache. Man konnte seine Gefühle auch den abgehackten Bewegungen ansehen, mit denen er schließlich die Rasierschale zu Tiegeln und Pinsel auf die Kommode stellte. Als er jedoch Dörings Gesicht mit dem Handtuch trocknete und auch den letzten Seifenrest entfernte, hatte er sich wieder beruhigt. Er griff schwungvoll zu einer teuer aussehenden Flasche mit Rasierwasser und trug es großzügig auf.

„*Spanish Leather* von George F. Trumper, London. Nagelneu in diesem Jahr. Ich dachte, ich nehme mal etwas anderes als das ewige *Astor*. Der Duft ist ja jetzt auch schon zwanzig Jahre alt. Bietet keine Überraschungen mehr. Aber es ist der gleiche Hersteller. Patschuli statt Sandelholz und Rose statt Jasmin. Gefällt es Ihnen?"

Döring, der keine Wahl mehr hatte, schnupperte. Der Duft hing schwer im Raum. Herb. Erdig. Irgendetwas darin störte ihn, ohne dass er es benennen konnte. Etwas Süßliches, Herbstliches, Verwelktes. Aber insgesamt?

„Nicht schlecht, Fütterer, aber nicht ganz mein Fall. Vielleicht bleiben wir morgen doch lieber wieder bei *Astor*? Ich habe gern einen vertrauten Duft um mich herum. Ich muss ihn ja schließlich auch riechen, nicht nur die anderen."

Fütterer lächelte geheimnisvoll und zuckte die Schultern. „Warten wir den Tag ab. Düfte verändern sich auf der Haut, wissen Sie? In zwei, drei Stunden werden Sie ihn mögen, da bin ich sicher. Achten Sie auf einen überraschenden Duft nach Leder, den Sie sich zunächst nicht erklären können. Und gleich den Scheitel wieder zwei Fingerbreit links von der Mitte und zu beiden Seiten eine lockige Welle über den Schläfen?"

Döring nickte. „Wie immer, Fütterer." Er warf einen besorgten Blick auf die Flasche, die der Friseur aus seiner Tasche zauberte. Wenn er einen experimentierfreudigen Tag hatte, konnte man nie wissen. Aber erleichtert stellte Döring fest, dass es das gewohnte Birken-Haarwasser war, und genoss die nun folgende Kopfmassage ohne überraschende neue Gerüche.

„Sagen Sie, Fütterer, was ist eigentlich aus Ihrem Parfümeur geworden? Das war doch so ein vielversprechender junger Mann – wie hieß er noch?"

Fütterer seufzte. „Albert Mertens."

„Genau. Albert Mertens. Ich erinnere mich, dass er mich ausgezeichnet beraten hat, als ich ein Parfüm verschenken wollte. Was macht er denn jetzt?"

„Das weiß ich nicht genau. Ich habe ihn entlassen."

„Warum denn das, um Himmels willen? Das wusste ich ja gar nicht."

Fütterer kämpfte mit sich, aber dann erzählte er doch die Geschichte, in der Mertens die Rolle des Schurken spielte. Er war einer von denen, die genau wussten, was sie wert waren, und auch recht damit hatten. Aber sie nutzten diese Gewissheit dazu, jeden Respekt anderen gegenüber aufzugeben. Dreist, vermutete Fütterer, das war wohl das passende Wort für ihr Verhalten.

„Stellen Sie sich nur vor, Herr Döring, er hat mich wiederholt vor belustigten Kunden mit ‚Figaro' angeredet. Das geht doch nicht! Und einmal kam er sogar mit einem blauen Auge ins Geschäft. Dann hat er sich auch noch erdreistet …" Fütterer konnte vor Entrüstung kaum weitersprechen. „Nun, er hat mich herausgefordert, das heißt meine Langmut." Er holte tief Luft. „Ganz unter uns: Er wollte mich erpressen."

„Wie bitte? Ja, womit denn? Sie tun doch nichts Unrechtes in aller Heimlichkeit, oder, Fütterer?", fragte Döring mit einem Augenzwinkern.

Aber Fütterer war das Lachen vergangen. „Ach, natürlich nicht. Und es ging auch gar nicht um Heimlichkeiten."

Und dann erzählte er, wie vor einiger Zeit eine Lieferung mit dem neuen Parfüm eines bekannten Herstellers angekommen war. Die Etiketten sahen seltsam verschwommen aus, als hätte jede Linie einen oder mehrere Schatten. Sie hatten alle angenommen, dass jemand versucht hatte, die Etiketten zu fälschen und auf Flakons mit billigem Parfüm zu kleben. Ein paar Tage später hatte Fütterer die Flakons trotzdem ins Verkaufsregal geräumt und auch zum normalen Preis des Parfüms an Kunden verkauft. Er hatte nämlich eine offizielle Erklärung in der Zeitung gelesen, dass es eine Partie Flakons dieser Firma mit fehlerhaftem Etikett gegeben hätte, was aber der Qualität des Parfüms keinen Abbruch täte. Gerade als Mertens dazukam, hatte er sogar mit einem Kunden gescherzt, er könnte ja das Parfüm wie seine Briefmarken behandeln und das seltsame Etikett als seltenen Fehldruck ansehen. Mehr war es ja auch eigentlich nicht.

„Sie werden es nicht glauben", entrüstete sich Fütterer, während er Dörings Naturwellen den rechten Schwung gab, vor allem rechts und links über den Schläfen, „da kommt Mertens doch abends zu mir, als wir gerade die Tür abgeschlossen hatten, und behauptet, er würde für sich behalten, was er mit dem betrügerischen Verkauf des Parfüms an diesem Tag erlebt hätte. Das würde mich allerdings etwas kosten. Sonst würde er die Geschichte der Presse erzählen. Und wenn ich dann mein Geschäft aufgeben müsste, würde er sich gerne bereit erklären, es zu übernehmen."

„Nein!", rief Döring. „Was für eine Unverfrorenheit!"

„Ja, nicht wahr? Ich habe ihn sofort entlassen. Ohne Zeugnis und natürlich ohne auf die Erpressung einzugehen. Erst hat er noch über meine vermeintliche Dummheit gelacht, dann habe ich ihn die Zeitungsmeldung über das Parfüm lesen lassen und ihm die Tür gewiesen. Er konnte froh sein, dass ich ihn nicht angezeigt habe. Das habe ich ihm auch genau so gesagt. Jetzt ist er, glaube ich, bei einem jungen Kollegen untergekommen. Franz Busch. Kam letztes Jahr neu in die Stadt. Ehrgeizig. Er hat seinen Friseurladen gleich hier um die Ecke, Am Wehrhahn 15. Perücken vom Feinsten, das kann er wirklich gut. Und er suchte wohl noch einen Parfümeur."

„Hört man Klagen?", wollte Döring wissen.

„Bisher nicht viele. Busch hat einen Pavillon auf der Ausstellung. Eine gute Reklame für ihn, aber er kämpft wie ich darum, von Mertens nicht immer ‚Figaro' genannt zu werden, wie mir ein Kunde erzählt hat. Ich bin gespannt, ob Busch sich durchsetzen kann und aus Mertens noch einen vernünftigen Menschen macht. Auf jeden Fall werde ich ihm in einer ruhigeren Minute die Augen über seinen Parfümeur öffnen, damit er vorgewarnt ist. Schauen Sie mal, gefällt es Ihnen so?"

Fütterer hielt einen Handspiegel vor Dörings Augen, damit er seine Frisur begutachten konnte.

„Wunderbar, Fütterer. Sie sind der Beste."

Als der Friseur sich verabschiedet hatte, öffnete Döring das Fenster, um die Wolke aus verschiedenen Düften im Zimmer gegen frische Luft auszutauschen. Draußen roch es bereits nach Regen. Die Garderobieren würden heute Abend mit nassen Mänteln und Schirmen zu kämpfen haben. Er durfte nicht vergessen, sie daran zu erinnern, während des Konzerts das Vestibül beim Kaisersaal zu lüften. Er beugte sich aus dem Fenster. Die Tonhallenstraße war jetzt etwas belebter. Erste Kirchgänger machten sich auf den Weg zur Oststraße, um an der Pfingstmesse in der Marienkirche teilzunehmen. Es war ein friedliches Bild. Erpressung passte überhaupt nicht dazu. Und auch noch hier in diesem Haus. Was es nicht alles gab! Erstaunlich.

Während der Woche und an Sonntagen öffnete die Ausstellung um zehn Uhr ihre Tore. Das war auch die Zeit, zu der Höfner und Lenzen ihre erste Runde über das Gelände antraten. Bevor der Ansturm begann, bevor Tausende kamen, um

sich an ihrem freien Tag die Ausstellung anzusehen. Für das
Sicherheitspersonal bedeutete das verstärkte Alarmbereit-
schaft. Gerade an Sonn- und Festtagen hatte es seine normalen
zehn Stunden anwesend zu sein. Pro Monat gab es zwei freie
Tage, aber die konnte man nur während der Woche nehmen,
keinesfalls sonntags. So früh war das Gelände noch spärlich
besucht, also war genau die richtige Zeit für die erste Runde.
Höfner nannte sie seinen Sonntagsspaziergang, und genauso
gemächlich verhielt er sich auch. Er schaute in Ausstellungspavillons hinein, philosophierte über den Sinn und Unsinn
von Automobilen im Vergleich zu Pferdekutschen oder bewunderte Gartenanlagen, wobei er eine bisher unbekannte
Freude an Blumen bei sich entdeckte. Merkwürdig. Je weiter
der Frühling voranschritt, umso schöner wurden sie. Die meisten Beete waren als Ausstellungsobjekte geplant und von Gärt-
nereien und Blumenzüchtern der ganzen Provinz angelegt
worden. Vor der Haupt-Ausstellungshalle hatte die Krupp'sche
Gärtnerei sogar beheizbare Teiche mit Seerosen zur Verfügung
gestellt. Bis hin zur Polizeiwache hatten die Trierer Züchter
Lambert, Mock und Welter unzählige Rosensträucher gepflanzt. Einige blühten bereits, andere bekamen gerade erst
grüne Blättchen. Hönings aus Neuss und Schlösser aus Köln-
Ehrenfeld hatten kleine Obstplantagen angelegt, deren junge
Bäumchen nun in voller Blüte standen. Auch in den Blumenbeeten, um die sich Gärtner der Stadt Düsseldorf kümmerten,
begann es zu blühen. Hier auf dem Gelände war es wirklich
Frühling geworden. Es fehlte nur die Sonne. Höfner zog den
Mantelkragen hoch und verschränkte die Arme vor der Brust,
als eine kalte Windböe vom Rhein her in Hosenbeine und Är-
mel fuhr und sie wie Ballons aufblähte. Nachher, das versprachen die grauen Wolken, die der Wind aus Westen vor sich her
trieb, würde es wieder regnen. Damit war der Kommissar nicht

einverstanden. Schließlich war Pfingsten, und an Pfingsten herrschte normalerweise Kaiserwetter. Punktum.

Natürlich war Höfners und Lenzens Rundgang mehr als nur ein erbaulicher Spaziergang. Insbesondere Höfner war immer dafür zu haben, das Angenehme mit dem Nützlichen zu verbinden, was bedeutete, dass sie auch beim Flanieren nach Verbrechern Ausschau hielten. Gerade an unübersichtlichen Sonntagen kamen Taschendiebe aufs Gelände und fielen geübten Augen auf, weil sie gezielt Menschengruppen beobachteten, um sich dann scheinbar unbeteiligt ihren Opfern im Gedränge zu nähern. Und sogar heute am dritten Ausstellungssonntag gab es auch immer noch Händler, die sich nicht an die Regeln hielten.

„Sehen Sie mal da, Herr Kommissar", sagte Lenzen. „Ich glaube, den Herrn da vorne kennen wir bereits."

Höfner nickte. „Wissen Sie Ihr Sprüchlein noch, Lenzen? Ich denke, Sie sollten ihn gleich damit anreden. Also los."

Der Sergeant ging auf einen Mann zu, der einen Bauchladen mit Ansichtskarten umgeschnallt hatte und bereits erste Kunden bediente.

„Guten Morgen", sagte Lenzen und schnarrte, als der Mann sich umdrehte, direkt sein „Sprüchlein" herunter. Sogar mit Genuss, wie Höfner feststellte, was er sich aber damit erklärte, dass Lenzen es ja auch irgendwann auswendig gelernt haben musste, und wahrscheinlich froh war, wenn er es dann endlich einmal aufsagen durfte.

„Gemäß den Bekanntmachungen vom 19. November 1892 und 9. Januar 1893 ist das Feilbieten von Blumen, Backwaren, geringwertigen Gebrauchsgegenständen, Erinnerungszeichen und ähnlichen Gegenständen, wozu auch Ausstellungsandenken, Zigarren und so weiter gehören, sowie von Obst, Wurstwaren, Fischen und sonstigen Lebensmitteln auf öffentlichen

Wegen, Straßen und Plätzen und an anderen öffentlichen Orten an Sonn- und Festtagen mit der Einschränkung zugelassen, dass während des Hauptgottesdienstes von 9 bis 11 Uhr vormittags ein Feilbieten nicht stattfinden darf. Da der Ausstellungsplatz als ein öffentlicher Platz im Sinne obiger Bekanntmachung anzusehen ist … Na? Wissen Sie, wie es weitergeht?"

Der Mann, der bis dahin mit aufgerissenen Augen in einer Art Schreckstarre zugehört hatte, fand endlich seine Sinne wieder. „Ja, ja, erst ab 11 Uhr, ich weiß schon", sagte er kleinlaut.

Als Lenzen einen Blick auf das Sortiment an Karten im Bauchladen warf, konnte Höfner förmlich sehen, wie er zum Spürhund wurde. „Sie bieten nicht nur von der Ausstellungsleitung genehmigte Karten an, wie ich sehe."

„Doch, natürlich", erklärte der Mann eifrig. „Sehen Sie hier, die Fotokarten. Da steht ‚Offizielle Ausstellungs-Postkarte. Nachdruck wird gerichtlich verfolgt'. Und hier bei den bunten Künstlerkarten steht der Satz auch, sogar mit Seriennummer."

„Und diese hier?", fragte der Sergeant streng.

„Lenzen", warf Höfner ein, dem der Mann leidzutun begann. Er sah so aus, als könne er das wenige Geld, das er für seine Arbeit bekam, gut gebrauchen. „Lassen Sie es gut sein."

Der Mann seufzte erleichtert, beantwortete aber trotzdem Lenzens Frage. „Diese Ansichtskarten gehen besonders gut. Handkolorierte Fotos. Sie sehen aus wie aus dem richtigen Leben. Die kaufen die Leute am liebsten, obwohl sie teurer sind. Die kann man von der Ausstellung aber im Moment nicht bekommen."

„Wir drücken ausnahmsweise ein Auge zu", sagte Höfner, bevor Lenzen einen tadelnden Zeigefinger heben konnte, „weil heute Pfingsten ist. Aber verkaufen dürfen Sie wirklich erst in einer halben Stunde. Halten Sie sich daran."

Der Mann tippte an seine Mütze und verschwand in Richtung Hauptindustriehalle. Hier an der Halle II würden im Lauf des Tages sehr viele Menschen vorbeikommen, und darüber hinaus konnte er unter den Arkaden am Eingang Schutz vor Regen finden. Höfner und Lenzen setzten ihre Runde in die andere Richtung fort. Anderthalb Stunden später standen sie wieder schräg gegenüber der Halle II vor einem seltsam gebauten Fachwerkhaus. Ein großer Giebel und ein viereckiger Turm, offenbar gedacht für ein mehrstöckiges Gebäude, drückten von oben schwer auf ein zerbrechlich wirkendes Erdgeschoss mit halbrundem Erker an einer Seite. Das Haus war irgendwie unförmig, dachte Höfner, als ob es wüsste, dass nie jemand in ihm wohnen würde. Häuser sollten doch so aussehen, dass man sich geborgen fühlte, schließlich verbrachte man einen Großteil seines Lebens in ihnen, weil es draußen zu nass, zu windig, zu kalt oder zu heiß war. Oder zu dunkel. Und – noch wichtiger – man hatte sein eigenes Bett in ihnen stehen. Und in diesem Haus, das wusste Höfner, würde er nachts davon träumen, dass ihm der Giebel auf den Kopf fiel, während er schlief. Kein schönes Haus, entschied er, und merkte plötzlich, dass Lenzen das Haus bewundernd ansah und schon länger etwas dazu zu sagen schien. Schnell hörte er zu.

„… dachte man, wenn das Haus bereits für militärische Zwecke seinen Dienst getan hat, kann man seine Vorteile doch auch im privaten Bereich nutzen."

„Welche Vorteile?", fragte Höfner milde interessiert.

Nach Lenzens Blick zu urteilen war das zum jetzigen Zeitpunkt die falsche Frage, aber eine Antwort bekam Höfner trotzdem.

„Nun, wie ich gerade eben sagte, besteht dieses besondere Haus fast gänzlich aus dem nicht brennbaren Material Asbest. Der Hersteller aus Köln-Deutz verspricht, dass dieses Haus nicht brennen kann, womit in den Städten eine immer bestehende Gefahr gebannt wäre und verheerende Brände in Zukunft ausgeschlossen sind."

Höfner erinnerte sich dumpf an einen Vorfall vor einem Jahr.

„Aber da war doch ein Brand in einem solchen Haus – in China, glaube ich, bei dem sogar ein Mann gestorben ist. Die Zeitung war voll davon."

„Ach, Boxeraufstand? Feldmarschall von Waldersee gerade noch gerettet, Generalmajor von Schwarzhoff umgekommen?"

Höfner merkte, dass Lenzen bei dem militärischen Thema unwillkürlich in einen schnarrenden Ton zurückfiel. Man wartete direkt darauf, dass er wieder die Hacken zusammenschlug. Aber er fing sich zum Glück gleich wieder.

„Es waren Kriegszeiten, Herr Kommissar. Es war ein transportables Haus für Waldersee in Peking, schnell aufgebaut, schnell abgebaut. Dies hier ist ein neueres Modell und viel stabiler. Das macht schon den Unterschied. Wenn es sich nicht bewähren könnte, wäre es nicht auf der Ausstellung, glauben Sie mir. Ein nicht brennbares Haus!"

Höfner betrachtete das Asbesthaus mit neuen Augen, wenn auch nicht so begeistert wie Lenzen, und nickte. „Zumindest wird es von unserem Brandstifter verschont bleiben. Ach, übrigens ist mir da noch etwas aufgefallen." Mit zwei Fingern holte Höfner seine Taschenuhr aus der schmalen Westentasche und schaute darauf. „Was halten Sie von einem Mittagessen? Dabei können wir noch einmal alles durchgehen."

Sie machten sich auf den Weg zum *Restaurant Jean Schmitz,* genannt Cantine, hinter der Polizeiwache direkt an der Kaiserswerther Straße. Die Decke der großen Halle wurde von gusseisernen Säulen getragen. Rechts und links von einem Mittelgang befanden sich über die gesamte Länge der Halle zwei Bereiche zum Essen, in jedem standen lange Holztische mit Stühlen davor. Wie in allen Restaurants auf dem Ausstellungsgelände waren auch die Wände in der Cantine bemalt. Ein Band aus Jugendstilornamenten zog sich unter der Decke her und setzte sich in den Fensterwangen fort, wodurch auch dieses einfache Lokal einen freundlichen Schmuck bekam. Als Höfner und Lenzen die Cantine betraten, eilten Kellner über den Mittelgang zu den Tischen und verbreiteten mit den gut gefüllten Tellern Gerüche nach deftiger rheinischer Kost. Höfner und Lenzen fanden noch zwei freie Plätze am Ende eines Tisches, wo sie ungestört ein leises Gespräch führen konnten. Aber zuvor wurden sie vom Restaurantchef höchstpersönlich begrüßt. Jean Schmitz, in schwarzem Anzug, weißem Stehkragen und weißer Fliege, besaß für einen Wirt eine relativ schlanke Figur. Sein Gesicht zierte ein enormer Schnurrbart, der, wie er gerne betonte, nichts mit dem Kaiser-Wilhelm-Aufsteiger zu tun hatte.

„Herr Kommissar! Herr Sergeant!" Schmitz wischte mit der Speisekarte noch schnell ein paar Krümel von der Tischdecke, bevor er sie vor seine Gäste legte. „Was darf es denn heute sein?", strahlte er. „Ausstellungsschnittchen oder vielleicht eher ein Senfrostbraten?"

„Es ist zwar Pfingsten, aber wir haben leider keine Zeit für ein Festmahl", bedauerte Höfner. „Für mich ein Warmes Krüstchen bitte und ein Wasser."

„Für mich auch, danke", sagte Lenzen. „Und ein Alt. Ich bin zwar im Dienst, aber es ist schließlich Pfingsten."

„Recht so", stimmte Schmitz zu, „ein kleines Alt schadet ja auch nichts."

Er nahm die Speisekarte und machte sich auf den Weg in die Küche, um die Bestellung aufzugeben. Höfner staunte. Für den immer korrekten Lenzen kam das Bier im Dienst quasi einem Strafdelikt gleich. Und das an Pfingsten! Während sie auf ihre Scheibe geröstetes Brot mit Schnitzel und Spiegelei warteten, erklärte Höfner, was ihm in Bezug auf den Brandstifter aufgefallen war.

„Wissen Sie was, Lenzen? Der Mann hat bisher nur an Restaurationen Feuer gelegt. Ist Ihnen das auch schon aufgefallen? Das muss einen besonderen Grund haben."

Um die Mittagszeit saß Johanna in ihrem Zimmer und blickte aus dem Fenster, ohne etwas wahrzunehmen. In der Wohnung war es still, bis auf leise Musik hinter einer verschlossenen Tür. Mama spielte Geige. Papa las die Sonntagszeitung, und Tante Hedwig machte ihr Mittagsschläfchen. Vor Johanna lag ein weißes Blatt Papier, daneben ein angespitzter Bleistift. Sie hatte Ruhe und Zeit bis zum Konzert heute Abend, aber es war doch schwieriger, als sie gedacht hatte, einen Zeitungsartikel zu schreiben. Was interessierte die Leute an einem Ausstellungsbesuch?

Sie fühlte sich wie vor noch gar nicht so langer Zeit, als Fräulein Müller sie in der Abschlussklasse in Deutsch unterrichtet hatte. Ihre Aufsatzthemen waren genau so schwierig gewesen: „Das höfische Epos", „Die Romantik des Rheinstroms", „Die Fabel von den drei Ringen und Nathan der Weise", „Dorothea, ein Vorbild". Johanna lächelte. An das letzte Thema erinnerte sie sich gut. Sie hatten damals Goethes „Hermann und Dorothea" gelesen und sich alle wirklich darauf gefreut. Es ging um eine schöne Jungfrau, die mit vielen anderen Menschen vor dem französischen Revolutionsheer über den Rhein flüchtet, und um den schüchternen Sohn reicher Wirtsleute, der sich auf den ersten Blick in sie verliebt. Und am Schluss heiraten sie. Eine richtig schöne Liebesgeschichte. Allerdings hätten ihre Freundinnen und sie die Geschichte viel spannender gefunden, wenn Goethe einen Roman daraus gemacht hätte. Keinen Briefroman wie bei „Werther", den hatten sie auch gelesen, sondern einen richtigen Roman. Vielleicht konnte er das vor hundert Jahren ja noch nicht. So musste man sich durch Verse mit seltsamer Wortstellung kämpfen, damit der richtige Rhythmus eingehalten wurde – laaang, kurz, kurz, laaang, kurz, kurz, hatte Fräulein Müller gesagt, sechs Mal pro Vers. Und dann hatte sie erklärt, es wäre gar keine Liebesgeschichte, sondern ein Epos, ein „Idyll in Hexametern". Idyll, weil es auf dem Land spielt, Hexameter wegen des Rhythmus. Wenn man es aber einfach so las, ohne Rhythmus und mit richtiger Wortstellung, dann war es doch eine Liebesgeschichte. Johanna seufzte. Und was halfen die Hexameter ihr jetzt bei ihrem Zeitungsartikel? Nun, vielleicht half ihr Dorothea. Sie war unter anderem deshalb ein Vorbild, hatte Fräulein Müller erklärt, weil sie mutig und unerschrocken war. Johanna setzte sich gerade hin und atmete tief durch. Genauso sollte sie jetzt an ihren Zeitungsartikel herangehen. Mutig und unerschrocken. Und sie sollte auf gar keinen Fall darüber nachdenken, dass sie ihren Vater unbedingt damit überzeugen wollte. Also. Was hatte sie vor drei Tagen erlebt?

Sie war natürlich sehr aufgeregt gewesen, denn ihr Vater hatte sie zu einem Interview mit Professor Fritz Roeber mitgenommen. Der Professor höchstpersönlich wollte sie durch die Ausstellung im Kunstpalast führen. Er lehrte an der Kunstakademie und hatte mit dem Geheimen Kommerzienrat Heinrich Lueg den Vorsitz der Ausstellung inne. Die beiden Vorsitzenden waren sogar nach Berlin gefahren, um ihre Pläne vom Kaiser genehmigen zu lassen. Erfolgreich. Und dieser Professor, der sogar Audienzen beim Kaiser bekam, war dann so zuvorkommend und freundlich zu ihr gewesen, dass ihre Aufregung ganz und gar verschwand. Er hatte ihren Vater und sie im großen Kuppelsaal empfangen. Rechts und links von diesem Saal lagen die Ausstellungshallen, weitere hinter dem Hauptgebäude um einen Innenhof herum. Roeber hatte ihnen von seinem Wunsch erzählt, die gespaltene Kunst in Düsseldorf wieder unter einem Dach zu versammeln, wenigstens bei Ausstellungen. Aus diesem Grund würde der Kunstpalast nach der jetzigen Ausstellung auch weiterhin bestehen bleiben. Sie hatte eifrig Notizen und Eindrücke in ihr Heft geschrieben, damit sie auch alles richtig behalten konnte. Er hatte ihren Vater und sie durch helle Räume geführt, deren Wände alle in verschiedenen Farben gestrichen und nach oben mit breiten Schmuckbändern aus Blumen oder Ornamenten bemalt waren. In den meisten Räumen fiel Licht durch gläserne Decken, und über den Eingängen hingen Schilder zur Information, wo die Kunst entstanden war, in Dresden, Düsseldorf, Berlin oder München. Die Bilder an den Wänden waren völlig unterschiedlich, je nachdem, ob sie von Sezessionskünstlern gemalt worden waren oder in der herkömmlichen Weise. Professor Roeber hatte so viel dazu erklärt, dass sogar sie die Unterschiede hatte sehen können, obwohl sie nicht viel von Kunst verstand. Trotzdem meinte sie herauszuhören, dass der Professor die Sezessionskünstler nicht gar so gerne mochte, weil er die Kunst der Düsseldorfer Malerschule bevorzugte.

In der Mitte der Räume stand jeweils auch eine neue Skulptur eines Bildhauers. Eine davon, im Raum der Berliner Kunstgenossenschaft, hatte ihr besonders gut gefallen. Sie war von Walter Schott. Er hatte eine Kugelspielerin mitten in der Bewegung eingefangen. Sie stand leicht vorgebeugt, in einer ausgestreckten Hand hatte sie eine Kugel, und es würde nicht mehr lange dauern, bis sie sie warf.

„Diese Skulptur soll der Stadt geschenkt werden", hatte Roeber ihnen verraten. „Wir werden sie hier im Kuppelsaal an einem besonderen Platz aufstellen, damit sie dort von allen bewundert werden kann."

Der Professor hatte sie noch in weitere Räume geführt, in die historische Ausstellung mit mittelalterlicher Kirchenkunst aus der ganzen Provinz, in die altjapanische Ausstellung von Stücken aus der privaten Sammlung von Kunstprofessor Georg Oeder und in einen Raum, den Henry van de Velde ganz in den neuen Jugendstilformen eingerichtet hatte. Sogar in die Teppiche auf dem Boden waren Jugendstilornamente geknüpft. Es hatte ihr sehr gut gefallen, aber irgendwann hatte sie die vielen schönen Dinge gar nicht mehr richtig begreifen können. Ihr Vater hatte jedoch weiter mit Professor Roeber gefachsimpelt, als wäre es das Einfachste von der Welt.

Johanna lehnte sich zurück und blickte wieder aus dem Fenster in den grau bewölkten Himmel. Wenn sie ehrlich war, fürchtete sie sich davor, wie viel sie noch lernen musste, um solche klugen Fragen stellen zu können wie ihr Vater. Sein Artikel würde sachlich und kenntnisreich über die Ausstellung berichten. Das konnte sie nicht. Nun ja, zumindest noch nicht. Jetzt, heute, musste sie einen anderen Weg finden.

Zum Glück hatte sie es gewagt, auch selbst eine Frage zu stellen: „Werden alle Künstler reich mit ihrer Kunst?"

„Warum glauben Sie das?", fragte der Professor.

„Wir wohnen in einem Haus, das einem Künstler gehört. Frederick Vezin, kennen Sie ihn? Da vorne hängt auch ein Gemälde von ihm. Er verdient viel Geld mit seinen Bildern."

„Ja", bestätigte Roeber, „er ist erfolgreich und bekannt, ein sehr guter Landschafts- und Porträtmaler. Aber nicht alle haben beides – Talent und Glück. Kommen Sie bitte mit, wir setzen uns da vorne hin. Dort gibt es auch einen Kaffee."

Auf dem Schild über dem Eingang des Raumes, zu dem Roeber sie führte, stand *20 – Erfrischungsraum Secession Wien.* Hier nutzte man die Ausstellung neuer Jugendstilmöbel vor einem breiten Band aus changierenden grünen Kacheln an den Wänden ganz selbstverständlich als Kaffeehauseinrichtung. Die Tasse Kaffee für jeden wurde nach Wiener Art mit einem kleinen Glas Wasser serviert.

„Ich will Ihre Frage gerne beantworten", sagte Roeber zu ihr, als sie sich alle gestärkt hatten. „Nur die wenigsten Maler werden reich. Sie kennen den Satz ‚Ernst ist das Leben, heiter die Kunst'?"

Johanna nickte. „Friedrich Schiller. Wir haben in der Schule einen Aufsatz darüber geschrieben."

„Nun, junges Fräulein", sagte der Professor mit einem wohlwollenden Lächeln, „dann wissen Sie ja, worüber ich rede. Wahre Kunst ist allerdings nicht heiter, sondern bitterernst. Der Lorbeer, den sie wenigen reicht, fordert unzählige Opfer."

„Aber es gibt doch so viele Künstler überall. Und so viele Studenten."

Roeber nickte. „Leider. Eine Fata Morgana gaukelt ihnen Sieg, Ehre und Glück vor, aber die meisten fallen ruhmlos und unerkannt in die Tiefe. Und es wird jetzt noch schlimmer mit den vielen kunsteifrigen Damen. Die Gleichstellung des weiblichen Geschlechts ist in der Republik der Kunst siegreich durchgeführt. Jünger und Jüngerinnen hungern sich also in gleicher Weise durch die Vorbereitungsjahre." Roeber hielt einen Moment kopfschüttelnd inne. „Aber den Mädchen wird vieles leichter. Der Durst verlockt sie nicht zur vorzeitigen Vergeudung der Miete, und alle die Kleinigkeiten, die das männliche Wesen zur Verzweiflung treiben, die Sorge für Wäsche, für Kleidung, für haltende Knöpfe, vergällen ihnen nicht das Dasein. Meist erfassen sie auch rasch das Oberflächliche künstlerischer Technik, aber noch verderblicher als den Studierenden männlichen Geschlechts wird ihnen die Neigung von heute für Skizzen, für breit und flott hingehauene Malereien. Damit werden sie keine Meisterschaft erlangen."

Johanna blickte hilfesuchend zu ihrem Vater hinüber, denn dieser Ausbruch gegen Malerinnen und moderne Kunst überforderte sie. Ihr Vater verstand und übernahm die nächste Frage.

„Dürfen die Damen denn jetzt offiziell hier an der Akademie studieren? Dieses Jahr hat ja die Weimarer Akademie erstmalig auch weibliche Studierende aufgenommen …"

„Nun, hier in Düsseldorf sind ihnen fast alle Malklassen gestattet. Sie bekommen eine Ausbildung, aber offizielles Mitglied unserer Akademie zu werden, ist ihnen natürlich nicht möglich. Stellen Sie sich nur vor – Heerscharen von femininen Kunstbeflissenen forderten vielleicht auch noch in einer Ausstellung wie dieser Platz an den Wänden! Ich glaube fest und sicher, dass jedem Leiter einer Kunstausstellung schon allein ihretwegen viele Jahre des Fegefeuers abgerechnet werden. Wie gesagt, Kunst ist nicht heiter. Sie belohnt nur die wahren Künstler."

Und das sagte jemand, sinnierte Johanna, der tagtäglich mit Kunst beschäftigt war und eindrucksvolle Bilder malte. So wie er es erklärt hatte, zählte er sich selbst ganz sicher zu den wahren Künstlern. Waren sie alle Männer ohne Heiterkeit? Es konnte doch keinen Spaß machen, so sein Leben zu verbringen, zumal der Professor durchaus freundlich lächelte und selbst ein heiterer Mensch zu sein schien. Nun, er hatte ja auch großen Erfolg. Sie stellte eine letzte Frage.

„Und wenn Sie ein Bild malen, Herr Professor, haben Sie Freude daran?"

Roeber überlegte. „In diesem Zusammenhang eine gute

Frage", sagte er schließlich. „Doch, das habe ich. Ich freue mich über meine Idee zum Thema, ich freue mich über die allmähliche Ausformung der Idee auf der Leinwand, und ich empfinde auch Stolz, wenn ein Gemälde fertig und gelungen ist. Es ist jedes Mal ein Sieg, wenn man die Kluft zwischen Wollen und Vollbringen überwunden hat. Es ist so, wie das alte Sprichwort sagt: ‚Der Wille ist die Seele der Tat‘."

An dieser Stelle waren sie abrupt durch die Feuerglocke unterbrochen worden. Die Leute an den anderen Tischen im Erfrischungsraum der Wiener Sezession waren hastig aufgesprungen und hinausgelaufen, um zu sehen, wo es brannte. Auch Roeber, ihr Vater und sie waren vor die Eingangstür gegangen und oben auf den Stufen stehen geblieben, von wo sie einen guten Überblick hatten. Die Feuerglocke hatte sich jedoch immer weiter nach Norden entfernt und war dann ganz verstummt. Wo es brannte, hatte man vom Kunstpalast aus nicht sehen können.

Ein junger Mann war ihr aufgefallen. Er hatte ein Gesicht wie ein Engel, fein geschnitten wie bei einem der überirdischen Wesen auf den religiösen Bildern in der Ausstellung. Im Gegensatz zu allen anderen Neugierigen war er in die Gegenrichtung gelaufen, zum Ausgang an der Brückenrampe. Er hatte sich immer wieder umgedreht, als fürchtete er, verfolgt zu werden. Leider hatte sie ihn aus den Augen verloren, als Roeber sich von ihnen verabschiedet hatte.

Johanna wandte sich vom Fenster und von den grauen Wolken ab. Die Feuerglocke und der Unbekannte waren nicht so wichtig, aber abgesehen davon hatte sie eigentlich eine Menge zu erzählen – über die Ausstellung, über den Professor und darüber, was er über Kunst und Künstler gesagt hatte. Unter einem Stapel Bücher auf ihrem Tisch fand sie das Heft mit ihren Notizen und klappte es auf. Irgendwo hatte sie Roebers Merksatz aufgeschrieben. Ja, hier stand er. Und als schließlich die Regentropfen ans Fenster trommelten, beugte sie sich über das leere Blatt Papier und schrieb die Überschrift zu ihrem allerersten Zeitungsartikel: „Der Wille ist die Seele der Tat". Und darunter: „In der Düsseldorfer Kunstausstellung 1902". Und in die dritte Zeile, mit einem erwartungsvollen und auch ein wenig stolzen Lächeln: „Von J. K."

Die Warmen Krüstchen von Jean Schmitz waren wie immer ausgezeichnet. Zumindest hatte Höfner den Eindruck, als ein Kellner ihre Teller wieder abräumte und ihnen dann die bestellten Tassen Kaffee brachte. Irgendwie hatte er – und das passierte ihm bei guter Küche selten – gar nicht richtig aufgepasst und mehr mechanisch Messer und Gabel an seinem Essen erprobt. Erfolgreich, wie der leere Teller zeigte und auch sein Magen, der sich zufrieden und gesättigt anfühlte. Lenzen und er hatten über den Brandstifter spekuliert, wobei zweierlei offensichtlich geworden war: Es war nie gut, beim Essen über die Arbeit zu reden; und: Er wusste immer noch nicht, an wen ihn der Mann erinnerte, der am *Café Weitz* weggelaufen war. Er hatte sich das Hirn zermartert, aber so war es eben mit Namen von Personen, die man lange nicht gesehen hatte. Sie trollten sich aus dem Gedächtnis, schlichen sich davon in die neblige Vergangenheit, bis man sich noch nicht einmal mehr an den Anfangsbuchstaben erinnern konnte. Dann sah man plötzlich ganz deutlich ein Gesicht, eine Bewegung, irgendetwas, und man hatte … es gab so einen Begriff dafür, wie hieß er noch …

„Lenzen, wie heißt das, wenn man meint, man hat schon mal was gesehen, aber es ist nur so ein Gefühl, man kann es nicht richtig benennen?"

„Ach, Sie meinen ein Déjà-vu, Herr Kommissar."

„Das ist es! Die Franzosen haben mal wieder die richtigen Wörter für alles, was Lenzen? Haben wir eigentlich auch ein Wort dafür?"

Lenzen nippte an seinem Kaffee und dachte nach. „Außer ‚schon mal gesehen' fällt mir nichts ein. Warum meinen Sie?"

„Nun, es geht um den Mann, der am Donnerstag weggelaufen ist. Ich komme einfach nicht darauf, an wen er mich erinnert. Und das Dumme ist", seufzte Höfner, „je mehr ich darüber nachdenke, umso mehr entgleitet mir, was mir an ihm so bekannt vorkam. Es ist unerträglich."

Lenzen nickte. „Das kenne ich, Herr Kommissar. Wahrscheinlich ist es das Beste, wenn Sie einfach nicht mehr daran denken. Ganz plötzlich, heute Abend oder morgen, fällt es Ihnen dann ein."

„Glauben Sie wirklich? Man sagt ja immer, man muss den heiligen Antonius von Padua um Hilfe bitten, dann weiß man wieder alles. Aber geholfen hat mir das eigentlich nie, auch damals in der Schule nicht."

Lenzen kannte sich mit Heiligen nicht aus und lenkte das Gespräch sicherheitshalber wieder auf den Fall zurück. „Ich finde ja Ihre Überlegung, dass in unseren beiden Fällen immer eine Restauration betroffen war, sehr interessant. Man müsste herausbekommen, ob es im letzten Jahr oder bis Mai in diesem Jahr irgendwelche Vorfälle beim Bau der Ausstellung gab."

Höfner runzelte die Stirn. „Sie meinen, jemandem ist etwas passiert, vielleicht ein Unfall, und jetzt will er Rache? Ja, gut, das ist wenigstens einen Gedanken wert. Fragt sich immer noch, warum ausgerechnet eine Restauration? Dafür müsste man die Zusammenhänge kennen. Vielleicht ist ja beim Bau eines der Lokale etwas passiert. Aber wo soll man da suchen, Lenzen?"

„Eventuell in der Geschäftsstelle der Ausstellung auf der Schäferstraße. Im Bureau dort wird ein Journal geführt, wo seit Beginn der Arbeiten hier genau verzeichnet ist, was jeden Tag passiert – Krankheitsfälle, Todesfälle, Diebstähle und so weiter, einfach alles."

„Todesfälle?", hakte Höfner nach. „Was für Todesfälle?"

„Nun, auf solchen Baustellen kann immer etwas passieren. Die Ausstellungspavillons sind zum Beispiel sehr hoch, um die zwanzig Meter und höher, die Schornsteine sogar fünfzig Meter. Man braucht Gerüste, um an den Kuppeln zu arbeiten oder die Segeltuchbahnen für die Dächer zu spannen. Es kommt öfter vor, dass jemand unglücklich herunterfällt und es nicht überlebt."

„Richtig, Lenzen, das stimmt, und es wäre ein möglicher Grund. Eine sehr gute Idee. Wir statten diesem Bureau einen Besuch ab. Auf der – wie heißt die Straße?"

„Schäferstraße. Nummer 28. Gleich hinter dem Kunstpalast, an der Ecke Brüderstraße. Das geht aber erst wieder nach Pfingsten."

Es war seltsam, dachte Höfner. So groß war Düsseldorf nun auch wieder nicht, aber in Golzheim kannte er sich immer noch nicht aus. In Oberbilk hätte er jetzt gewusst, wo das Bureau war, wer den Schlüssel hatte und wer ihm sonntags, sogar an Pfingsten, ausnahmsweise die Tür geöffnet und ihm das Journal zur Verfügung gestellt hätte. Aber hier war das nicht möglich. Unzählige Menschen, die sich untereinander noch nicht einmal alle kannten, arbeiteten für die Ausstellung.

„Dann müssen wir uns gedulden, aber sofort nach den Feiertagen lassen wir uns das besagte Journal zeigen. Dort finden wir vielleicht sogar den Namen unseres Brandstifters. Wenn unsere Überlegungen richtig sind, Lenzen. Wenn es tatsächlich eine Art Rache ist. Das steht ja noch nicht fest."

„Wir finden es heraus, Herr Kommissar. Und dann schnappen wir ihn uns."

„Die Herren sind auf Verbrecherjagd?", fragte Jean Schmitz interessiert. Er war an ihren Tisch gekommen, um die Tassen abzuräumen.

Höfner nickte. „Ja, aber alles ist noch sehr unbestimmt."

„Darf man fragen, worum es geht?"

„Nein, noch nicht", sagte Höfner amüsiert. „Ich wusste gar nicht, dass Sie so neugierig sind, Schmitz."

Lenzen und er bezahlten ihr Essen und wollten aufstehen, aber der Wirt hatte noch etwas auf dem Herzen.

„Es hat auch nichts mit Neugier zu tun, Herr Kommissar. Ich dachte nur …" Schmitz gab sich einen Ruck. „Ich dachte, Sie suchen den Gauner, der die Leute schikaniert. Ich hab ihn hier auf dem Gelände gesehen. Das glaube ich wenigstens."

Jetzt hörte auch Lenzen genauer zu. „Von wem reden Sie?"

Jean Schmitz zuckte die Schultern. „Wie gesagt, ich glaube, dass ich ihn gesehen habe. Da vorne in einem der Pavillons. Aber ich bin nicht sicher. Ich will niemanden unnötig verdächtigen."

Solche Äußerungen kannte Höfner zur Genüge. Halbe Weisheiten, mit denen man nichts anfangen konnte. Wäre es jemand anderes als Jean Schmitz, würde er denken, dass der Mann sich wichtigmachen wollte. „Wenn Sie etwas wissen, dann heraus damit, ehe noch mehr passiert, Schmitz! Wen genau meinen Sie, und was genau tut der Gauner, um Sie zu erzürnen? Nicht, dass es noch Tote gibt!"

Höfner hatte absichtlich einen spöttischen Tonfall gewählt, aber nicht einmal die Erwähnung von „Toten" konnte den Wirt dazu bringen, ihnen mehr über seinen Verdacht zu erzählen.

„Das will ich nicht hoffen, Herr Kommissar. Aber ich

möchte mich erst noch überzeugen, dass er es ist, dann komme ich zu Ihnen."

Höfner zuckte die Schultern, verabschiedete sich und machte sich mit Lenzen auf den Weg zurück zur Wache. Sie mussten laufen, denn es regnete in Strömen. Kurz nach ihnen verließ ein Mann mit Monokel die Cantine, spannte den Schirm auf und eilte in die entgegengesetzte Richtung, zum Ausgang Kaiserswerther Straße.

> *Das ist das Sammelbassin der großen Fontaine,*
> *die abends mit farbigem elektr. Licht beleuchtet wird,*
> *was wir aber nicht gesehen haben, weil wir dem Besuch*
> *des Apollotheaters den Vorzug gaben.*
> (Ansichtskarte der Haupthalle mit der großen Fontaine, 22.7.1902)

DIENSTAG, 20. MAI 1902

Nach den kalten Schauern zu Pfingsten brachte der Dienstag nur noch feinen Nieselregen. August Höfner saß in der roten Linie der Straßenbahn – diesmal hatte er sogar daran gedacht, an der Oststraße umzusteigen, was bei allem, das ihm im Kopf herumging, weiß Gott nicht einfach gewesen war. Er hatte das Gefühl, es würde nicht mehr lange dauern, bis sein Geduldsfaden riss. Er war so zornig! Eigentlich war er ein friedliebender Mensch. Nein, wirklich, das war er. Auch als Polizeikommissar konnte man durchaus friedliebend sein, ja, das musste man sogar, wenn man bei den Guten und Bösen Frieden stiften wollte. Und wenn er etwas nicht leiden konnte, waren es Menschen, die ihm dabei in die Quere kamen, die seine Arbeit hintertrieben und seine Bemühungen im Keim erstickten. Höfners gutmütiges rundes Gesicht wurde spitz, und zwei steile Falten erschienen auf seiner Stirn. Menschen, die ihn kannten, wurden jetzt vorsichtig. Der Fahrgast neben ihm bemerkte es und rückte ein paar Zentimeter von ihm ab. Das tat Höfner leid. Er wollte ja niemanden erschrecken, aber wenn er zornig oder sogar wütend war, dann sah er eben so aus. Und alles nur wegen der Zeitung, die auf seinem Schoß lag und in der er bis eben noch gelesen hatte, und zwar zum dritten Mal den gleichen Artikel, weil er es einfach nicht glauben konnte. Wachtmeister Richartz hatte ihm die Zeitung zu Hause in der Josefstraße schnell noch zugesteckt, bevor er aus dem Haus geeilt war. „Gleich vorne, erste Seite", hatte Richartz ihm nachgerufen. Er hatte den Artikel eines gewissen K. M. gemeint. Natürlich hatte Höfner sofort gewusst, wer hinter dem Kürzel steckte, denn es handelte sich um die *Düsseldorfer Allerneuesten Nachrichten*. Da kam mit „K. M." nur einer infrage. Kurt Mäckerrath. Aber das alles war noch nicht das Schlimmste. Höfner verstand einfach nicht, wie der Mann an seine Informationen gekommen war.

Nun. Da stand gleich in der Überschrift: *Feuerteufel wütet in Düsseldorf.* Zunächst informierte der Artikel darüber, dass auf der Ausstellung Restaurationsbetriebe um ihre Sicherheit besorgt sein müssten, weil sie offenbar von einem Brandstifter attackiert würden. Und dann kam das, was Höfner noch sehr gut von der Bilker Einbruchserie kannte. Wilde Spekulationen. Wahrscheinlich war der Täter nämlich geistig verwirrt. Oder Sozialist. Es wäre allerdings auch möglich, ja, sogar viel wahrscheinlicher, dass er selbst Wirt war und der Konkurrenz schaden wollte. Betroffen waren bisher das *Café Weitz* und der *Münchener Franziskaner-Keller.* Vielleicht war es ja einer der Wirte gleich nebenan? Oder sogar ein Wirt, der keine Konzession für die Ausstellung bekommen hatte und sich nun dafür rächte?

Höfner seufzte. Das waren die Fragen, die sich bei der Ermittlung automatisch gestellt hatten, noch am Sonntag hatten sie darüber gesprochen. Aber blumig ausgemalt, in eingängige Sprache gefasst – so etwas durfte man in einem Fall wie diesem einfach nicht schreiben. Allein schon deshalb nicht, weil der Täter nun gewarnt war. Darüber hinaus würde sich die besonders getreue Leserschaft jetzt auch ausrechnen, wen Mäckerrath meinen könnte, und eine Hetzjagd veranstalten. Wenn man Glück hatte, käme dabei niemand zu Schaden. Und alles nur wegen unhaltbarer Spekulationen! Es war unerträglich.

Die Straßenbahn war inzwischen, von Höfner unbemerkt, an der Tonhalle und an Schloss Jägerhof vorbeigefahren und hielt jetzt an der Ecke Nordstraße. Hier stieg Höfner aus, ging über die Kreuzung zur Feuerwache an der Kaiserswerther Straße, wo er in die Elektrische Kleinbahn nach Duisburg umstieg. Gute fünf Minuten später, am Eingang zur Ausstellung gleich bei der Cantine von Jean Schmitz, würde er wieder aussteigen. Und dann würde er sich Lenzen vorknöpfen. Von wem sonst sollte dieser verwünschte Reporter seine Informationen haben? Auf der Wache hatten sie mit niemandem darüber geredet. Offiziell galten alle Brände als Unfälle. Aber wenn Lenzen, den er eigentlich schätzen gelernt hatte, ihnen beiden nun in den Rücken fiel und wider besseres Wissen mit Reportern über polizeiliche Erkenntnisse schwadronierte, die er besser für sich behielt, dann … Nun, er wusste noch nicht, was dann passierte, aber wahrscheinlich würde er zur Verwunderung aller sehr, sehr laut.

Um die gleiche Zeit trat Elvira Kremo aus der Tür des Hotels Artushof an der Ecke Jahnstraße und fröstelte unangenehm, als sie im feinen Nieselregen über die Adersstraße eilte. Auf gar keinen Fall durfte sie sich erkälten. Sie konnte sich noch gut an Fieber, Schnupfen und Husten im Winter erinnern, als ihr immer schwindelig geworden war. Ihre Mutter hatte fürchterlich schmeckenden Hustensaft aus Zwiebeln, Honig und Lakritze gekocht und ihr ältester Bruder Sylvester gnadenlos feuchte, eiskalte Handtücher um ihre Waden gewickelt. Ihre restlichen Geschwister, immerhin acht, hatten um sie herumgestanden und ihr gut zugeredet, bis ihre Mutter gekommen war und sie alle fortgescheucht hatte. Als ob Fieber und Husten davon weggehen würden! Auch ihre Freundin Elsie hatte ihr gute Besserung gewünscht, sich aber nicht zu ihr ins Zimmer getraut, weil sie sich nicht hatte anstecken wollen. Da fiel ihr ein, dass sie gar nicht wusste, wo in der Welt sich Elsie gerade aufhielt. Sie wartete dringend auf Nachrichten von ihr. Elvira – für Freunde Ella – zog gegen den Wind die Schultern hoch. Sie hatte sich dann doch schnell wieder erholt. Sie war eine kräftige Person, gut trainiert und kerngesund mit ihren achtzehn Jahren. Aber sie konnte sich einfach nicht leisten, schwindelig zu werden. Immerhin kannte man sie fast auf der ganzen Welt, weil sie etwas beherrschte, das niemand sonst konnte: einen Salto mortale auf einem dünnen Seil hoch über den Köpfen der Menschen.

Ella war Seiltänzerin, eine Artistin in der erfolgreichen zehnköpfigen Truppe ihres Vaters Josef Kremo. Jedes ihrer Geschwister konnte etwas Besonderes, und sie alle zusammen, hintereinander wie die Orgelpfeifen, hatten sich auch lustige akrobatische Nummern überlegt. Das Publikum mochte sie und jubelte ihnen zu. So wie hier im Apollo-Theater an der Königsallee in Düsseldorf, wo sie seit letzter Woche ein Engagement hatten und bis Anfang Juni jeden Abend auftreten würden. Jacques Glück, der Direktor, hatte sie im Hotel Artushof direkt nebenan untergebracht, wo alle Sänger, Schauspieler und Artisten wohnten, solange sie am Apollo engagiert waren. Man hatte ihr gesagt, es gäbe eine direkte Verbindung vom Artushof zum Bühneneingang des Apollo, und zwar über den Innenhof, aber sie hatte ihn noch nicht entdeckt. Jetzt machte sie sich einen Spaß daraus, durch den Eingang Ecke Königsallee hineinzugehen. Sie bekam einen Eindruck davon, wie die Zuschauer sich fühlten und was sie sahen, wenn sie das Theater betraten. Auf jeden Fall war es völlig anders als der Bühneneingang. Dort, hinter der Bühne, wurde gearbeitet. Dort gab es die alltägliche präzise Eile mit Kulissen, Requisiten, Musik, Beleuchtung, mit gebrüllten oder, während der Vorstellung, geflüsterten, aber nicht minder energischen Befehlen. Dort musste man jede Bewegung, jeden Handgriff kennen, funktionieren wie ein Teil eines Räderwerks. Hier, am vorderen Eingang, strahlte alles Muße aus, eine genussvolle Schaulust, der nichts entging. Hier nahm man alles, was auf der Bühne passierte, wie berauscht in sich auf. Die Herren kamen in Gala-Uniform oder elegantem Frack, am Arm überschlank geschnürte Damen in festlichen Roben und mit prächtigen Frisuren, in denen Brillanten blitzten. Mit betonter Lässigkeit – die Damen zwangsläufig in einer gewissen Steifheit – setzten sie sich an ihre Tische im Parkett und suchten sich die Speisen und Getränke für den Abend aus. Nun, überlegte Ella, es gab bestimmt Neider dieser Leute, aber sie wollte trotzdem nicht mit ihnen tauschen. Sie lebte nicht nur für einen glänzenden Abend in einer ansonsten vielleicht faden Woche. Sie war eine berühmte Artistin. Sie lebte im Rampenlicht.

Ella flüchtete vor dem stärker werdenden Regen unter das muschelartige Vordach aus Schmiedeeisen und Glas und weiter die Stufen hinauf, zog an der dritten Tür ganz rechts, die hier vorne um diese Zeit als einzige geöffnet war, und betrat das Vestibül. Es war ein Traum in Gold und Weiß und rosafarbenem Marmor. Gegenüber führten drei elegant geschwungene Türen in den Wandelgang, zu den Restaurants und in den Zuschauerraum, rechts und links unter den Treppenaufgängen zum ersten Rang waren große Garderoben eingerichtet.

Durch das trübe Tageslicht sah alles fast grau aus, es fehlte der abendliche Zauber der Festbeleuchtung. Es fehlte überhaupt jeder Zauber, denn aus dem Restaurant zur Rechten – das einzige der sechs Theaterrestaurants, das auch tagsüber geöffnet war – drangen streitende Stimmen. Ella schlich weiter in den Wandelgang und warf einen Blick durch die Tür. Weiß gedeckte große und kleine Tische, noch ohne Gäste, ganz hinten an der Wand eine Theke mit einem hohen Schrank für Gläser und Flaschen, darüber lebensgroße Wandbilder, die den Blick in den Zuschauerraum des Theaters vorgaukelten. Vor der Theke standen zwei Männer und brüllten sich an, aber Ella verstand trotz der Lautstärke kein Wort. Den einen kannte sie vom Sehen. Gustav Fischer, der Getränkekellner hier im Restaurant 1. Er war ein freundlicher Mensch, und sie hätte nie gedacht, dass er mit jemandem in Streit geraten könnte. Gerade war Ella vom Wandelgang weiter in den Zuschauerraum geschlüpft, als der andere Mann aus dem Restaurant stürmte, mit großen Schritten durch das Vestibül lief und die Eingangstür scheppernd hinter sich zuwarf. Während Gustav Fischer im Restaurant laut fluchte, hörte Ella ihren Bruder Sylvester auf der Bühne nach ihr rufen.

„Nun komm schon, Ella, wir warten auf dich."

Sie lief nach vorne und die Stufen der kleinen Seitentreppe hinauf auf die Bühne. Die Probe begann, und bald dachte sie nicht mehr an den Vorfall im Vestibül.

Währenddessen lehnte Gustav Fischer an der Theke und versuchte sich zu beruhigen. Sein lauter Fluch hier im Restaurant hatte ihn selbst erschreckt. Er hatte Ella gesehen und gehofft, dass sie weitergehen würde. Er wollte nicht, dass sie in Gefahr geriet. Der Mann, mit dem er sich gestritten hatte, war unberechenbar, wenn er wütend wurde. Dabei hatte Gustav so gehofft, dass er vernünftig mit ihm reden könnte. Vernünftiges, freundliches Verhalten, das hatte er in seiner Familie gelernt. Sein Vater Julius Fischer, Barbier bei Fütterer in der Tonhalle, hatte ihn das früh gelehrt. Die Freundlichkeit hatte ihn weit gebracht, mit der Vernunft haperte es allerdings immer noch. Gustav war klug genug, seine Fehler zu erkennen, aber manchmal zu schwach, sie auch zu vermeiden. Zum Glück ahnte hier im Restaurant niemand etwas von seinem Privatleben, und so sollte es auch bleiben. Laute Streitereien konnte er da überhaupt nicht brauchen. Zumal er froh über seine Arbeit war und sie nicht verlieren wollte. Das leichte Hinken, das er von einem Unfall mit einer Pferdekutsche zurückbehalten hatte, störte hier niemanden. So einen Glücksfall setzte man nicht aufs Spiel. Und bei diesem Thema wusste er genau, wovon er redete. Gustav war ein Spieler.

Als das Glücksspiel gesetzlich verboten worden war, hatte man alle Casinos geschlossen. Auch das private Spiel um Geld wurde seither hart bestraft. Aber Gustav kannte die verschwiegenen Hinterzimmer in Düsseldorf, wo man sich zum Kartenspiel traf. Die Vorfreude auf das Spiel, der Nervenkitzel des Verbotenen, allein schon, wenn er den Raum betrat, waren unbeschreiblich. Er setzte sich an den Tisch, betrachtete mit einem Kribbeln auf der Haut die undurchdringlichen Mienen der anderen, von denen er wusste, dass sie ihn genauso aufmerksam taxierten, und zog dabei langsam eine Zigarre aus der Tasche. Sie war sein Talisman für den Abend. Solange sie brannte – und er hatte es inzwischen zu einer gewissen Meisterschaft gebracht, die Zigarre so lange wie möglich am Leben zu halten –, solange sie also brannte, gestattete er sich das Spiel. War sie zu Ende, endete für ihn auch der Abend. Oft kostete es ihn große Überwindung, sich an seine eigene Regel zu halten. Tausend Gründe kamen ihm in den Sinn, warum er nur noch dieses eine Spiel … Aber bisher war es immer gut gegangen.

Sich nicht völlig von der Spielerei beherrschen zu lassen, war das eine Problem. Das andere war das Geld für den Einsatz. Und da hatte er sich hinreißen lassen, ein einziges, fatales, bitter bereutes Mal. Ein bereits recht weinbeschwingter Restaurantbesucher hatte eines Abends mit seiner Dame das Restaurant verlassen. Beim Abräumen des Tisches hatte Gustav unter dem Stuhl ein Portemonnaie gefunden. Prall gefüllt. Er hatte der Versuchung nicht widerstehen können und es einfach eingesteckt, als wäre es das Selbstverständlichste von der Welt, und dann den Tisch weiter abgeräumt. Dabei war er allerdings von jemandem beobachtet worden. Und seitdem wurde er erpresst. Und der unverschämte Kerl scherte sich nicht darum, dass inzwischen alles ganz anders war.

Gustav schüttelte den Kopf. Er machte sich unendliche Vorwürfe, und allmählich wusste er nicht mehr ein noch aus. Aber als nun die ersten Gäste für ein spätes Frühstück kamen, nahm er sich zusammen, setzte eine freundliche Miene auf und machte sich an die Arbeit.

Als Höfner aus der Kleinbahn nach Duisburg gestiegen war und an der Cantine von Jean Schmitz vorbeiging, konnte er Lenzen schon mit aufgespanntem Schirm vor der Wache stehen sehen. Der Sergeant entdeckte ihn auch und kam ihm entgegen. Höfner hielt die Zeitung hoch und wollte gerade zu einem Donnerwetter anheben, als Lenzen beschwichtigende Bewegungen machte.

„Ich weiß, was Sie denken, Herr Kommissar."

„Ach wirklich, Lenzen? So zornig können Sie gar nicht sein."

„Ich weiß es trotzdem, Herr Kommissar." Auch Lenzen war aufgebracht, das konnte Höfner sehen, es fragte sich nur, aus welchem Grund. „Deshalb stehe ich hier draußen, ich habe Sie erwartet. In der Wache reden alle durcheinander, weil sie von einem Brandstifter noch nie gehört haben. Natürlich nicht, wir haben ja auch noch nichts davon gesagt." Lenzen hob in einer hilflosen Geste die Arme. „Sogar der Feldwebel der Feuerwehr war schon da und hat gebrüllt wie auf dem Exerzierplatz. Er hat gefragt, wer von uns Trotteln der Presse solchen hirnverbrannten Schwachsinn erzählt hätte."

„So schlimm?"

„Ja."

„Geschieht Ihnen recht, Lenzen. Da hätten Sie eben nicht mit diesem Reporter herumtratschen dürfen."

„Aber das habe ich doch gar nicht getan!"

„Woher sonst weiß denn dieser Mäckerrath das alles, was er da schreibt? Und jetzt spreche ich nur von den Tatsachen, dass es einen Brandstifter gibt und dass Restaurants betroffen sind. Geben Sie es schon zu, Lenzen."

„Das kann ich nicht, weil ich es nicht war. Ich habe mir den Kopf zerbrochen. Aber es gibt nur eine Möglichkeit."

„Jetzt bin ich gespannt. Welche?"

„Nun, wir waren am Sonntag ja hier in der Cantine und haben exakt über diese Dinge gesprochen. Vielleicht waren wir nicht leise genug. Vielleicht saß Mäckerrath ganz in der Nähe. Wir haben geredet, er hat sich Notizen gemacht, und wir haben überhaupt nicht gemerkt, dass da jemand lauscht."

„Aber wir haben doch am äußersten Ende des Tisches relativ allein gesessen. Da war doch sogar noch ein Platz frei bis zum nächsten Gast."

„Aber am Nebentisch nicht. Der war voll besetzt. Und wir haben gar nicht darauf geachtet, wer dort saß. Wir müssen sehr viel vorsichtiger sein, Herr Kommissar."

Höfner schüttelte seufzend den Kopf. Wenn er sich richtig erinnerte, hatte er noch nicht einmal gemerkt, was er aß, weil er sich so angeregt mit Lenzen über den Fall unterhalten hatte. Vielleicht war er sogar derjenige gewesen, der zu laut gesprochen hatte, sodass dieser Reporter sich beim Lauschen gar nicht hatte anstrengen müssen. Das wäre – nun, sehr peinlich.

„Ich fürchte, Sie haben recht, Lenzen. Da habe ich Sie wohl fälschlicherweise in Verdacht gehabt."

„Nun, das kann ja jedem ..."

„Entschuldigen Sie, das nächste Mal werde ich ..."

Da standen sie nun, redeten gleichzeitig und wussten beide nicht recht, wie sie aus dieser dummen Situation herauskommen sollten.

Lenzen hatte schließlich den rettenden Einfall. „Schäferstraße? Da wollten wir doch heute hingehen. Sie ist da hinten beim Kunstpalast." Höfner nickte erleichtert. „Schäferstraße. Das ist eine sehr gute Idee." Er wandte sich zum Gehen. „Lassen Sie uns bei dem scheußlichen Wetter da vorne in die Rundbahn steigen. Übrigens, wir sollten uns auch überlegen, was wir den Kollegen auf der Wache erzählen."

„Sie meinen, damit der Brandstifter unser Fall bleibt, ohne dass sich alle auf die Jagd begeben?"

„Genau, Lenzen, das meine ich. Alles ist doch noch viel zu vage und unausgegoren."

„Also ich für meinen Teil, Herr Kommissar, ich hätte ja nichts dagegen, wenn der Reporter schließlich als derjenige dasteht, der seltsame Ansichten vertritt."

„Sie meinen, er soll der Trottel mit dem hirnverbrannten Schwachsinn sein, Lenzen? Das ist aber nicht nett."

„Sie haben den Feldwebel eben nicht erlebt. Der war auch nicht nett. Und der ist jetzt der Meinung, dass wir auf die denkbar schlechteste Weise mit der Presse zusammenarbeiten. Das können wir auch nicht auf uns sitzen lassen. Mit den anderen Reportern und Journalisten, sogar denen aus dem Ausland, passiert uns das ja nicht."

„Dann lieber den Mäckerrath ein bisschen aus dem Konzept bringen?"

Lenzen nickte. „Irgendwie schon, Herr Kommissar."

Höfner dachte nach. „Gut, Lenzen, so machen wir es. Schließlich hat der Zeitungsschreiber selbst Schuld, wenn er belauschte, rein spekulative Gespräche der Polizei öffentlich macht, als wären es Tatsachen, und dann damit heftig auf die Nase fällt. Genauso werden wir das handhaben."

Die Rundbahn, wie üblich an einem regnerischen Wochentag morgens so gut wie leer, kam mit einem Quietschen an der Haltestelle „Maschinenhalle" zum Stehen. Höfner und Lenzen stiegen aus, und während Lenzen zielstrebig Richtung Kunstpalast und Schäferstraße gehen wollte, ließ Höfner sich einmal mehr von der Ausstellung ablenken. Direkt neben der Haltestelle stand der gemeinsame große Pavillon der Gutehoffnungshütte und der Deutzer Gasmotorenfabrik. Höfner ging um ihn herum, um ihn sich von vorne anzusehen, so beeindruckend fand er ihn. Lenzen merkte es gerade noch rechtzeitig und lief hinterher. Der Kommissar stand vor dem Gebäude und schaute hingerissen in die Höhe.

„Ich hätte so etwas nicht für möglich gehalten", sagte er.

„Was meinen Sie?"

„Schauen Sie sich doch um, Lenzen. Überall um uns herum

weißer Stuck. Einfach überall. Die Gebäude sehen so tonnenschwer aus, wie sie sind. Aber dieses nicht, obwohl es fast gänzlich aus Eisen ist. Türme aus grünlichem Gitterwerk, ein Giebel aus Gitterwerk und grünlichem Glas, unauffällige graue Schlackensteine in den Zwischenräumen. Verglichen mit den anderen Pavillons sieht es federleicht aus.“

Lenzen betrachtete das Gebäude eingehend und schüttelte den Kopf. „Nein, es sieht aus, als wäre es nicht fertig. Als wäre es nur ein eisernes Gerippe, dem noch die äußere Stuckverkleidung fehlt. Finden Sie nicht?“

„Das hat irgendjemand in der Zeitung geschrieben, ich weiß.“ Höfner schmunzelte. „Sie legen doch Wert auf eine eigene Meinung, Lenzen, also sollten Sie nicht sofort alles glauben, was Sie irgendwo lesen. Dafür gibt eine heutige Zeitung ein schönes Beispiel. Und wo genau ist jetzt diese Schäferstraße?“

Lenzen überging die Anspielung und führte den Kommissar an der Maschinenhalle vorbei hinter den Kunstpalast. Höfner blickte sich neugierig um. Hier waren sie ganz offensichtlich hinter den Kulissen der Ausstellung. Sie gingen über altes, unebenes Kopfsteinpflaster, um sie herum dunkle Backsteingebäude mit Schildern über den Türen, auf denen „Stall“ stand und daneben eine Zahl. Seitdem vor zwei Jahren der Schlachthof von hier an die Rather Straße verlegt worden war, auch weil er zu einem großen Teil dem Bau des geplanten Kunstpalastes im Weg stand, konnten die noch vorhandenen Gebäude anderweitig genutzt werden. In den alten Ställen befanden sich nun Verpackungs- und Speditionsräume für die Kunstausstellung. Außerdem gab es eine große Kantine. Ihr Betreiber hatte hier auch preiswerte Unterkünfte für die vielen Arbeiter eingerichtet, die seit einem Jahr die Ausstellung aufbauten und jetzt Maschinen bedienten und instand hielten. Immerhin wa ren sie die Spezialisten, die mit all den Ausstellungsobjekten der modernsten Technik umzugehen wussten. Und direkt am Zaun um das Ausstellungsgelände, an der Ecke Brüderstraße, stand das alte Verwaltungsgebäude des Schlachthofs, in dem nun Kasse und Geschäftsstelle untergebracht waren. Das gesuchte Bureau, so hatte Lenzen herausgefunden, war gleich unten im Erdgeschoss.

Aber zunächst nahm sie ein Polizeisergeant in Empfang und führte sie zu Polizei-Inspektor Johann Setzermann, einem stattlichen Mann mit roten Bäckchen und Mittelscheitel. Er begrüßte sie freundlich.

„Und was treibt Sie von den glänzenden Palästen der Ausstellung in unsere dunkle Ecke, Herr Kommissar?"

Der Kommissar hoffte, das Urteil des Inspektors würde gnädig ausfallen. „Nun, das ist gerade heute etwas heikel zu erklären. Vielleicht haben Sie ja auch diesen Zeitungsartikel gelesen?"

Setzermann lachte auf. „Was – stecken Sie etwa hinter diesem ganzen Aufruhr? Ein Brandstifter! Also wirklich, Höfner. Sie sind doch ein alter Hase, da glauben Sie doch nicht an solche Hirngespinste?"

Lenzen hob zaghaft den Zeigefinger. „Mit Verlaub, es ist kein Hirngespinst, Herr Inspektor."

Setzermann blickte von Höfner zu Lenzen und schüttelte den Kopf.

„Und wie kommen Sie zu Ihrer Meinung, Sergeant …?"

„Polizeisergeant Lenzen, Herr Inspektor, als Kriminalbeamter zur Ausstellung kommandiert."

Ehe Höfner eingreifen konnte, hatte Lenzen schon wieder die Hacken zusammengeschlagen. Allerdings machte er sich hier damit einen neuen Freund.

Setzermann blickte den Sergeanten wohlwollend an. „Gut,

gut. Dann noch einmal meine Frage danach, wie Sie zu Ihrer Meinung kommen."

Und nun erklärte Lenzen den Sachverhalt, unterstützt von Höfner, vom ersten Verdacht am Betonverein bis zu der folgenschweren Unterhaltung am Sonntag bei Jean Schmitz. „Der Reporter muss uns belauscht haben, Herr Inspektor. Wir haben absichtlich nichts verlauten lassen, weil wir den Verdacht erst noch erhärten wollen."

„Und wie das?", erkundigte sich Setzermann.

„Nun", erklärte Höfner, „so makaber das klingt, aber wir müssen abwarten, wo es das nächste Mal brennen wird. Brennt es wieder in einem Restaurationsbetrieb und jemand hat wieder etwas manipuliert, dann können wir relativ sicher sein, dass es sich um Brandstiftung handelt. Aber unser Mann lässt sich Zeit, deshalb müssen wir uns noch darauf beschränken, die Augen offen zu halten und Hinweise zu sammeln. Aus diesem Grund wollen wir das Ganze noch nicht an die große Glocke hängen."

Der Inspektor nickte nachdenklich. „Mit Ihren Erklärungen hört sich diese Geschichte aus der Zeitung schon ganz anders an. Und wie kann ich Ihnen jetzt behilflich sein?"

„Wir würden gerne einen Blick in das Journal werfen, insbesondere in die Aufzeichnungen über Krankheits- oder Todesfälle. Eventuell ist jemand beim Bau der Ausstellung zu Schaden gekommen und nimmt Rache. Zumindest ist das eine Möglichkeit."

„Sie suchen einen Namen?"

„Ja."

„Nun, da verweise ich Sie am besten an Herrn Fudickar. Er ist der Beamte, der für das Journal zuständig ist. Ah ja, und wundern Sie sich nicht darüber, dass dieser Flur hier besonders gesichert ist, aber das ist nötig. Hier werden täglich alle Einnahmen der Kasse und die Gelder und Lose der Lotterie verwaltet. Kein Pappenstiel also."

Er verabschiedete sich von Höfner und Lenzen, wünschte ihnen viel Erfolg, und sie machten sich auf die Suche nach dem richtigen Raum. Sie blieben an einer Tür stehen, die den Flur begrenzte. Ein Schild forderte sie auf, die Klingel rechts zu betätigen. Auf dem kleineren Schild neben der Tür stand: „Kasse – Bergmann, Journal – Fudickar, Registratur – v. Wecus".

„Dann wollen wir mal", sagte Höfner und drückte den Klingelknopf.

Ein Mann mit akkuratem Seitenscheitel und einem freundlichen Zwinkern in den Augen öffnete ihnen und stellte sich auch gleich als der richtige heraus.

„Fudickar, angenehm", sagte er, als Höfner und Lenzen sich vorgestellt hatten. Er öffnete die Tür weit und ließ sie eintreten. „Wie kann ich Ihnen helfen, Herr Kommissar?"

Hinter der Tür setzte sich der Flur einfach fort, stellte Höfner fest, mehrere Türen führten zu weiteren Bureaus.

„Wir würden gern einen Blick in Ihr Journal werfen", erklärte er.

Der Mann schaute von einem zum anderen, als zweifle er an ihrem Verstand.

„Ist das ein Problem?", fragte Höfner.

„Nein", antwortete Fudickar, „grundsätzlich nicht. Aber ich bin nicht sicher, ob Sie wissen, worauf Sie sich da einlassen. Wir haben hier von Anfang der Planungen an, also seit 1899, ein Journal geführt. Das bedeutet, dass es neben den täglichen Eintragungen im Buch bis jetzt noch circa 55 000 Schriftstücke in 3200 Mappen gibt, und darin nicht enthalten sind Rundschreiben, Antworten auf Rundschreiben und Angelegenheiten, die die anderen Bureaus", er wies mit dem Zeigefinger nach oben zum ersten Stock, „sofort erledigen konnten."

Lenzen starrte den Mann entsetzt an, Höfner bekam seinen abwesenden Blick, weil er über eine machbare Lösung nachdachte.

„Geht es Ihnen nicht gut, Herr Kommissar?", erkundigte sich der Beamte besorgt. „Es tut mir leid, aber eine bessere Auskunft kann ich Ihnen nicht geben."

„Nein, nein, alles in Ordnung", winkte Höfner ab. „Wissen Sie, uns geht es um Krankheits- und Todesfälle auf der Baustelle der Ausstellung. Um Namen. Muss man die erst mühsam in Ihrem Journal zusammensuchen, oder kommt man schneller daran?"

„Man muss sie in den Journalbüchern suchen", sagte Fudickar. „Allerdings sind Krankheitsfälle et cetera der Beschäftigten dort in einer gesonderten Tabellenspalte notiert. Kommen Sie bitte mit."

Er führte sie in ein Büro, an dessen Wänden Aktenschränke standen. Sie besaßen gleichmäßig große Fächer, in die Kästen voller Aktenmappen geschoben waren. Daneben gab es einen großen Regalschrank mit Briefordnern in alphabetischer Reihenfolge. Höfner und Lenzen schauten sich ungläubig um.

„So viel ist das?", fragte Höfner. „Wo soll man denn da anfangen?"

„Oh, das ist nur von diesem Jahr. Dort in den Ordnern sind alle Rundschreiben mit Antworten seit Januar 1902 bis heute abgeheftet, und hier im Aktenschrank liegen etwa 20 000 Schriftstücke aus dem gleichen Zeitraum. Der Rest wird in der Registratur von Herrn von Wecus verwaltet. Aber", fügte er mit einem Zwinkern hinzu, „das muss Sie alles nicht kümmern." Er holte zwei dicke Foliobände und legte sie für Höfner und Lenzen auf ein hohes Schreibpult. „Das sind die Journalbücher von 1901 und 1902. Darin werden Sie Ihre gesuchten Informationen finden. Wenn nicht, kann Ihnen vielleicht noch unser Bureau für Versicherungswesen hier im Haus weiterhelfen."

Höfner bedankte sich und machte sich mit Lenzen an die Arbeit. Zwei Stunden später wussten sie, dass es von Januar 1901 bis Ende April 1902 circa 1400 Verletzte gegeben hatte, um die sich Sanitäter kümmern mussten. Das meiste waren Schnitte, Verbrennungen oder gebrochene Gliedmaßen durch unvorsichtiges oder unglückliches Verhalten auf der Baustelle. Es hatte auch Tote zu beklagen gegeben, verursacht unter anderem durch Stürze aus großer Höhe oder Unfälle mit Starkstrom. Drei allein im April, kurz vor Ausstellungseröffnung. Zwei waren namentlich bekannt, Neuhausen und Seifert. Ein Dritter war lediglich als „und ein weiterer Arbeiter" verzeichnet. Daneben hatte der Leiter der Geschäftsstelle, ein Herr Ipsen, notiert: „Wer? Name?" Darunter stand tatsächlich ein Name, aber so krakelig geschrieben, dass man es kaum entziffern konnte. Eventuell hieß es „Gugel".

Auch Fudickar konnte ihnen nicht mehr dazu sagen. „Es ist auch nicht meine Schrift", fügte er ein wenig beleidigt hinzu, „sonst könnte man es natürlich problemlos lesen."

Höfner fiel noch etwas ein. „Sagen Sie, Herr Fudickar, es hätte uns durchaus Zeit gespart, wenn wir bereits am Sonntag einen Blick in Ihre Bücher hätten werfen können. Falls wir sie noch einmal an einem Wochenende brauchen würden – was kann man da machen?"

„Sie meinen, so ganz ausnahmsweise?" Der Beamte lächelte breit. „Ich wohne da hinten auf der Scheibenstraße 46, Herr Kommissar. Klingeln Sie im zweiten Stock, und dann gehen wir zusammen hierhin."

Höfner bedankte sich herzlich. Ganz allmählich begann er, sich hier in Golzheim heimisch zu fühlen, was er Fudickar auch sagte.

Noch einmal kam das breite Lächeln. „Dies ist Pempelfort, Herr Kommissar. Da vorne an der Klever Straße ist die Grenze. Aber machen Sie sich nichts daraus, über die Grenzen von Stadtteilen wird ja immer viel diskutiert."

Höfner nickte seufzend. Um sich hier im Norden der Stadt heimisch zu fühlen, brauchte er wohl doch noch eine Weile.

Als Lenzen und er die Geschäftsstelle verließen, hatten sie unzählige Namen gelesen und außer den Namen der drei Toten noch einige von Verletzten notiert, die ihnen einschlägig bekannt vorkamen und die sie deshalb lieber überprüfen wollten. Aber auffällig war eigentlich nur der eine, unleserliche. Es war der einzige unleserliche in beiden Büchern. Und Höfner interessierte sich bei seinen Ermittlungen immer besonders für Dinge, die von der normalen Ordnung abwichen.

Liebe Emmy! Von der Ausstellung sende ich Dir
die herzlichsten Grüße u. Küsse. Hoffentlich läßt Du Dich auch
bald mal hier sehen, dann werde ich mit Dir zur Ausstellung
wandern u. auch mal mit Dir Rutschbahn fahren. Grüße bitte
alle von mir, besonders Großmutter und Deine Mutter. Paul
(Ansichtskarte des Krupp-Pavillons, ohne Datum)

SAMSTAG, 24. MAI 1902

Johanna wunderte sich, wie schnell sie sich daran gewöhnt hatte, ihren Vater bei seiner Arbeit zu begleiten. Am schönsten war für sie jeden Tag als Allererstes der Besuch der Halle III. Auf dem Weg dorthin traf man so früh am Vormittag fast nur Menschen, die sich aus beruflichen Gründen für die verschiedenen Gebäude interessierten. Sie flanierten auch nicht, sondern gingen mit schnellen Schritten gezielt zu ihren Gesprächsterminen oder Vorträgen über Stahl und Elektromotoren, Chemieindustrie, Bergbau, Automobile und Fahrräder, Seilbahnen oder Gleisanlagen. Seit sie mit ihren Freundinnen das erste Mal auf die Ausstellung gegangen war, damals natürlich wegen der Mode, hatte sie eine Art berufliches Interesse an allem, was es zu sehen gab, entwickelt. Bertha hätte es bestimmt „furchtbar öde" gefunden, aber Johanna verstand allmählich die Bedeutung dessen, was hier in den Pavillons und Hallen zu sehen war. Es war ihr noch nie so klar gewesen, dass alles, womit auch sie täglich umging, von irgendjemandem hergestellt wurde, vom kleinsten Knopf bis zum Kleiderschrank. Für alle diese Dinge gab es spezielle Kataloge. Und sogar die bestgehassten Wandkarten in der Schule, auf denen sie antike Städte wie Olympia oder Marathon hatte finden müssen oder die Deutschen Schutzgebiete in Afrika, wurden von jemandem gezeichnet und von anderen gedruckt. Sie waren unter dem Begriff „Schulwesen" in Halle III zu sehen.

Diese Halle war ein lang gestreckter, fast quadratischer Bau am Rhein gleich neben dem großen Pavillon des Bochumer Vereins mit seinem hohen Uhrenturm. Sie war ein wenig zurückgesetzt von der Hauptallee, ein hübscher Springbrunnen vor dem Eingang, eingefasst mit Blumenbeeten. Auf den ersten Blick einfach eine Ausstellungshalle. Aber wie auch in den anderen Pavillons hatte sie das Gefühl, dass in der Halle ein ganz eigenes Leben herrschte. Geräusche und Gerüche, die nur hier zu finden waren. In der Maschinenhalle oder im Krupp-Pavillon hatte es zum Beispiel nach Metall und Öl gerochen. Im Kunstpalast – nun, da hatte sie eigentlich nur eine Erinnerung an den Geruch von Kaffee. Und hier in der Halle III roch es intensiv nach Papier und Farben. Verlockend. Es roch nach Wörtern und Sätzen, Neuigkeiten und Erfahrungen. Johanna fand, dass Gedrucktes einfach so riechen musste. Und das Geräusch, das die Halle erfüllte, war ein regelmäßiges Stampfen und permanentes Rauschen. Es klang gedämpft, als wäre es weit weg. Aber Johanna wusste, wenn man ein Tor hinten in der Halle öffnete, würde man sich die Ohren zuhalten müssen.

„Hörst du sie?", hatte ihr Vater sie beim ersten Mal gefragt. „Das ist die große Rotationsschnellpresse von König und Bauer. Damit wird die *Ausstellungswoche* direkt hier auf dem Gelände gedruckt, und natürlich auch das *Ausstellungstageblatt* und andere Drucksachen. Komm mit, ich muss dir etwas zeigen."

Er hatte sie zum neusten Modell der Linotype-Setzmaschine geführt, um die bereits einige Besucher standen und andächtig zuschauten. Sie war eine wirkliche Attraktion, so etwas bekam man nicht alle Tage zu sehen: ein kompliziertes, hohes Gebilde aus Holz und Metall, Hebeln und Riemenrädern. Die Maschine klackerte, knarrte und schnarrte die ganze Zeit wie eine große Spieluhr kurz vor dem Läuten. Ein Mann erzeugte die Geräusche und erklärte dabei, was er tat. Er saß vor Reihen von knopfartigen Hebeln mit Buchstabenzeichen. Tippte er sie an, fielen aus einem Schlitz kleine messingfarbene Gussformen heraus und wurden aufgereiht, bis die entstandenen Wörter und Sätze so breit wie eine Zeitungsspalte waren. Hebel und Riemenräder beförderten die Gussformenreihe an eine andere Stelle der Maschine, wo sie mit einer Blei-Zinn-Legierung ausgegossen wurde. Die Gussformen wurden zurück in ihre Buchstabenfächer transportiert, die fertige Reihe grausilberner, spiegelverkehrter Buchstaben zu anderen ähnlichen Reihen geschoben und so ging es weiter, bis der gesamte Text als Druckstock fertig war. Schließlich setzte man ganze Zeitungsseiten zusammen, spannte sie in Rahmen und trug sie zur Druckmaschine. Bis zu dreißigtausend Mal konnte man nun den Text drucken, bevor die Buchstaben unleserlich wurden und man sie wieder einschmelzen musste.

Überhaupt hatte sich Johanna die ganze letzte Woche einen Spaß daraus gemacht, jeden Tag etwas anderes zu betrachten, das in der Halle ausgestellt war. Bücher, Briefpapier aus verschiedenen Papiersorten, Papp-Verpackungen, Farben, Tinten und Papier für Künstler – eben alles, was auch nur im Entferntesten mit Gedrucktem, Geschriebenem und Gezeichnetem zu tun hatte. Buchbinder und Buchmaler hatte sie bei ihrer Arbeit beobachtet, zugesehen, wie Bucheinbände mit Leinen überzogen, mit Schrift und Ornamenten geprägt und mit

Gold und Farben versehen wurden. Gleich vorne am Eingang aber waren die beiden Räume eingerichtet, die für ihren Vater und sie die wichtigsten waren: das öffentliche Lesezimmer, in dem über zweihundert aktuelle Tageszeitungen, illustrierte Journale und Technik-Magazine aus dem In- und Ausland auslagen, und das Literarische Büro, wo sich Journalisten und Redakteure von überallher informierten und austauschten und wo Kataloge, Plakate und Drucksachen für die Ausstellung und ihre aktuellen Veranstaltungen hergestellt wurden.

Ihr Vater und sie wollten gerade den Raum betreten, als jemand mit hochrotem Kopf in aller Eile herauskam und ohne irgendetwas wahrzunehmen auf die Allee hinauslief. Johanna stutzte. Es war dieser Reporter, den Tante Hedwig so unmöglich gefunden hatte, der mit dem Monokel. Was er wohl hatte, dass er sie fast umrannte? Nach einem unmutigen Blick auf den Mann öffnete ihr Vater die Tür, und sie gingen hinein.

Drinnen standen einige Herren in einer Ecke des großen Raumes, in den durch Fenster, so riesig wie die einer Fabrikhalle, sehr viel Licht hereinfiel. Gerade schienen sie sich zu verabschieden. Johanna erkannte die verantwortlichen Redakteure der *Ausstellungswoche* und des *Ausstellungstageblatts,* Gottfried Stoffers und Johann von Wildenradt, die drei anderen kannte sie nicht. Kaum waren die jedoch gegangen, kam Stoffers auf sie zu.

„Ah, Korn, gut, dass Sie kommen. Und das Fräulein Tochter haben Sie auch wieder mitgebracht." Er verbeugte sich lächelnd vor Johanna. „Tja, leider gibt es in unserem Gewerbe nicht nur angenehme Dinge zu lernen", sagte er bedauernd.

„Was ist denn passiert?", fragte Johannas Vater.

„Kommen Sie, wir setzen uns dort an den großen Tisch, da sind noch ein paar Plätze frei."

Johanna und ihr Vater folgten ihm und nahmen Platz.

„Nun", fuhr Stoffers mit gedämpfter Stimme fort, um die anderen am Tisch nicht zu stören, „Sie kennen vielleicht den Mäckerrath. Schreibt für die *Allerneuesten Nachrichten* und glaubt, er sei an der Weltspitze des Journalismus, wenn er hurtig mal eben selbst etwas erfindet und ins Blaue spekuliert. Faselt immer davon, dass man in Amerika so arbeiten würde. Humbug. Sogar Pulitzer hat lange begriffen, dass Sensationen allein nicht glücklich machen, wenn man eine seriöse Zeitung herausbringen will. Im Gegensatz zu Hearst hat er es wieder gelassen. Schadet dem Namen."

„Meinen Sie den Artikel über den Brandstifter?", fragte Johanna.

„Sie sind gut informiert, Fräulein Korn", sagte Stoffers anerkennend. „Das ist die Grundvoraussetzung für unseren Beruf."

Johanna lächelte. Sie freute sich über das Lob.

„Ich will Mäckerrath ja nicht in Schutz nehmen", wandte Eduard Korn ein, „aber genau genommen war ein Drittel des Artikels ja in Ordnung und sogar gut geschrieben. Reine Informationen über den Brandstifter. Aber dann …"

„Genau, aber dann. Die drei Herren, die Wildenradt und ich eben verabschiedet haben, waren Wirte, die jetzt auf dem Ausstellungsgelände schief angesehen werden, weil man sie unausgesprochen für Brandstifter hält. Unglaublich. Wieder einmal wird deutlich, welch großen Einfluss die Presse hat, sogar wenn sie Unfug schreibt. Ich verstehe nicht, wieso der Chefredakteur der *Allerneuesten* das zulässt."

„Ich denke, er will die Zeitung besser verkaufen", mischte sich jemand ein. „Das hat Mäckerrath mir wenigstens gesagt."

Johanna blickte sich um. Ein Herr war an den Tisch getreten, den sie auch schon irgendwo gesehen hatte. Tante Hedwig hatte ihn doch so nett gefunden. Wie hieß er noch?

„Kommissar Höfner!" Stoffers stand auf und schüttelte ihm die Hand. „Wie schön, dass Sie kommen konnten. Und Sie sind?"

„Polizeisergeant Lenzen", antwortete der jüngere Mann, der den Kommissar begleitete, mit einer leichten Verbeugung.

„Sergeant? Ohne Uniform?", fragte Stoffers erstaunt.

„Die Kriminalbeamten tragen keine Uniform", erklärte Höfner. „Das gibt uns ein bisschen mehr Freiheit, uns unauffällig unter die Leute zu mischen."

Nachdem alle vorgestellt waren und Höfner und Lenzen sich auch gesetzt hatten, sprach Stoffers weiter.

„Sie haben ja recht, Herr Kommissar, es sind immer die Verkaufszahlen. Aber es handelt sich um eine Zeitung, mit anderen Worten um eine Drucksache, in der glaubwürdige Fakten stehen müssen. Wenn Meinungen abgedruckt werden, müssen sie als solche deutlich gemacht werden. Sprache ist ein verführerisches Instrument. Schnell gerät man mit kleinen Wörtern und Wendungen in Bewertungen hinein, die in einem Artikel über Fakten nichts zu suchen haben. Mäckerrath hat sich entschuldigen müssen. Er ist über die Grenze des Verzeihlichen weit hinausgeschossen. Und nun", er wandte sich an Höfner, „habe ich Sie hergebeten, um Sie als Kommissar zu fragen, was denn nun dran ist an der Sache mit dem Brandstifter. Gibt es Fakten und Erkenntnisse?"

Höfner schüttelte verneinend den Kopf und erklärte in kurzen Worten, dass Mäckerrath wohl ein rein spekulatives Gespräch zwischen ihm und Lenzen aufgeschnappt und für bare Münze genommen hatte.

„Mehr gibt es nicht dazu zu sagen", erklärte der Kommissar. „Natürlich kann man bei jedem Feuer Brandstiftung nicht ausschließen und muss es auch dahingehend untersuchen. Das tun wir, denn es gehört zu unserer Arbeit hier auf dem

Gelände. Und glauben Sie mir, wir untersuchen jeden Fall sehr aufmerksam."

Johanna beobachtete, dass der Sergeant etwas hinzufügen wollte, der Kommissar ihn jedoch unauffällig am Arm fasste und davon abhielt. Seltsam. Aber da ging das Gespräch schon weiter.

„Gut." Stoffers nickte. „Dann ist ja richtig, was wir tun. Wir berichten in den Ausstellungszeitungen über unsere Wirte, und zwar sehr positiv. Gerade wird die *Woche* vom 24. Mai gedruckt. Hier wird man ab dieser Ausgabe unter dem sprechenden Titel ,Unser nasses Dreieck' alle Restaurations- und Schank-Betriebe beschrieben finden, immer zu dritt. Es sind vierzig an der Zahl. In einem der letzten Hefte ist geplant, auf einer Seite alle Wirte mit Konterfei abzubilden. Die drei Herren waren sehr davon angetan."

„Dann ist diese Sache damit bereinigt?", fragte Höfner. „Keine Richtigstellung, wie es üblich wäre?"

„Das würde wohl zu viel Staub aufwirbeln, nicht wahr?", mischte sich Eduard Korn ein. „Und den jungen Reporter endgültig unmöglich machen."

„Richtig, Herr Kollege", bestätigte Stoffers. „Das war auch meine Überlegung. Außerdem werden die Dinge schneller wieder vergessen, wenn man sie nicht ständig reklamiert. Ich denke, Mäckerrath hat durch die direkte Konfrontation mit den Wirten seine Lektion gelernt. Eine positive Berichterstattung über die Geschädigten ist in diesem Fall die bessere Lösung."

Da alle einverstanden waren, beendete Stoffers die Besprechung. Auch Johanna und ihr Vater standen auf. Sie wollten sich heute in der Haupt-Ausstellungshalle den Bereich „Transportmittel" ansehen. Eduard Korn plante einen Artikel darüber, wobei er weniger an Automobilen, Kutschen und Fahrrädern interessiert war als vielmehr an den neuartigen Seilbahnen und Rolltreppen. Sie wurden in Fabriken und im Bergbau eingesetzt, aber sie sollten auch für den Personentransport an anderen Stellen geeignet sein. Er wollte sie einmal in Betrieb sehen und mehr erfahren.

Kurz bevor sie den Raum verließen, bekam Johanna zufällig die letzten Sätze einer kurzen Unterredung zwischen Stoffers und Höfner mit.

„Wenn es doch einen Brandstifter gibt, dann sagen Sie uns aber Bescheid, nicht wahr, Herr Kommissar?"

„Sie sind der Erste, der es erfährt."

Frau Jänicke stellte die letzte gespülte Tasse vom Frühstück in den Schrank, wischte über den Küchentisch und trocknete sich die Hände ab. Hier war sie jetzt mit ihrem Haushalt erst einmal fertig, den Rest machte das Mädchen, und sie konnte vorne in ihren kleinen Laden gehen. Sie brauchte nicht viel Platz für ihr Geschäft, nur einen Tisch, ein paar Stühle und das amtlich aussehende Geschäftsbuch, das sie jetzt aus seiner Schublade nahm und auf den Tisch legte, neben einen Stapel Zeitungen mit rot angestrichenen Inseraten und einen Kasten mit Adresskärtchen. Sie strich über den festen Einband. Bevor sie es hatte benutzen dürfen, hatte sie es auf dem Amt abstempeln lassen müssen, wo auch die Anzahl der Seiten festgestellt worden war. Seit diesem Moment war das Buch für sie heilig, niemand außer ihr durfte es in die Hand nehmen. Dieses Buch war pures Geld wert. Ein Fehler, eine herausgerissene Seite, ein falscher Eintrag über ihre Geschäfte, und sie würde ihres Lebens nicht mehr froh. Frau Jänicke war Gesindevermittlerin mit eigenem Laden, unten im Haus auf der Wallstraße 3.

Ihr Mann Kaspar belächelte, wie sorgfältig sie mit dem

Buch umging, dabei war er eigentlich ganz zufrieden, dass sie so gewissenhaft war. Meist brummte er dann gutmütig „Zirkus" oder „Theater", je nachdem, welche Truppe gerade im Apollo auftrat. Dort arbeitete er nämlich als Bühnenarbeiter. Heute war er sogar schon morgens dorthin gegangen, weil die Kremos ihn brauchten. Sie hatten ihre komische artistische Nummer verändert und wollten mit ihm besprechen, was dafür ab heute Abend auf der Bühne stehen musste. Zum Teil hing eine spielerisch leicht aussehende Darbietung ja auch vom reibungslosen Ablauf auf der Bühne ab. Kaspar Jänicke versah seinen Beruf mit Leib und Seele. Er liebte das Theater, daher empfand es seine Frau nicht als Beleidigung, wenn er ihre Arbeit mit diesen Wörtern bedachte.

Sie öffnete die Tür zur Straße und schaute nach rechts und links. Noch war niemand da, der aussah, als suche er eine neue Stelle. Wie jeden Samstag gingen die meisten Passanten zielstrebig um die Ecke zum Markt auf dem Carlsplatz, um für das Wochenende einzukaufen. Andere flanierten und schauten sich die berühmten Düsseldorfer Hausgiebel an. Mit Sicherheit Ausstellungsbesucher.

Frau Jänicke holte einen Lappen und wischte über das Schild an der Tür. Auch das war eine gesetzliche Auflage. Es musste dauerhaft gut lesbar sein, ihren Namen und mindestens einen ihrer Vornamen ausgeschrieben enthalten und natürlich das Gewerbe, dem sie nachging. Auf ihrem Schild stand also: „Frau Kaspar Jänicke, Gesindevermietung". Auf dem Papier war es nämlich das Geschäft ihres Mannes. Als verheiratete Frau brauchte sie sein Einverständnis, um überhaupt einem Beruf nachzugehen. Mit ihrem Mann war das kein Problem, also hatte sie sich daran gewöhnt, dass sie selbst hinter seinem Namen verschwand. Im Adressbuch und auf Briefen, überall stand ihr Name als „Frau Kaspar Jänicke". Für die

Nachbarn war sie „Frau Jänicke", und ihr Mann nannte sie einfach „Frau" oder „Schatz". „Luise Maria", murmelte sie vor sich hin, nur um ihren Namen wieder einmal zu hören. Der würde sich auch gut auf einem Schild machen. Hätte sie nicht geheiratet, würde er auch da stehen. Es war wie verhext. War man verheiratet, hatte man keine Entscheidungsgewalt über sich selbst. Blieb man ledig und übte einen Beruf aus, auch nicht. Man musste unterschreiben, ledig zu bleiben, sonst verlor man seine Arbeit. Das hatte ihr zumindest das Fräulein Lehrerin zwei Häuser weiter erzählt, weil sie Beamtin am Luisen-Gymnasium war. Sie unterschrieb mit ihrem eigenen Vornamen, aber zu einem sehr hohen Preis. Nun ja, und über Dienstmädchen und Köchinnen brauchte man in diesem Zusammenhang gar nicht zu reden. Verheiratetes Dienstpersonal war kaum zu vermitteln.

Frau Jänicke schüttelte den Kopf. Woher kamen denn diese düsteren Gedanken? Das Glück hatte ihr einen netten Mann beschert, der sie schalten und walten ließ, wie sie es sich wünschte. Sie wusste, dass Gesindevermietungen nicht den besten Ruf genossen. Allzu oft hatte man es mit noch unerfahrenen Kindern zu tun, die gerade die Volksschule hinter sich hatten und mit vierzehn Jahren und großen Augen voller Hoffnungen in Stellung gehen wollten. Die Öffentlichkeit witterte unlauteres Gebaren, und tatsächlich kannte sie solche Fälle: Geschäftemacher, die für ihre Vermittlung viel zu hohe „Gebühren" forderten und an der Steuer vorbei in die eigene Tasche steckten, Kuppler, die Mädchen in zwielichtige Häuser vermittelten, über deren Tür die rote Lampe hing, oder Hehler, die ihre Informantinnen als Dienstmädchen zu einer Herrschaft schickten, um die Menge der Beute auszukundschaften. Es war mühsam, entgegen der öffentlichen Meinung immer wieder klarzustellen, dass das eigene Geschäft redlich war.

Frau Jänicke lächelte und schloss wieder die Tür. Sie hatte das geschafft! Sie ging zum Tisch, setzte sich und zog die Zeitungen zu sich heran. Inzwischen hatte sie sich einen guten Ruf erworben, sodass auch vornehme Leute, die noch ein Zweitmädchen suchten, auf ihre nicht ganz so vornehme Straße kamen. „Wissen Sie, Frau Jänicke, genauso eine wie die Lina, die Sie mir vermittelt haben. Reinlich, tugendhaft, arbeitswillig. Eine echte Perle."

Frau Jänicke seufzte, während sie durch die Inserate blätterte. Ihre Arbeit wurde allerdings immer schwieriger. Noch vor zehn Jahren hätte sie auf Anhieb drei Mädchen gewusst, die sie der Dame hätte nennen können. Heutzutage hatten die Mädchen gemerkt, dass sie in einer Fabrik bessere Arbeit finden konnten, für eine begrenzte Anzahl Stunden, regelmäßige Bezahlung und gesicherte Krankenversicherung. Außerdem wurden sie nicht auch noch mitten in der Nacht für irgendeinen Botengang aus dem Schlaf gerissen.

Was Frau Jänickes Leben darüber hinaus erschwerte, war der seltsame Brief. Sie wusste, von wem er stammte, denn sie hatte den Mann vorgestern kurz durch das Fenster gesehen, als er den Brief unter ihre Ladentür geschoben hatte. Das wusste er aber nicht, dieses Frettchen! Diese verdammte Ratte. Sie hatte den Brief geöffnet und dann sofort ihrem Mann gezeigt. Wütend. Schließlich könnte ja etwas Wahres dran sein an der Sache. Aber Kaspar hatte sich auf einen Stuhl fallen lassen und herzhaft gelacht. „Mach nicht so einen Zirkus, Frau", hatte er grinsend gesagt, als er wieder Luft bekam. „Weißt du, mit wem der Kerl mich gesehen hat, und dann hat er prompt die falschen Schlüsse gezogen?"

„Eine junge Frau", hatte sie zornig gerufen. „Du hattest sie im Arm und hast mit ihr geschäkert. Das steht hier! Und wenn du nicht zahlst, dann sagt er es mir."

„Ja, fein, dass du den Brief schon aufgemacht hast, dann brauch ich ihn dir wenigstens nicht mehr zu zeigen. Aber er hat ihn ja auch unter die Tür von deinem Geschäft geschoben. Die ‚junge Frau‘ war übrigens unsere vierzehnjährige Nichte. Du hast das Kind an Frau von Heide vermittelt, erinnerst du dich? Und ich sollte sie dahin bringen, weil sie solche Angst hatte. Da hab ich sie in den Arm genommen und ihr gut zugeredet. Vorher konnte ich sie bei der Dame nicht abliefern, sie hat nämlich gezittert wie Espenlaub. Und das macht ja nun keinen guten Eindruck."

Nun, ein Lachen, ein Kuss, und damit war die Sache zwischen ihr und Kaspar wieder geklärt. Aber was, wenn der Mann unhaltbare Gerüchte in der Stadt verbreitete? Über Kaspar und die Dienstmädchen, die sie vermittelte? Gerüchte würden nur zu gern geglaubt. Es würde ihr Geschäft ruinieren. Vielleicht hätten sie doch zur Polizei gehen sollen? Aber dann wäre es auch öffentlich geworden. Ein Reporter hätte sich darauf gestürzt und dann … Frau Jänicke legte eine Hand auf ihren Magen und atmete tief ein und aus. Ihr war ganz schlecht geworden.

„Wohin?", fragte Höfner, als sie nach dem Gespräch mit den Journalisten aus der Halle III traten.

Lenzen überlegte. „Zum *Augustiner*? Die haben ihr Lokal gleich hier hinter der Halle direkt am Rhein. Im Biergarten sitzt man ganz gemütlich mit Blick auf den Fluss."

Höfner nickte zustimmend. Gemeinsam liefen sie durch die schmale Gasse zwischen Halle III und dem Pavillon des Bochumer Vereins auf das *Münchner Augustiner-Bräu* zu. Das Wirtshaus im Tiroler Stil, mit Türmchen und Balkonen, sah recht einladend aus. Zumindest gingen die Ausstellungsbesucher sehr gerne dorthin. Es war allein deshalb schon eine beliebte Attraktion, weil an einem runden Tisch immer eine Gruppe Sänger saß, die das Publikum auf echt bayrische Art unterhielt. Insbesondere die Rheinländer unter den Besuchern sangen, schunkelten und lachten gern, also war man im *Augustiner* immer in Feierlaune. Höfner hatte gedacht, dass es am Vormittag ein wenig ruhiger zuging, schließlich wollten sie nur einen Kaffee trinken und sich weiter besprechen. Aber nein, schon auf halbem Weg verkündeten die Sänger gut hörbar: „Übers Loaterl, da steig i net aufi." Höfner schüttelte den Kopf. Er litt schon genug unter dem Alpenpanorama, und abgesehen davon, dass ihn überhaupt nicht interessierte, was die Leute da musikalisch erzählten, verstand er es auch nicht. Kein Wort. „Was heißt das, Lenzen? Bekommen Sie einen Sinn hinein?"

Lenzen schüttelte den Kopf. „Da will einer ‚net aufi'. Ich nehme an, das heißt, er will nicht hinauf, also nach oben. Vielleicht geht es um eine berufliche Karriere? Oder einen Berg? Tut mir leid, Herr Kommissar, aber ich weiß es nicht."

„Was steigt man sonst noch hinauf, wenn ‚aufi' das bedeutet?", überlegte Höfner laut. „Eine Treppe? Oder – natürlich, eine Leiter! Könnte es das sein, Lenzen? Er will die Leiter nicht rauf. Die Frage ist nur, warum klettert er überhaupt eine Leiter hinauf? Wo ist er, und was will er da?"

Höfner hing wieder einmal seinen Gedanken nach, weshalb er ganz automatisch am *Augustiner-Bräu,* wo sie inzwischen angekommen waren, rechtsherum flüchtete und nun an der Rückseite der Halle III vorbeiging. Lenzen folgte ihm, denn auch er konnte dem Gesang nicht viel abgewinnen. Fast überall in den Lokalen wurde früher oder später gesungen. Wäre es um drei Burschen gegangen, die über den Rhein zogen und bei einer Frau Wirtin einkehrten, hätte er vielleicht sogar mitgesummt. Nun ja, es war zwar ein trauriges Lied, denn die Burschen fanden dort nur das tote Töchterlein der Wirtin, aber man verstand wenigstens den Text. Während er zwischen dem schlossähnlichen Pavillon der Rheinischen Metall- und Maschinenwerke Düsseldorf-Derendorf und dem kleineren Pavillon der Maschinenbau-Anstalt Humboldt aus Köln-Kalk an schön angelegten Blumenbeeten vorbeilief, versuchte er lieber, die Fragen des Kommissars zu beantworten.

„Ich habe mal gehört, dass man in Bayern nachts eine Leiter an ein Haus anlehnt, hinaufklettert und durch das Fenster eines Frauenzimmers schaut."

Höfner schmunzelte. „Stimmt, richtig. Das tut man aber nicht nur in Bayern, Lenzen. Haben Sie noch nie davon gehört? Schlutgehen hieß das mal bei uns im Rheinland. Aber ich muss sagen, ich weiß das nur von meinen Eltern, und die kamen vom Land. Auch mein Vater hat sich einen Schlut aufgesetzt, also einen Strohhut, weil er damit rechnen musste, dass nicht meine Mutter, sondern sein zukünftiger Schwiegervater am Fenster stehen und ihn mit Schlägen malträtieren würde. Mit dem Strohhut tat das nicht so weh. Was würden Sie eigentlich machen, Lenzen, wenn Sie in der Stadt einen Mann auf einer Leiter an den Fenstern anderer Leute stehen sähen?"

Da musste Lenzen nicht lange überlegen. „Ich würde ihn festnehmen, weil er bestimmt ein Einbrecher ist."

„Und wenn Sie wüssten, dass da ein Mädchen wohnt?"

„Dann würde ich ihn erst recht festnehmen wegen Vergehens wider die Sittlichkeit."

Höfner nickte. „Richtig, genau das würde in jeder Stadt passieren. Eigentlich ist es aber so, dass man in der Stadt solcherlei ländliches Tun einfach nicht mehr versteht. Und weil man auch die Regeln nicht mehr kennt, die sehr streng sind und keinesfalls sittenwidrig, ist dieses alte Frühlingsritual in einer Stadt nicht mehr möglich. Aber unsere Frage ist ja immer noch: Warum will er die Leiter nicht hinauf?"

Lenzen grinste. „Das junge Fräulein ist hässlich?"

„Lenzen, merken Sie sich eines – ein junges Fräulein ist nie hässlich. Alle sind hübsch, manche nur einfach hübscher, das ist alles. Nein, vielleicht hat er Höhenangst, was ich gut verstehen kann, die hab ich nämlich auch. Das ist die einfachste Lösung, Lenzen. Apropos Höhenangst und nur zur Sicherheit, bevor Sie fragen: Auf den Aussichtsturm da bekommen Sie mich nicht hinauf."

Sie blieben stehen und sahen den Menschen zu, die eifrig in die Kabine eines neuartigen und durch ein Schild groß angekündigten Personen-Aufzugs stiegen, um sich auf die vierzig Meter höher gelegene überdachte Aussichtsplattform hinauftragen zu lassen. Höfner wurde allein beim Zuschauen schlecht. Der Einstieg war in einem hübschen quadratischen Pavillon, aus dem der Turm herauszuwachsen schien. Auch die Telephoncentrale war dort untergebracht, die laut Reklame über zehn Stadtanschlüsse und zweiundfünfzig angeschlossene Apparate verfügte. Vor dem Eingang drängten sich bereits die Besucher, um geschäftliche Anrufe zu tätigen oder auch einfach ihre Familien zu Hause zu überraschen, sofern sie einen Telephonapparat besaßen. Höfner blickte sich um. Im Biergarten der Dortmunder Aktienbrauerei, einem der größten Bierlokale auf dem Gelände, war noch Platz. Der Kommissar hatte gehört, dass man dort ausgezeichnet und reichhaltig frühstücken konnte, und fand dieses Angebot äußerst verlockend. Er machte gerade Lenzen darauf aufmerksam, als eine große Gruppe junger Männer in den Garten einfiel: Corps-Studenten mit von Schmissen zerfurchten Wangen und in vollem Wichs. Lenzen verdrehte die Augen.

„Die sind für den Frühschoppen hier, und bald werden sie mit Sicherheit auch singen, Herr Kommissar. Wohin jetzt?"

„Kommen Sie, Lenzen, da vorne gibt es ein Café."

Beim Aussichtsturm erhob sich der große Bau der Düsseldorfer Handwerkskammer, mit Türmen, die einer Burg alle Ehre gemacht hätten. In einem Eckturm und den angrenzenden Räumen war an der Allee ein Café eingerichtet worden, in dem die Düsseldorfer Bäcker und Konditoren gemeinsam ihre Erzeugnisse anboten und dazu hervorragenden Kaffee kochten. Höfner und Lenzen lenkten ihre Schritte nur zu gern dorthin.

Als sie am Haupteingang des Pavillons vorbeigingen, wurde Höfner einmal mehr abgelenkt. Ein Mann hatte einen Tisch aufgestellt, auf dem eine Mappe mit Papier und seltsam geformte Schnipsel lagen. Immer wieder schaute er zu der Dame, die auf einem Stuhl ganz still vor ihm saß. Dabei drehte er ein Stück Papier in der Hand schnell hin und her, während er es mit einer Schere zuschnitt. Nach zwei Minuten hielt er das fertige Porträt der Dame hoch, eine schwarze Silhouette komplett mit Hut und Feder. Es war faszinierend. *Viggo Nelson, Silhouettist* verriet ein Schild auf dem Tisch und dass er im Auftrag der Handwerkskammer auf der Ausstellung tätig war. Gerade überlegte sich Höfner ernsthaft, ob er vielleicht auch … da fing er Lenzens fragenden Blick auf. Er seufzte. Lenzen hatte ja recht. Es war jetzt wirklich an der Zeit, ins Café zu gehen und endlich das morgendliche Treffen mit den Journalisten zu besprechen. Dabei musste er Lenzen auch unbedingt klarmachen, warum er ihn vorhin zurückgehalten hatte, als er etwas zur Diskussion hatte beisteuern wollen. Er hatte Lenzen nur vor sich selbst gerettet. Der Sergeant hatte das Herz auf der Zunge, wenn es darum ging, anderen Leuten Zusammenhänge zu erklären. Aber gerade bei der Arbeit der Polizei musste man immer abwägen, was an die Öffentlichkeit dringen durfte und was nicht. Ein ermittelnder Beamter musste sich das immer bewusst machen, insbesondere wenn die anderen Leute, so wie Stoffers, zwar durchaus dankbare Zuhörer, aber gleichzeitig Redakteure und Journalisten waren. Nach den Erfahrungen mit Mäckerrath würde Lenzen das jedoch schnell begreifen, da war er sich sicher. Gut gelaunt betrat Höfner das Café.

Ein paar Stunden später lehnte Johanna sich zurück und betrachtete ihre Umgebung. Sie saßen am Binnenwasser, dem letzten noch nicht zugeschütteten Abschnitt eines alten Rheinarms ganz im Norden des Geländes. Sie genoss den Nachmittag in vollen Zügen. Ihr Vater hatte ihr freigegeben, und ihre Freundinnen hatten sie, natürlich zusammen mit Tante Hedwig, von der Haupt-Ausstellungshalle abgeholt: die immer zappelige Ilse, Gertrud, die seit Neuestem eine Brille mit runden Gläsern trug, weil sie, wie Ilse behauptete, einfach zu viele Bücher las, und Bertha, die sich aus solchen Diskussionen lieber heraushielt. Sie waren alle zusammen in den Vergnügungspark gegangen und hatten zuerst die Marineschauspiele am Binnenwasser besucht. Dort konnte man von einer Tribüne aus detailgetreue Kriegsschiffe von einem Viertel ihrer Originalgröße beim Beschuss einer gemalten Küstenstadt beobachten. Dann waren sie durch den Höhlenfluss, einer riesigen Kulisse hinter der gemalten Küstenstadt, gerudert und hatten dabei vier weltbekannte, magisch beleuchtete Tropfsteinhöhlen gesehen, und zum Schluss waren sie in der Blauen Grotte auf Capri angekommen und wieder auf das Binnenwasser hinausgerudert. Jetzt saßen sie zufrieden im Gartencafé am Ufer und schauten dem Betrieb an der Wasserrutschbahn zu.

„Was meinst du, Tante Hedwig", fragte Johanna mit einem Augenzwinkern, weil sie schon wusste, wie ihre Tante reagieren würde, „sollen wir das gleich auch einmal ausprobieren?"

Entsetzt wehrte Tante Hedwig mit beiden Händen ab. Das fehlte gerade noch. Bisher hatte sie alle diese Gefahren in halsbrecherischer Höhe mit Bravour umschifft und durfte sich nun endlich auf einem fest auf dem Boden stehenden Holzstuhl ausruhen. Louis Godard und sein Fesselballon vorne am Eingang mussten zum Glück ohne sie auskommen, genauso wie der sogenannte *Jungle-Sport* mit den Klettergerüsten und den Lianen aus Hanfseilen und ganz bestimmt wie die Wasserrutsche. Letzterer warf sie noch einmal einen skeptischen Blick zu. Man saß in einem Boot voll kreischender Menschen, sauste sekundenschnell eine lange hölzerne Rutsche hinunter und platschte unten aufs Wasser. Erstaunlich, dass das Boot dabei nicht kenterte. Man ruderte schnell wieder an Land, weil bei dem Andrang schon nach dreißig Sekunden das nächste Boot herabsauste. Das Schlimmste daran war jedoch der Turm mit einer Plattform in sechzehn Metern Höhe, wo man in die Boote stieg. Dort hinauf kam man nur mit einer dieser neumodischen Einrichtungen, die Tante Hedwig ganz und gar nicht geheuer waren, nämlich mit einer Rolltreppe. Zugegeben, sechzehn Meter hörten sich nicht ganz so schlimm an wie die hundertfünfzig Meter, die der Ballon aufstieg, aber trotzdem.

„Ich hoffe, du meinst das nicht ernst, Johanna", sagte sie. „Ich fahre da nicht mit. Ich bin nicht schwindelfrei. Das ist mir viel zu hoch oben, und wenn man mich bei dem Andrang schon nicht von der Rolltreppe stößt, werde ich unten auf jeden Fall klatschnass gespritzt. Nein, danke."

„Iiihh, das stimmt", rief Ilse. „Mein schöner Rock! Nein, das mache ich auch nicht."

Auch Bertha schüttelte den Kopf, aber Gertrud zwinkerte Johanna über ihre Brille hinweg zu.

„Gehen Sie denn mit drüben nach Kairo zur Orientstraße, Tante Hedwig?", fragte sie scheinheilig. „Das ist ganz ungefährlich und auch nicht hoch. Da kann man Goldschmiede und Teppichknüpfer und Sandalenmacher beobachten."

„Ja, das wäre doch furchtbar exotisch", rief Johanna, die ahnte, worauf Gertrud hinauswollte. „Ich habe gehört, dass sie da in einem Laden Kamerun-Kakao und Usambara-Kaffee verkaufen. Man könnte Mitbringsel besorgen, mit Siegelmarke der Ausstellung."

„Und man kann da auf dem Rücken eines Dromedars reiten", rief Gertrud. „Das ist gar nicht mal so teuer."

Tante Hedwig wägte die Möglichkeiten ab. Grundsätzlich war ja nichts dagegen zu haben, auch nicht gegen das Reiten auf … Da merkte sie, wo der Haken lag.

„Tatsächlich?", fragte sie trocken. „Ohne mich. So ein Dromedar ist doch mindestens zwei Meter hoch! Zwei Schritte und ich … Ihr seid albern", stellte sie tadelnd fest, als jetzt das Gelächter losging. „Firlefanz und Flausen. Ich weiß etwas viel Besseres. Da vorne bei den Kaffeeröstereien gibt es einen Kinderspielplatz. Karussell, Wippe, Schaukel, Klettergerüst, alles da. Das wäre doch etwas für euch."

Bevor die jungen Damen protestieren konnten, hörten sie entsetzte Schreie hinter sich. Am Holzhaus des Gartencafés schoss eine Stichflamme in die Höhe, die Menschen in der Nähe brachten sich in Sicherheit, und im nächsten Moment brannte ein Tisch lichterloh. Ein Kellner schüttete geistesgegenwärtig einen Eimer Wasser über den Brandherd, aber die Flammen waren noch nicht gebannt. Kurz darauf hörte man in der Ferne das durchdringende Gebimmel der Feuerglocke. Wieder einmal machte sich die segensreiche Erfindung des

Telephonapparates bemerkbar. Der für die Marineschauspiele abgestellte Feuerwehrmann kam mit einem langen Schlauch angelaufen. Er hatte ihn bereits an einen der über neunzig Feuerhähne auf dem Gelände angeschlossen und löschte nun die restlichen Flammen. Als der verkohlte Tisch nur noch dampfte und tropfte, hatte der Spritzenwagen das Gelände erreicht, und mit ihm auch die Polizei.

Das war natürlich viel aufregender als Dromedarreiten in Kairo, also schlug Johanna vor, dass alle noch hierbleiben sollten. Sie hatte nämlich den Kommissar entdeckt, den sie schon kannte und dem sie am Morgen in Halle III noch einmal vorgestellt worden war. Vielleicht war es gar keine schlechte Idee, wenn sie ihn um ein Interview bäte. Sozusagen am Ort des Geschehens und aus erster Hand.

Höfner und Lenzen hatten den Alarm gehört, als sie gerade auf ihrer zweiten täglichen Runde über das Gelände waren. Der Spaziergang belebte sie beide, denn Jean Schmitz hatte es mittags in der Cantine sehr gut mit ihnen gemeint. Der Kommissar war ungewöhnlich still. Er hätte etwas darum gegeben, den Brandstifter besser durchschauen zu können. Wann schlug er das nächste Mal zu? Sie mussten tatsächlich abwarten. Aber sie waren nicht untätig gewesen und hatten inzwischen die notierten Namen aus den Büchern der Geschäftsstelle überprüft. Aber: nichts. In der Polizeikartei waren sie nicht zu finden, was aber nur bedeutete, dass die Leute sich bisher doch nichts hatten zuschulden kommen lassen. Und weder in der Kartei noch im Adressbuch Düsseldorf tauchte der Name „Gugel" auf, der in Herrn Fudickars Buch so krakelig geschrieben war.

„Wir sollten noch einmal zu Fudickar gehen, Lenzen."

Lenzen reagierte nicht. Er war mit seinen Gedanken ganz woanders, nämlich bei der Frage, ob die auffällig hohe Ansammlung von Bier- und Weinlokalen auf dieser Ausstellung etwas mit dem besonderen Charakter des Rheinlands und Westfalens zu tun hatte. Diese Art von tiefer gehenden Fragen hatte er in letzter Zeit Höfner abgeschaut und festgestellt, dass sie ihm Vergnügen bereiteten. Die Antwort war natürlich, dass es gerade in diesen beiden Provinzen sehr viele Weinbauern und Schnapsbrenner gab. Zum Teil waren sie hier auf der Ausstellung vertreten und nutzten die Chance, ihre Produkte auch probieren zu lassen.

Sie waren am westfälischen Bauernhaus der Branntweinbrennerei Schlichte vorbeigekommen und an der originalgetreu nachgebauten Rüdesheimer Burg der dortigen Wein- und Sektkellerei, an einem höhlenartigen Gebilde, dem Pavillon der Sektkellerei Höhl aus Geisenheim, und da drüben vor den strahlend weißen Außenwänden von Kairo stand die holländische Windmühle von Bols. Alle Ausschankstellen besaßen auch Gärten. Vom Musikpavillon aus, dem man keine Brandspuren mehr ansah, bot sich ein Anblick, der weitere Fragen aufwarf. Gleich neben dem Haupteingang von Kairo befand sich nämlich das Bierrestaurant von Julius Münker, einem Hotelier von der Königsallee. Es musste doch eigentlich gerade für Muslime seltsam sein, quasi eingekesselt von Wein, Bier und Likören ihr Leben vorzuführen. Soviel er wusste, lehnten sie Alkohol ab.

Da nahm Lenzen endlich wahr, dass diesmal der Kommissar ihn fragend ansah, und er erinnerte sich an das, was Höfner nun schon vor einer ganzen Weile gesagt hatte. „Sie möchten noch einmal in die Bücher schauen, weil wir etwas übersehen haben, Herr Kommissar?"

Lenzen hatte erstaunliche Fähigkeiten, fand Höfner. Der Sergeant konnte völlig absorbiert von etwas sein, was ja, wie er früher schon festgestellt hatte, für Polizisten eine gute Eigenschaft war. Trotzdem, und das war die Überraschung, schien er dabei weiterhin die Außenwelt wahrzunehmen. Höfner war nicht sicher, ob er das selbst ... Aber nun schweifte er schon wieder ab. „Ja, genau. Ich möchte mir vordringlich noch einmal den unleserlichen Namen anschauen. Vielleicht, wenn wir ihn ein zweites Mal mit Bedacht sehen, fällt uns doch etwas Neues auf. Aus der Erinnerung ist das nur schlecht möglich, deshalb werden wir ihn sogar kopieren. Kommen Sie, Lenzen."

In diesem Moment schrillte die Feuerglocke. Höfner stellte fest, dass er sich fast darüber freute. Er hoffte natürlich, dass niemandem etwas passiert war, aber vielleicht konnten sie nun endlich den Täter finden. Wortlos drehten Lenzen und er sich um und folgten dem Spritzenwagen, der nun, gezogen von einem galoppierenden Pferd, an ihnen vorbei Richtung Vergnügungspark fuhr. Als Höfner und Lenzen dort ankamen, war der Brand bereits gelöscht, ohne dass die Feuerwehr hätte eingreifen müssen. Das Aufsehen mit dem Spritzenwagen war also eigentlich gar nicht nötig gewesen, aber man wusste nie, und so behandelte man auch diesen Brand wie ein Großfeuer. Der Kommissar blickte sich prüfend um. Die Schar der Neugierigen hielt sich in Grenzen und auch von Mäckerrath war nichts zu sehen. Wahrscheinlich war er seit dem heutigen Morgen an keinem Feuer mehr interessiert.

„Was ist hier passiert?", fragte Lenzen den Feuerwehrmann, der dabei war, den Wasserschlauch auf einen Schlauchwagen zu wickeln.

„Nun, hier ist mal wieder ein Spirituskocher explodiert", empörte sich der Mann. „Man kann den Leuten noch so oft sagen, solche Geräte vor jedem Benutzen auf undichte Stellen zu kontrollieren und keinen Spiritus nachzufüllen, solange er noch brennt. Aber nein, man hört nicht auf uns, bis es einen Unfall gibt. Die Frau dahinten hat wirklich Glück gehabt, dass ihr nichts passiert ist."

Der Feuerwehrmann fuhr mit seiner Arbeit fort. Höfner, der zugehört hatte, blickte sich um und entdeckte eine junge Frau, die nicht weit entfernt kreidebleich auf einem Stuhl saß. Eine weitere Serviererin und ein Kellner standen bei ihr und versuchten, sie zu beruhigen. Höfner ging auf die Zeugin zu, um sie zu befragen, während Lenzen den Spirituskocher genauer betrachtete. Es war ein einfaches Modell aus einem gusseisernen Brenner, geformt wie der Einsatz eines Gasherdes, und einem kleinen Tank aus Messing. Er hatte hier draußen vor dem Haus windgeschützt gestanden, um eine große Blechkanne mit Kaffee warm zu halten. Lenzen ließ sich ein Handtuch geben, um den Kocher – verrußt, nass und immer noch warm – gleich an Ort und Stelle zu untersuchen. Nachdem er den Ruß grob entfernt hatte, drehte er probeweise an der Messingmutter, die den Tank mit der eisernen Zuleitung zum Brenner verband. Sie ließ sich ganz leicht drehen, und zwar zu, nicht auf. Nur eine winzige Drehung, eine Lockerung. Aber Spiritus reichte das, um langsam herauszudringen und sich überall zu verteilen. Wahrscheinlich hatte es auch noch eine Unterlage gegeben, aus der die entflammbaren Dämpfe hatten aufsteigen können. Jemand hatte also die Mutter manipuliert. Mit einem Glimmen in den Augen drehte Lenzen sich suchend um. Der Kommissar verabschiedete sich gerade von der Serviererin und kam zurück.

„Nun, Lenzen, was haben Sie herausgefunden?"

„Unser Brandstifter war wieder am Werk, Herr Kommissar. Ich zeige es Ihnen."

Lenzen erklärte, wie seiner Meinung nach das Feuer entstanden war, und Höfner nickte.

„Das deckt sich mit dem, was die Serviererin mir erzählt hat. Sie hatte nämlich nur Glück, weil sie ein paar Schritte entfernt war, als die Stichflamme plötzlich hochschoss. Die Frau hat natürlich einen Riesenschreck bekommen, aber das ist alles."

„Kommissar Höfner?"

Höfner und Lenzen drehten sich um und sahen sich drei jungen Damen und einer älteren gegenüber. Alle vier sahen aufgeregt aus. Die ältere Dame hatte ihn angesprochen.

„Ja, bitte?"

„Meine Nichte ist verschwunden, wir finden sie nicht mehr." Sie war ganz außer Atem vor Aufregung.

Höfner kam es so vor, als ob er sie und die jungen Damen schon einmal gesehen hätte.

„Für solche Fälle", mischte sich Lenzen ein, „ist das Aufsichtspersonal auf dem Platz und an den Toren ..."

„Lenzen", unterbrach der Kommissar die Erklärung des Sergeanten, „ich glaube, wir hören uns wenigstens an, was die Dame zu sagen hat. Wie lange ist Ihre Nichte denn schon verschwunden?"

„Seit zwanzig Minuten ungefähr, seitdem das Feuer hier ausgebrochen ist."

„Hat sie irgendetwas Besonderes gesagt oder getan, bevor sie verschwunden ist?", wollte Lenzen wissen.

Das war eine gute Frage, fand Höfner, und wartete gespannt.

Die junge Dame mit der Brille antwortete. „Wir haben da vorne im Café gesessen, als es zu brennen anfing. Da ist sie aufgestanden, weil sie irgendetwas gesehen hat. Dann hat sie ‚Das ist der doch wieder' gesagt und weiter in Richtung Ausgang geschaut." Sie zuckte mit den Schultern. „Dann kam die Feuerwehr, und ich habe nicht mehr auf sie geachtet. Und dann war sie weg."

„Wen kann sie denn gemeint haben?", fragte Höfner. „Haben Sie vielleicht eine Idee?"

Bevor jemand antworten konnte, tauchte eine weitere junge Dame hinter ihnen auf. Die anderen drehten sich um. Ihre Gesichter zeigten Erleichterung, das der älteren wechselte rasch zu Entrüstung. Aber bevor sie etwas sagen konnte, wurde ihr der Wind aus den Segeln genommen.

„Da seid ihr ja! Ich hab mich so erschrocken, als ihr nicht mehr an unserem Tisch wart", rief Johanna vorwurfsvoll. Sie strahlte den Kommissar an und streckte die Hand aus. „Wir haben uns heute Morgen schon gesehen, erinnern Sie sich? Johanna Korn."

„Ja, natürlich, das Fräulein, das unbedingt Reporterin werden will." Höfner schmunzelte. „Ich nehme an, Sie sind die verlorene Nichte? Sind Sie deshalb, also sozusagen aus beruflichen Gründen – sagen wir – unterwegs gewesen?"

Johanna nickte. „Ja. Ich habe ihn doch wiedergesehen."

Tante Hedwig verstand den Satz völlig falsch, schnappte nach Luft und murmelte empört: „Sodom und Gomorrha! Männer mit Monokel sind wirklich zu gar nichts gut."

Der Kommissar dagegen war höchst interessiert. „Wen meinen Sie?"

Johanna erzählte von ihrem Besuch im Kunstpalast, als es schon einmal Feueralarm gegeben hatte. „Da lief ein junger Mann vorbei und blickte sich immer um. Er hatte ein Gesicht wie ein Engel."

Höfner starrte Johanna an. Er bekam seinen abwesenden Blick und regte sich so lange nicht, dass Lenzen ihn besorgt ansah.

„Herr Kommissar?", fragte er. „Ist etwas?"

Höfner schüttelte den Kopf. „Der dumme Junge", murmelte er, dann kam wieder Leben in ihn. „Wir haben doch über Déjà-vus gesprochen, Lenzen, erinnern Sie sich? Da war es gerade wieder. Aber jetzt weiß ich, wer der Mann ist. Kommen Sie, wir müssen sofort zur Wache. Fräulein Korn, wissen Sie, wohin er gelaufen ist?"

„Ja", sagte Johanna, „ich bin ihm bis zur Fontäne an der Haupthalle gefolgt, danach bin ich lieber umgekehrt. Ich glaube, er wollte wieder zum Hofgartenausgang, er lief immer weiter geradeaus."

Der Kommissar bedankte sich herzlich bei Johanna für den Hinweis und war sogar bereit, ihr an einem der nächsten Tage ein Interview zu geben, wenn sie zur Wache käme. Dann verabschiedete er sich von den anderen jungen Damen und von Tante Hedwig.

„Es war mir ein Vergnügen, gnädige Frau", sagte er so galant, dass Lenzen staunte.

„Fräulein, bitte", korrigierte Tante Hedwig zart errötend. „Fräulein Korn."

Kaum waren Höfner und Lenzen gegangen, brachen die Freundinnen in Gelächter aus, vor Erleichterung, dass Johanna nichts passiert war, ein ganz kleines bisschen wegen Tante Hedwig und ganz besonders aus purem Übermut.

„Ihr seid albern", sagte Tante Hedwig mit so viel Ernst und Würde, wie sie aufbringen konnte, und schritt zu ihrem Tisch zurück.

> *Lieber Paul u. liebe Bertha!*
> *Gestern hier angekommen, haben wir schon ein Gang durch*
> *die Ausstellung gemacht, die sehr schön u. interessant ist.*
> *Auch die Stadt ist hübsch, wie das Wetter schön.*
> *Herzliche Grüße, E. u. E.*
> (Ansichtskarte des Malkastens, 28.5.1902)

SONNTAG, 25. MAI 1902

Nach der relativen Ruhe durch das schlechte und stürmische Regenwetter seit Eröffnung der Ausstellung schien der Mai sich gegen Ende des Monats bessern zu wollen. Eine Woche nach dem verregneten Niederrheinischen Musikfest zu Pfingsten kam die Sonne öfter zwischen den Wolken hervor und lockte deutlich mehr Menschen auf die Ausstellung. Höfner und Lenzen waren auch an diesem Sonntag auf ihrer gewohnten Vormittagsrunde über das Gelände. Höfner war unruhig. Ihm passte es gar nicht, dass er seine heißeste Spur im Brandstifterfall nicht weiterverfolgen konnte.

Der Name des Mannes war Otto Engel, da war er sicher, seit das junge Fräulein Korn sein Aussehen beschrieben hatte. Lenzen hatte er schnell überzeugt, weil der unleserliche Name dazu passte. Das große E konnte man in deutscher Schrift mit dem G verwechseln, wenn der Schreiber krakelte. Gugel und Engel wurden sich dadurch sehr ähnlich. Höfner und Lenzen waren sofort zur Wache gegangen, weil es dort einen Telephonapparat gab, und der Kommissar hatte Wachtmeister Richartz auf der Josefstraße angerufen, um ihn auf Engels Spur zu setzen. Bisher jedoch ohne Erfolg. Ganz bei ihm in der Nähe, auf der Kruppstraße in einem der Häuser neben August Grotes Rosen-Apotheke, wohnte die Familie unter dem Dach. Höfner kannte sie alle fünf, obwohl er schon länger nichts mehr mit ihnen zu tun gehabt hatte, was bei seinem Beruf jedoch ein gutes Zeichen war. Ottos Mutter besaß das gleiche Gesicht wie ihr Sohn, fein und zart geschnitten. Ihre groben roten Hände passten gar nicht zu ihr, waren aber bei ihrer harten Arbeit als Wäscherin unvermeidlich. Mit ihrem Mann, einem Fabrikarbeiter, hatte sie drei Kinder großgezogen.

Bevor Höfner am Morgen in seine Bahn gestiegen war, war er noch bei ihnen vorbeigegangen, hatte aber niemanden erreicht. Er vermutete, dass sie die Sonntagsmesse in St. Joseph besucht hatten. Er hätte den Tag heute gern dazu genutzt, später noch einmal hinzugehen und Otto zu befragen, ob er tatsächlich etwas mit den Bränden zu tun hatte. Aber dafür war heute kaum Zeit. Es war ein Feuerwerk angekündigt, und an solchen Tagen musste das Aufsichtspersonal bis mindestens zehn Uhr abends auf dem Gelände bleiben. Nun, er hatte Wachtmeister Richartz gebeten, sich darum zu kümmern, vielleicht hatte der mehr Erfolg.

Das große Feuerwerk war für den Ehrengast des heutigen Tages geplant, Generalfeldmarschall Graf von Waldersee. Besseres Wetter hätte Waldersee sich für seinen Besuch nicht wünschen können. Höfner und Lenzen kamen auf ihrer Runde ganz zufällig auch am Panorama Caub vorbei, gerade als sich der Generalfeldmarschall auf dem Balkon über dem Eingang des Rundbaus zeigte. Höfner glaubte nicht mehr wirklich an einen Zufall, als er sah, wie Lenzen begeistert die Hacken zusammenschlug und seinen Hut in die Luft warf. Nein, dass sie jetzt hier standen, das hatte der Sergeant schlau eingefädelt, schließlich ging es um einen hohen militärischen Würdenträger, den man nicht alle Tage zu Gesicht bekam. Da an diesem Tag auch noch das Berliner Garde-Korps, das direkt dem Kaiser unterstand, in Düsseldorf seinen jährlichen Kongress abhielt, war die Luft in der Stadt und auf dem Ausstellungsgelände sowieso erfüllt von Kommandos, Marschmusik und Gleichschritt. Es fuhr Lenzen richtig in die Glieder. Er würde ihn beobachten müssen, fand der Kommissar. Eigentlich hatte sich Lenzen im Umgang mit ihm ja durchaus gebessert.

Jetzt beobachtete Höfner lieber den allseits gefeierten weißhaarigen Siebzigjährigen oben auf dem Balkon. Nach allem, was er über Waldersee in den letzten Jahren aus Zeitungen erfahren hatte, wunderte er sich, dass so viele Neugierige ihm zujubelten. Der Mann, stellte er fest, genoss es sichtlich, dass man ihm huldigte wie einem König. Ob er eitel war? Irgendwo hatte der Kommissar gelesen, Spötter würden ihn „Weltmarschall" nennen, weil der Kaiser behauptete, mit seinem Einsatz in Peking hätte er die „gelbe Gefahr" gebannt und den Weltfrieden gerettet. Die Meinungen darüber gingen jedoch weit auseinander. Der Kaiser hatte in der „Hunnenrede" kein Pardon und keine Gefangenen gefordert. Generalfeldmarschall Waldersee und die zwanzigtausend Mann starke europäische Truppe unter seinem Oberbefehl hatten daraufhin in China auch kein Pardon gezeigt. Sie hatten Menschen abgeschlachtet, die durch die übrigen Alliierten wie Japan und Russland bereits besiegt waren, als die Europäer eintrafen. Nachrichten von Plünderungen, Erschießungen, Vergewaltigungen und brennenden Dörfern hatten auch Deutschland erreicht. Hier zu Hause hatte August Bebel bereits zwei Jahre zuvor im Reichstag gewettert, das sei ein Gemetzel, für das der Name „Krieg" noch zu anständig sei. Die Sozialdemokraten und die

Liberalen hatten sich in ihrer Empörung gegen Waldersee verbündet. Aber was Höfner noch mehr gewundert hatte, waren die beiden Schriftsteller, die normalerweise nicht in einem Atemzug genannt wurden und auf die sich nun die Presse stürzte. Bertha von Suttner und Karl May hatten sich überhaupt nur durch diese Ereignisse kennengelernt. Suttner hatte jetzt *Marthas Kinder* veröffentlicht, den zweiten Teil von *Nieder mit den Waffen*. Und von Karl May war *Und Friede auf Erden* erschienen, ein weiterer Reiseroman, der auch in China spielte und das unheilvolle Wirken derer aufzeigte, die einer alten Kultur die „europäische Zivilisation" aufzwingen wollten. Die Neugierigen hier mussten das doch alles wissen, dachte Höfner, denn die Presse hatte sehr ausführlich – positiv und negativ – darüber geschrieben, und es war viel diskutiert worden. Aber nun stand da sogar der intelligente Lenzen und bejubelte den vermeintlichen Weltenretter, den lächelnd winkenden Greis.

Der Kommissar hatte genug gesehen. „Kommen Sie, Lenzen, wir gehen weiter."

Lenzen drehte sich mit strahlenden Augen um und schlug die Hacken zusammen. „Jawohl, Herr Kommissar!"

Lenzen musste von seiner Begeisterung erst wieder zurück auf die Erde kommen, befand Höfner, er würde ihm etwas Zeit geben müssen. Er entfernte sich zügig vom Panorama Caub und den vielen Menschen.

Lenzen fiel neben ihm automatisch in Gleichschritt. „Mögen Sie den Generalfeldmarschall nicht?", fragte er.

„Wie kommen Sie darauf, Lenzen? Man hat ihn doch überall genug gelobt und gefeiert. Muss man ihn da nicht mögen?"

Lenzen zuckte die Schultern. „Ich dachte nur. Sie haben gar nicht gejubelt."

Höfner wollte an diesem schönen Tag eigentlich überhaupt

nicht mehr über militärische Aktionen diskutieren, aber Lenzen hatte eine Erklärung verdient. „Ich sehe den Jubel mit großer Sorge, und da bin ich nicht der Einzige. Es scheint doch allenthalben so zu sein, als würden wir in einen baldigen großen Krieg hineinsteuern, meinen Sie nicht? Schauen Sie sich doch um!"

Sie gingen auf ihrer Runde gerade auf den Pavillon von Krupp zu, der nicht umsonst „Kanonenburg" getauft worden war. Höfner kam er gerade recht.

„Sehen Sie mal, Lenzen, wir müssen noch nicht einmal in den Pavillon hinein. Da steht doch alles gleich schon vor der Tür, eine Kanone, eine riesige Panzerplatte, die in der Lage ist, dem Beschuss durch Kanonen standzuhalten, und aus dem Dach ragt ein betriebsfähiger Gefechtsmast hervor. Das sind unglaubliche Errungenschaften – aber wofür braucht man sie? Für Kriege. Sie müssen nur aufmerksam hinschauen, Lenzen. Hier wird aufgerüstet. Es ist nicht nur Krupp, es ist überall präsent, sogar im Vergnügungspark bei diesen Spielzeugbötchen, aus denen mit Rauchpistolen auf gemalte Städte geschossen wird."

Lenzen starrte den Kommissar erschrocken an. „Aber Sie reden ja wie der Bebel, Herr Kommissar. Und der wird dafür als Vaterlandsverräter bezeichnet."

Höfner blieb seufzend stehen und drehte Lenzen am Arm zu sich herum, damit er ihm ins Gesicht schauen konnte. „Bebel und ich, wir lieben unser Vaterland, Lenzen", sagte er eindringlich, „und wer etwas anderes behauptet, der lügt, merken Sie sich das. Und noch etwas. Ich bin Kriminalkommissar. Ich bin dafür da, Mörder zur Strecke zu bringen. Und wenn ich höre, dass ein General, wenn auch in Kriegszeiten, völlig grundlos das Völkerrecht verletzt und Menschen massakrieren lässt, werde ich sehr zornig. Was sind das für Zeiten, in denen man dafür gefeiert wird? Das ist alles, und damit ist genug gesagt." Er wandte sich wieder zum Gehen. „Die Industrie macht ja auch noch vernünftige Dinge", schob er dann doch noch ein wenig versöhnlicher hinterher. „Haben Sie hier bei Krupp schon diese riesige geschmiedete Welle für den Schnelldampfer gesehen? Ich habe keine Ahnung, wie Menschen mit solchen Tonnen von Gewicht überhaupt umgehen können. Das muss man einfach bewundern. Ich habe ja schon Schwierigkeiten mit einem Hammer."

Lenzen nahm das Friedensangebot dankbar an und lachte, wenn auch fast ein wenig zu spöttisch, wie Höfner fand. Er ließ ihm jedoch den Spott, denn nach dieser Predigt brauchte der Sergeant offenbar dringend etwas, das ihn wieder aufbaute.

Als es an die Tür seines Bureaus klopfte, schnupperte Ernst Döring ein letztes Mal erleichtert um sich herum, bevor er „Herein!" rief. Endlich kein Ledergeruch mehr, sondern der herbsüße, elegante Duft nach Wald und Holz, den er so mochte. Er hatte Fütterer davon überzeugt, dass er keine Lust hatte, mit diesem *Spanish Leather* wie ein paar Lederstiefel zu riechen. Zwar wie teure, handgenähte Stiefel, aber eben Stiefel. Fütterer hatte seit letztem Sonntag drei Tage Probezeit verhandelt, weil er den Duft unwiderstehlich fand, und dann endlich wieder das gewohnte *Astor* mitgebracht. Er war hartnäckig, aber gut und, ja, vertrauenswürdig. Das musste ein Barbier auch sein, der solch private Einblicke bekam.

„Ah, Spickernagel, kommen Sie doch herein und setzen Sie sich", sagte der Geschäftsführer mit einer einladenden Handbewegung. „Schön, dass Sie noch Zeit gefunden haben."

Wilhelm Spickernagel, Restaurantchef der Tonhalle,

schloss die Tür zum Bureau und ließ sich auf den Stuhl vor Dörings Schreibtisch sinken.

„Das lässt sich immer einrichten", antwortete er, „und gibt mir eine kurze Verschnaufpause. Wir arbeiten auf Hochtouren."

„Das glaube ich gerne. Wie sieht es aus mit dem Festessen der Stadt für den Grafen Waldersee heute Abend?"

Spickernagel lehnte sich zurück. „Der Herr Oberbürgermeister wird uns gewogen bleiben. Zum Glück habe ich die Dekoration des Saales noch verändert."

Döring runzelte die Stirn. „Aber Sie hatten doch einen ganz ausgezeichneten Plan."

„Ja, hatten wir", seufzte Spickernagel. „Wir wollten ja zuerst etwas Besonderes machen und chinesisch dekorieren, also Bambuspflanzen, chinesische Schriftzeichen und ein Meer von weißen Lampions."

„Das hörte sich auch sehr gut an. Und warum geht das nicht?"

„Wegen der Lampions. Weiße Lampions sind in China ein Zeichen der Trauer und werden für Verstorbene aufgehängt. Nach allem, was man so hört, könnte der Graf das missverstehen."

Döring zog die Luft zischend durch die Zähne. „Ah. Und was machen Sie stattdessen?"

Der Restaurantchef zuckte die Schultern. „Wir haben es ganz gelassen. Kein Hinweis auf China, das ist vielleicht auch gar nicht so dumm. Wir decken gerade einfach festlich mit Kandelabern und Blumen. Die Menukarte ist gedruckt, und Hürter hat danach die Weine ausgesucht. Es kann nichts mehr schiefgehen."

„Ist es denn bei der Speisenfolge geblieben?", erkundigte sich der Geschäftsführer.

„Ja. Es ist die gleiche wie beim Offizierssessen vor zwei Jahren, als die Torpedoboote hier vorbeikamen. Der Marine hat's geschmeckt, also wird es auch dem Heer schmecken."

Döring erinnerte sich nur zu gut. Eine Torpedoboot-Division war Ende April 1900 von Wilhelmshaven aufgebrochen, um den Rhein hinunter bis nach Mannheim und Karlsruhe zu fahren. Die Division bestand aus dem großen Führungsboot, das wegen der Wassertiefe nur bis Koblenz kam, und aus sechs kleinen Torpedobooten, denn die großen hätten auf dem Rhein nicht fahren können. Schwarz angestrichen, damit sie auf See nur sehr schlecht auszumachen wären, nannte man sie „Schwarze Gesellen". Die Reise war eine Propaganda-Fahrt. Im Reichstag wurde nämlich gerade die Frage diskutiert, ob man für viel Geld die Flottenstärke verdoppeln solle, und man brauchte für eine positive Entscheidung auch die Unterstützung der Rheinländer, die bisher wenig Interesse an der Flotte gezeigt hatten. Die Torpedoboote liefen also die Rheinhäfen an, das Volk durfte sie sich ansehen und war wider Erwarten sehr interessiert, dann gab es in der jeweiligen Stadt ein Festessen getrennt an verschiedenen Orten und mit unterschiedlichen Speisen für Offiziere und Besatzung. Für die Matrosen bedeutete es sechs Wochen Schlemmerfest, und weil Mai war, bekamen sie fast überall Spargel mit Kalbfleisch oder junges Gemüse mit Ochsenbrust. Als sie über Pfingsten in Düsseldorf waren, wurden die Offiziere in der Tonhalle und die Mannschaft im großen Saal des Zoologischen Gartens gut bewirtet.

„Ochsenschwanzsuppe als Auftakt", zählte Spickernagel genüsslich auf, „danach Kalbsrücken mit Erbsen und Bohnen gefolgt von Salm in Gallerte mit Sauce Mayonnaise, dann Rehbraten mit Compotes und zum Schluss Fürst-Pückler-Eis. Und wenn Sie jetzt keine Fragen mehr haben, würde ich doch gerne wieder …"

„Ja, natürlich", sagte Döring, „Sie müssen nach dem Rechten sehen, da will ich Sie nicht länger aufhalten."

Kaum war der Restaurantchef gegangen, klopfte es wieder an der Tür, rasch und energisch. Auf Dörings „Herein!" betrat Jean Schmitz eilig den Raum, gefolgt von Julius Fischer. Dessen Auftauchen in seinem Bureau wunderte Döring, denn Fischer arbeitete als Barbier und Friseur für Fütterer und hatte eigentlich mit dem Geschäftsführer der Tonhalle nichts zu tun. Döring begrüßte sie neugierig.

„Und, Schmitz? Wir brauchen Sie doch erst heute Abend in der Garderobe. Sollten Sie nicht auf der Ausstellung sein?"

„Ja, schon", antwortete Schmitz. „Aber wir brauchen Ihren Rat, und so lange kommt die Cantine auch ohne mich zurecht."

„Wie kann ich Ihnen helfen?", fragte Döring.

Schmitz zuckte die Schultern. „Fütterer sagte, wir könnten uns an Sie wenden, weil Sie über die Sache Bescheid wüssten."

Döring hob die Augenbrauen. „Welche Sache meinen Sie?"

Schmitz und Fischer sahen einander unbehaglich an.

„Die Erpressung", sagte Schmitz schließlich.

„Ach", erinnerte sich Döring, „die Erpressung wegen der Parfümetiketten, ich erinnere mich. Hat Fütterer wieder Schwierigkeiten mit diesem Parfümeur, wie heißt er noch …?"

„Nein", antwortete diesmal Fischer, nachdem Schmitz ihn mit dem Ellbogen angeschubst hatte. „Wir. Schmitz und ich, das heißt mein Sohn. Er arbeitet als Kellner im Apollo-Theater."

Döring war fassungslos. „Sie beide auch? Ja, mein Gott, was ist bloß los in Düsseldorf? Was machen Sie denn um Himmels willen, das für einen Erpresser interessant sein könnte? Das müssen Sie mir jetzt aber erklären – und ich hoffe, es bleibt kein Makel auf der Tonhalle", fügte er streng hinzu.

„Nein, natürlich nicht", versicherte Schmitz. „Bei mir geht es um die Garderobe. Dort hing seit zwei Jahren ein vergessener Damenumhang aus gutem, warmem Stoff. Den habe ich der neuen Garderobiere geschenkt. Sie hatte nur ein Wolltuch und fror immer fürchterlich."

„Da wir die liegen gebliebenen Sachen nach zwei Jahren immer an die Armen geben, war das nichts Unrechtes", sagte Döring erstaunt. „Haben Sie vorher herumgefragt, wem er gehören könnte?"

„Ja, natürlich. Ich habe sogar Zettel ausgehängt, aber dass sich nach zwei Jahren noch jemand meldet, ist sehr unwahrscheinlich. Ich habe also die korrekte Zeit abgewartet."

„Sie als Garderobier hätten mit mir oder mindestens mit Sekretär Brieden darüber sprechen müssen, damit wir die Entscheidung fällen."

„Ich weiß", gab Schmitz zerknirscht zu, „aber die junge Frau fror so erbärmlich an dem Abend, da dachte ich, Sie würden das wohl genauso entscheiden, und habe ihr den Umhang gegeben. Mertens hat es gesehen und in den falschen Hals bekommen."

„Das haben Sie richtig gemacht, Schmitz, keine Sorge, aber das nächste Mal informieren Sie mich oder Brieden wenigstens frühzeitig." Dann wandte er sich an Fischer. „Und Sie?"

„Es geht um meinen Sohn", sagte Fischer sichtlich bedrückt. „Er hat einen Fehler gemacht und eine Geldbörse eingesteckt, die unter einen Stuhl in seinem Restaurant gefallen war." Er hob hilflos die Schultern. „Sie war voller Geld. Es war sehr verführerisch. Das hat Mertens gesehen und nun auch meinen Sohn bedrängt. Vor ein paar Tagen noch. Mein Sohn ist ganz verzweifelt. Er war nämlich von Gewissensbissen geplagt, und gleich am nächsten Tag nach dem Fund hat er die Börse dem Georg Pütz gegeben, dem Restaurantchef. Ein paar

Stunden zu spät, aber er hat sie abgegeben. Geld, Visitenkarten, alles war noch drin."

„Damit ist doch alles erledigt, oder nicht?", fragte Döring.

„Eigentlich schon. Der Pütz kannte den Mann auch. Er kommt schon seit drei Jahren von Köln hierher und verbringt mit seiner – äh – mit einer Dame einen Abend im Apollo. Mein Sohn hat letzte Woche noch dem Erpresser erklärt, dass die Börse wieder bei ihrem Besitzer ist, aber Mertens glaubt ihm nicht, brüllt herum und will Geld."

Döring überdachte die Geschichten, die er da gehört hatte, und schüttelte den Kopf. „Können Sie beide mir einmal verraten, warum Sie nicht schnurstracks zur Polizei gehen und Mertens anzeigen? Das hätten Sie schon längst tun müssen."

Fischer druckste herum. „Gustav – mein Sohn – will das nicht. Er … Nun, er möchte nichts mit der Polizei zu tun haben. Es muss sich irgendwie anders lösen lassen."

„Ich will gar nichts Näheres wissen", sagte Döring und hob abwehrend eine Hand, „aber nichts rechtfertigt eine gemeine Erpressung. Und Sie, Schmitz? Sie haben doch nun wirklich nichts Unrechtes getan."

„Schon, aber ich habe meine Cantine auf dem Ausstellungsgelände, da ist der Ruf das Wichtigste. Sie sehen doch, wie die Presse die letzten Ereignisse um die Brände aufgebauscht hat. Gleich waren wir Wirte verdächtig. Ich weiß nicht, was dieser Reporter aus meinem Fall machen würde."

Döring nickte. Da hatte er recht. „Trotzdem", sagte er, „ich rate Ihnen dringend, gleich morgen früh zur Polizei zu gehen. Egal, was Ihr Sohn davon hält. Es ist der einzige Weg, damit in Ihrem Leben wieder Ruhe einkehrt. Mertens muss aufgehalten werden. Wer weiß, was er sonst noch anstellt oder schon angestellt hat. Vielleicht sind Sie ja nicht die Einzigen. Abgemacht?"

Die beiden Männer vor seinem Schreibtisch blickten einander wieder unbehaglich an, aber schließlich funkelten ihre Augen vor Entschlossenheit.

„Abgemacht."

Es war kurz nach Sonnenuntergang. Höfner und Lenzen beobachteten den steten Strom von Menschen, die über die Brücke pilgerten, um Feuerwerk und Illumination von der anderen Rheinseite aus zu verfolgen. Tausende sahen von dort die „unwirkliche Feenstadt", wie die Presse die Ausstellung, erleuchtet von dreißigtausend Glühlampen, genannt hatte. Jede Kuppel, jeder Turm, jeder große Pavillon war mit Lichtern nachgebildet, dazwischen blitzten die bunten Glühlampen an den Bäumen der großen Allee und die wechselnden farbigen Lichter an der großen Fontäne. Sogar die eisernen Brückenbögen waren erleuchtet und zeigten einen riesigen Schriftzug, der aus Hunderten Glühlampen bestand: „Gutehoffnungshütte, Oberhausen". Dort waren die Bögen hergestellt worden.

Das Aufsichtspersonal war am heutigen Abend um alle Gartenarbeiter des Geländes erweitert worden. Bereits am Nachmittag hatte der Oberbauführer trotz der hohen Besucherzahl damit begonnen, Absperrungen errichten zu lassen. Sie sollten die Zuschauer davor bewahren, in den Fluss zu stürzen. Am Staatlichen Ausstellungsbahnhof kamen von überallher Sonderzüge mit Schaulustigen an, und die Straßenbahnen fuhren im Minutentakt und mit einem, oft zwei Anhängern, um die Menschenmassen zu bewältigen.

Höfner und Lenzen kannten die Organisation natürlich bis ins Detail, wie alle, die als Wach- und Sicherheitspersonal auf dem Gelände Dienst taten. Sie wussten auch, dass der Feldwebel der Feuerwehr heute persönlich den Abend beaufsichtigte und dass auch der Arzt in der Sanitätsstation auf der Wache anwesend war und nicht wie sonst zu Hause auf Anrufe wartete. Ein Feuerwerksabend bedeutete immer eine Art Ausnahmezustand.

„Kommen Sie, Lenzen, wir suchen uns einen besseren Platz, um das Feuerwerk anzusehen. Irgendetwas Gutes muss der lange Dienst ja auch haben." Immer wieder schweiften die Gedanken des Kommissars zu seinem verdächtigen Brandstifter. Wachtmeister Richartz hatte sich noch nicht gemeldet. Wenn er nicht vergessen hatte, die Wache hier anzurufen, dann gab es vielleicht auch keine Neuigkeiten. Nachfragen konnte er auch nicht. Im Moment war es unmöglich, Richartz irgendwie zu erreichen, denn Höfner musste hier draußen auf dem Gelände sein. Es war wie verhext. Manchmal fiel es ihm einfach sehr schwer, sich zu gedulden. Er wollte Otto Engel unbedingt finden, bevor noch mehr passierte. Der dumme Junge musste einen Grund für sein Tun haben. Er kannte ihn von klein auf und wusste, dass er nicht zu denen gehörte, die einfach, weil sie Schaden anrichten wollten, irgendetwas in Brand setzten, beschmierten oder zerstörten. Dahinter musste mehr stecken, und er wollte wissen, was es war. Vielleicht konnte er Otto helfen. Von daher war es ein Glück, dass alle Brände immer noch als Unfälle gesehen wurden. Es gab ihm eine Chance, den Fall für Otto glimpflich ausgehen zu lassen. Höfner seufzte. Er hätte etwas darum gegeben, jetzt in Oberbilk nach dem Rechten sehen zu können.

Auch Lenzen hing seinen Gedanken nach, als sie an der Handwerkskammer und an der Festhalle vorbei Richtung Hauptindustriehalle gingen. Die Halle sah wie ein Palast aus Tausendundeiner Nacht aus. Das Feuerwerk war für ihn gar nicht so wichtig, stellte er bei dem Anblick erstaunt fest, denn er selbst hatte sich immer noch nicht an der abendlichen Beleuchtung der Gebäude sattgesehen. Es war taghell. Das war schon unglaublich, wenn die Sonne untergegangen war.

Der Geheime Kommerzienrat Lueg hatte bei seiner Eröffnungsrede nicht zu viel versprochen. „Im Jahre 1880", hatte er stolz berichtet, „zeigten wir hier in Düsseldorf die Elektrotechnik nur im Anfang. In jenen Tagen waren die ersten Bogenlampen vor dem Bergisch-Märkischen Bahnhof aufgestellt, und sie wurden vom Volke noch angestaunt wie ein halbes Wunder. Ein Licht wie das der Sonne! Hatten die Leute, die noch ihre Arbeit bei einem trüben Öllämpchen verrichten mussten, die meist erst in den 70er-Jahren die erste Petroleumlampe angeschafft hatten, nicht ein Recht zum Staunen? Und auf der Ausstellung selbst! Wie stolz waren wir, ein elektrisches Miniaturbähnchen von wenigen Hundert Metern Länge zeigen zu können und das Gelände ,mit 12 elektrischen Lampen und einem grossen Centrallicht', wie es im Ausstellungswerk heißt, zu erleuchten! Heute wird unser Gelände des Abends durch Hunderte von Bogenlampen und durch zahllose Glühlichter in eine Flut elektrischen Lichtes getaucht sein, und elektrische Kraft wird mit Tausenden von Pferdekräften die meisten unserer Maschinen treiben."

Nein, dachte Lenzen, Lueg hatte nicht zu viel versprochen. Eine Flut elektrischen Lichts, das war es wirklich. Und nicht nur auf dem Gelände, auch auf dem Rhein. Die beiden großen Vergnügungsdampfer beendeten ihre heutige Fahrt, indem sie mitten auf dem Fluss stehen blieben und es ihren Gästen ermöglichten, vom Schiff aus das angekündigte Feuerwerk zu genießen. Die Dampfer waren mit Lichtern und Lampions geschmückt, genau wie die zahllosen kleineren Boote um sie herum. Ihnen gegenüber war der Bereich zwischen der großen Fontäne und dem Sporthafen abgesperrt und mit Stuhlreihen versehen. Diese Sitzplätze gleich in Sicht der Mole, von der aus das Feuerwerk abgebrannt wurde, waren direkt ausverkauft gewesen, nachdem man diesen Abend angekündigt hatte.

Auch Höfner blickte sich jetzt aufmerksam um. Die Menschen standen dicht wie eine undurchdringliche Mauer am Ufer. Sie hatten ihre Plätze gefunden und warteten nun geduldig auf den Beginn des Feuerwerks. Der Abend, stellte er erleichtert fest, schien ruhig zu verlaufen. Das Feuerwerk dauerte eine halbe Stunde, danach musste man mit etwa einer Stunde, vielleicht etwas mehr, rechnen, bis alle Besucher vom Gelände wären. Die Nachtwachen übernahmen den Dienst, und dann konnten auch Lenzen und er nach Hause gehen. Und er würde von Wachtmeister Richartz endlich mehr über seinen Verdächtigen erfahren. Jetzt allerdings wollte er sich genau wie alle anderen vom Feuerwerk begeistern lassen, das gerade mit einer Salve bunter Raketen begann, die zischend in die Höhe schnellten und einen Sternenregen über die Zuschauer ergossen. Er lehnte sich an den Pfahl einer Bogenlampe und genoss das Schauspiel, das von lauten Ahs und Ohs begleitet war. Alle schauten in eine Richtung, zum Rhein, nach oben in den Himmel. Niemand schaute hinter sich. Niemand sah, dass aus einem der kleineren Pavillons plötzlich Flammen schlugen.

Höfner beobachtete fasziniert, wie die Umrisse von vier feurigen Rössern vor dem Nachthimmel standen. Sie schienen aus nicht minder feurigen Wellen herauszugaloppieren, zwei nach rechts, zwei nach links, in ihrer Mitte eine funkensprühende Fontäne, die aus einer gleißenden Brunnenschale emporstieg. Er hatte sich schon über das meterhohe Gerüst gewundert, das auf der Mole aufgerichtet worden war. Dafür war es also gedacht. Jetzt sah man es nur, wenn man wusste, dass es da war. Die Pferde schienen durch die Luft zu schweben. Es war Illusion. Ein unwirklicher Traum. Und es hatte etwas an sich, das ihn verzauberte, als wäre er noch der kleine Junge, der gebannt in die hellen Lichter am Weihnachtsbaum starrte. Darunter lagen Geschenke, mit einem Tuch abgedeckt, versteckt, aber zum Greifen nah. Wunder über Wunder. Höfner schmunzelte. Da hatte er sich doch tatsächlich eine kindliche Freude bewahrt, die er sympathisch fand und sich gerade wegen seines Berufes gar nicht mehr zugetraut hätte. Eigentlich war das doch eine sehr schöne Eigenschaft, wenn man träumen konnte, wenn man sich nur von kleinen Feuer spuckenden Gefäßen an einem Holzgerüst in eine Märchenwelt entführen ließ. Er war so versunken in den Anblick, dass er richtig zusammenfuhr, als plötzlich der Feueralarm losbrach. Dann brauste der Spritzenwagen über die große Allee Richtung Norden.

„Lenzen, los, kommen Sie."

Der Sergeant brauchte keine Aufforderung. Er lief bereits der Feuerwehr hinterher, dicht gefolgt von Höfner. Deshalb hatte sich Richartz nicht gemeldet. Es gab nichts zu berichten, dachte Höfner noch. Dann beobachtete er die Löscharbeiten am Pavillon 117, dem Pavillon des Friseurs, die dieses Mal etwas mehr Zeit erforderten. Plötzlich krachte und klirrte es im Innern. Es hörte sich an, als wären Möbel und Glas zerborsten. Die fast gelöschten Flammen züngelten noch einmal empor, gleichzeitig roch es nach Parfüm, nicht dezent, nein, es war eine erstickende Duftwolke, die sich mit dem Rauch über dem jetzt nur noch qualmenden Pavillon vermischte. Es stank unerträglich. Einzelne Feuernester waren nun schnell gelöscht.

Bis auf die Eingangstür, deren Glasscheibe in Scherben auf dem Weg lag, war dem Pavillon von außen nichts anzusehen. Die Flammen waren oben durch das Oberlicht geschlagen, dessen Segeltuchplanen dabei zerstört worden waren. Die Inneneinrichtung hatte jedoch gehörig gelitten. Sie war nicht vollständig verbrannt, aber doch immerhin so verrußt, dass der Friseur sie kaum noch würde benutzen können. Wie zum Hohn stand ein völlig unversehrter bemalter Holzkopf mit einer Perücke dicht neben der Eingangstür auf einem kleinen runden Tisch und lächelte starr. Sogar das Preisschild daneben konnte man noch lesen. Feuer trieb gern seine Späße, aber lachen konnte darüber niemand.

„O Gott!", rief plötzlich der Feuerwehrmann, der sich als Erster in den Pavillon hineingewagt hatte.

Lenzen stürzte sofort hinter ihm her und kam gleich darauf mit bleichem Gesicht wieder heraus.

„Ein Toter, Herr Kommissar. Eventuell der Friseur. Und es sieht wieder nach Brandstiftung aus."

Höfner mochte sich gar nicht ausmalen, wer der Schuldige war.

MONTAG, 26. MAI 1902

Schon früh am nächsten Morgen stand Höfner schlaftrunken
in Nachthemd und Pantoffeln in der Küche vor dem Herd und
entzündete die Gasflamme. Er erhitzte Wasser in einem Stiel-
topf und trug ihn zum Spülstein. Man konnte alles von ihm
verlangen, aber sich mit eiskaltem Wasser zu waschen und die
Zähne zu putzen, das war ihm nicht möglich. Vorsichtig schüttete er heißes Wasser in den Becher, den er bereits zur Hälfte
mit kaltem Wasser gefüllt hatte. Er nahm seine Zahnbürste mit
dem runden hölzernen Griff, feuchtete sie an und strich über
das Stück Bergmann's Zahnpasta – „Man sucht vergeblich nach
Besserem" – in der Porzellanschale. Vielleicht sollte er sich
doch mal eine neue Zahnbürste leisten. Diese hier hatte schon
einige Jährchen hinter sich, was man ihr inzwischen auch ansah. Eigentlich, so versprach der Hersteller, sollte sie ein Leben
lang halten. Während er den frischen Pfefferminzgeschmack
genoss, der sich beim Zähneputzen in seinem Mund ausbrei-
tete, betrachtete er sich im Spiegel über dem Spülstein. Er sah
müde aus, aber das war auch kein Wunder.

Die Nacht war lang gewesen. Nach der Entdeckung des Toten hatten Lenzen und er den Arzt gerufen, der zwar eine Wunde am Schädel entdeckte, sich aber nicht festlegen wollte, was passiert sein könnte – Unfall oder Mord. Er wollte den Toten zur weiteren Untersuchung in das nahe gelegene Marienhospital bringen lassen.

In dem Augenblick versuchte ein völlig aufgelöster Mann in den Pavillon zu stürzen. Lenzen hielt ihn zurück. „Wer sind Sie, und was wollen Sie hier?"

„Mein Gott, wie furchtbar", rief der Mann. „Das ist ja Mertens! Und mein Pavillon! Was ist hier passiert, wissen Sie das? Warum hat es gebrannt? Warum ist Mertens tot? Er wollte doch nur etwas ausprobieren. Ach du lieber Gott …"

Höfner trat auf den aufgeregten Mann zu, um ihn zu beruhigen. „Sie sind Franz Busch?" *Ihnen gehört der Pavillon?*, wollte er fragen, aber der Mann ließ ihn nicht ausreden.

„Ja, ja, der bin ich. Was ist denn mit meinem Assistenten passiert, um Himmels willen?"

„Hören Sie zu, und antworten Sie nur auf unsere Fragen", sagte Lenzen streng. Er zückte seinen Notizblock. „Was wollte Ihr Assistent denn ausprobieren?"

„Er hat ein bisschen experimentiert, um ein neues Parfüm zu kreieren. Wir hatten da so eine Idee … Aber davon stirbt man doch nicht. Wir haben auch nur kalt gearbeitet, noch nicht einmal destilliert, nicht hier, in einem Pavillon! Das wäre viel zu gefährlich."

„Nun, Herr Busch, hier hat es trotzdem einen Brand gegeben", erklärte Höfner. „Und der Tote ist also tatsächlich Ihr Mitarbeiter, da sind Sie ganz sicher?"

„Ja. Er heißt Albert Mertens. Ich habe nur das Feuerwerk angesehen und wollte wieder hierher zurück, um ihm zu helfen. Wie furchtbar."

„Bis zum Feuerwerk waren Sie die ganze Zeit mit Ihrem Mitarbeiter zusammen?"

„Ja. Zuerst waren noch Kunden da, dann haben wir wie gesagt an einem neuen Parfüm experimentiert und …"

Er konnte nicht weitersprechen und schüttelte nur den Kopf.

„Fanden Sie eigentlich die Fontäne mit den Elefanten auch so gelungen?", fragte Höfner harmlos. „Ich habe noch nie so etwas bei einem Feuerwerk gesehen."

Der Friseur blickte ihn entgeistert an. „Was? Elefanten? Das waren doch Pferde. Und überhaupt, es ist so unwichtig, ob mir das Feuerwerk gefallen hat. Mein Assistent ist tot und mein Pavillon kaum benutzbar. Ach du lieber Gott!"

„Nun beruhigen Sie sich erst einmal", sagte Höfner, zufrieden mit der Antwort. „Versuchen Sie, heute Nacht zu schlafen. Und kommen Sie morgen auf die Wache hier auf dem Gelände. Wir können dann alles in Ruhe besprechen. Bitte nennen Sie meinem Sergeanten hier noch Ihre Adresse und, falls Sie Telephon haben, Ihre Nummer."

Dann hatte er einen Sanitäter zu sich gewunken und ihn gebeten, sich um den fassungslosen Mann zu kümmern. Als der Tote aus dem Pavillon getragen worden war, hatte der Feldwebel der Feuerwehr alle Anwesenden verscheucht, weil er die Brandursache untersuchen wollte. „Ich informiere Sie, sobald ich Näheres weiß", schnarrte er. „Und jetzt lassen Sie uns arbeiten."

Das hatte Höfner gerne getan, als er sah, wer da den Tatort betrat. Siegismund Edler von Graeve war ein vereidigter Gerichtschemiker mit eigenem Labor in Pempelfort. Wenn jemand in der Lage war, den verrußten Überresten im Pavillon des Friseurs etwas zu entlocken, dann er.

„Also, Lenzen", hatte Höfner gesagt, „ich gehe jetzt erst einmal nach Hause und schlafe mich aus. Der Tag war lang."

Er hatte sich von Lenzen verabschiedet und war schweren Herzens nach Oberbilk gefahren. Er fürchtete sich davor, was Richartz ihm erzählen könnte, zum Beispiel, dass Otto Engel immer noch nicht gefunden worden war.

Aber es war ganz anders gekommen. Richartz hatte ihn breit angelächelt und verkündet: „Wir haben ihn. Er hat am Nachmittag in der Kneipe hier um die Ecke randaliert, da haben wir ihn mitgenommen. Im Moment schläft er in der Zelle seinen Rausch aus."

Höfner hatte sich noch nie so sehr über einen betrunkenen Randalierer gefreut und war erschöpft, aber erleichtert in sein Bett gefallen. Die Nachricht bedeutete nämlich, dass Otto keinesfalls etwas mit den Ereignissen des Abends zu tun haben konnte.

Und gleich würde er sich vor dem Verhör mit Vergnügen Richartz' kompletten Bericht anhören. Er schüttete das Seifenwasser aus der Waschschüssel in den Spülstein, füllte warmes Wasser nach, um sich die Seife abzuwaschen, und spritzte sich dann doch noch eiskaltes Wasser ins Gesicht. Beim Verhör musste er hellwach sein.

Nach einem schnellen Frühstück und einer Tasse Kaffee stieg Höfner die Treppe von seiner Wohnung hinunter zur Wache. Der vertraute Weg zur Arbeit fühlte sich gut an.

Richartz saß bereits im hinteren Zimmer, das sie als Vernehmungsraum benutzten, mit Blick auf einen Innenhof, in dem eine große Kastanie in voller Blüte stand.

„Guten Morgen, Herr Kommissar", begrüßte Richartz ihn gut gelaunt. „Sie sehen immer noch müde aus."

„Morgen, Richartz", nickte Höfner und setzte sich auch an den Tisch. „Ich weiß, aber was will man machen. Es war spät gestern Nacht. Ich bin allerdings frisch genug, um mir Ihren Bericht anzuhören."

„Gerne. Ich habe also gestern, wie Sie das wollten, unseren Sergeanten Böckem auf die Kruppstraße geschickt, damit er das Haus beobachtet und sofort meldet, wenn Engel nach Hause kommt."

„Mit welchem Erfolg?"

„Mit keinem. Der arme Böckem stand die ganze Zeit umsonst da, denn wie sich herausstellte, ist Engel offenbar von zu Hause zum Ausstellungsgelände und von dort gleich in die Kneipe hier um die Ecke gegangen. Das war aber unser Glück."

Nun ja, dachte Höfner, Otto war nicht dumm. Und wenn vor seiner Tür ein Sergeant in blauer Uniform und Pickelhaube stand, konnte er sich leicht ausrechnen, was geschehen würde, wenn er versuchte, durch diese Tür das Haus zu betreten. Falls er ein schlechtes Gewissen hatte. Man müsste solche Polizeibeamten irgendwie anders anziehen, ohne dass es deswegen internen Ärger gab, überlegte er. Bei manchen Einsätzen sollte man sie nicht sofort erkennen können … Aber er schweifte ab.

„Unser Glück?", wiederholte er.

„Ja. Er hat sich natürlich betrunken, was bekanntlich gesprächig macht. Er fing auch prompt an herumzutönen, denen von der Ausstellung hätte er aber ganz schön eingeheizt, die würden schon kapieren, dass man so nicht mit ihm umspringen kann, und so ging es weiter. Schließlich hatte der Wirt genug von dunklen Drohungen und hat ihn auf die Straße gesetzt, aber kaum stand er wieder hinter der Theke, war Engel auch wieder da. Als es dann zu einer Schlägerei mit anderen Gästen kam, die ihn rauswerfen wollten, hat der Wirt uns verständigt."

„Gut", sagte Höfner, „so einfach kann es also gehen. Haben Sie die Eltern informiert?"

„Die Mutter. Der Vater ist vor einer Weile gestorben."

„Was? Davon weiß ich ja gar nichts. Furchtbar." Er schüttelte den Kopf. „Gut. Dann sollten wir ihn jetzt vernehmen, Sie führen Protokoll."

„Jawohl, Herr Kommissar, gerne. Ich gehe ihn mal holen."

Höfner lehnte sich auf seinem Stuhl zurück. Es ging doch nichts über die vertraute Wache, dachte er. Keine Alphörner, keine Sänger, keine Menschenmassen. Er merkte erst jetzt, wie sehr er seine gewohnte Umgebung vermisste. Andererseits hatte die Ausstellung auch etwas für sich. Man lernte Leute kennen, die man sonst nie getroffen hätte. Oder man sah Dinge, die andere sich einfallen ließen, um ihren Mitmenschen das Leben zu erleichtern. Ein ganzes Zimmer nur für die Körperpflege zum Beispiel, wo das warme Wasser direkt aus der Leitung floss. Oder die Faltbadewanne, eine Erfindung aus Düsseldorf. Die Firma Steffen von der Birkenstraße erklärte, dass ihre Badewanne aus Stahlrohr und einer elastischen Einlage absolut dicht sei. Sie könne nach dem Baden mit einem Absaughahn wieder komfortabel entleert werden und nähme zusammengefaltet an einem Wandhaken keinen Platz weg. Das hatte Höfner fast überzeugt, denn viel Platz hatte auch er nicht in seiner Küche. Dann aber hatte er in der Werbung gelesen, dass eine solche Wanne sogar dem Grafen Waldersee nach China geliefert worden sei, was quasi einem Gütesiegel gleichkäme. Nun, da hatte er noch einmal nachgedacht. Was, wenn die gepriesene, absolut dichte Einlage nun doch undicht wurde? Den Wasserschaden mochte er auf den Holzdielen in seiner Wohnung auch nicht erleben. Nein, dann lieber die kleine Sitzbadewanne aus emailliertem Metall, die unter dem Küchentisch an der Wand stand und an der er sich zwar immer die Zehen stieß, wenn er sich an den Tisch setzen wollte, aber ...

„Herr Kommissar?"

Höfner schreckte aus seinen Gedanken hoch und blickte in das breit lächelnde Gesicht seines Sergeanten. „Böckem! Na, was haben Sie auf dem Herzen?"

„Ich dachte, Sie möchten das hier vielleicht sehen. Es ist die Zeitung von heute, die *Allerneuesten Nachrichten.*"

„Danke, Böckem. Wieder was von K. M.?"

„Ja. Und wieder direkt auf der ersten Seite." Er tippte auf die Zeitung. „Hier unten. Und noch was." Böckem drückste ein bisschen herum. „Schön, dass Sie mal wieder hier sind. Wir vermissen Sie hier alle."

„Danke, Böckem, mir geht's genauso. Es sind ja nur noch fünf Monate, das schaffen wir schon. Wo ist eigentlich Wachtmeister Niemann?"

„Nicht mehr im Haus. Der geht seine Runde."

„Aha." Höfner nickte Böckem freundlich zu, dann nahm er die Zeitung und sah es sofort. *Feuerteufel wütet weiter – ein Toter.* Er überflog, was Mäckerrath geschrieben hatte, und aus dem jubelnden Tonfall, der nun überhaupt nicht zu einem tragischen Todesfall passte, war ersichtlich, dass es ihm um etwas ganz anderes ging. Wahrscheinlich freute er sich, über die Dummheit der anderen triumphieren zu können, die nicht hatten begreifen wollen, wie recht er hatte. Jedenfalls klang das Ganze für Höfner so. Und einen Verdächtigen hatte er auch, obwohl er diesmal vorsichtiger war und es nicht so deutlich sagte, aber wenn man zwischen den Zeilen las, musste eigentlich der Friseur sofort verhaftet werden, der offenbar zu den Menschen gehörte, die „kaltblütig Mitarbeiter mordeten". Höfner schmunzelte. Jetzt war Schluss. Er würde Mäckerrath mit Genuss seinen Irrtum unter die Nase reiben. Erstens war es nicht

„der" Brandstifter, und zweitens wusste man noch gar nicht, ob es überhaupt ein Mord war. Und wenn es tatsächlich ein Mord sein sollte, dann hatte er nichts mit dem Friseur zu tun. Franz Busch war zu betroffen gewesen, und die Erklärung für seine Abwesenheit, dass er nämlich das Feuerwerk angeschaut hatte, war zu schlüssig, um ihn für den Mörder zu halten.

Aber jetzt würde Höfner sich erst einmal um den weniger komplizierten Fall kümmern, denn Richartz kam zurück und führte einen sehr kleinlauten Otto Engel ins Zimmer.

Ottos Gesicht machte seinem Namen alle Ehre. Mit dem fein geschnittenen Profil unter den blonden Haaren sah er wirklich aus wie ein Engel. Die Sommersprossen und das verschmitzte Grinsen, das urplötzlich sein Gesicht aufhellen konnte, hatten ihn als Kind zu einem sehr frechen kleinen Engel gemacht, dem man schnell alles verzieh. Jetzt, mit siebzehn oder achtzehn Jahren, wickelte er bereits die Damenwelt um den Finger. Er war normalerweise ein fröhlicher Mensch, trank hin und wieder ein Bier, ohne es zu übertreiben, und lernte bei seinem Meister, ohne zu murren.

„Na, Otto, du hast dich ziemlich begossen gestern, was?", fragte Höfner. „Bist du jetzt wieder nüchtern?"

Otto nickte mit gesenktem Blick.

Höfner entschied sich für den direkten Weg. „Setz dich und erzähl mir, warum du auf der Ausstellung Brände legst."

Die Verblüffung auf Ottos Gesicht war groß. Höfner nickte ihm aufmunternd zu, aber Otto setzte sich dem Kommissar gegenüber und senkte sofort wieder den Kopf.

„Ich weiß es", sagte Höfner. „Ich habe dich gesehen, als du weggelaufen bist. Ich habe sogar eine Zeugin. Du bist für drei von inzwischen vierzehn Bränden verantwortlich, für den am Restaurant des Betonvereins, für den am *Café Weitz* und den gestern am Binnenwasser. Jedes Mal Restaurationsbetriebe, jedes Mal unbedeutend, nur gestern hast du Glück gehabt, dass die Serviererin nicht verletzt wurde. Warum machst du so was?"

Otto schüttelte den Kopf.

„Wenn du nicht weißt, wo du anfangen sollst zu erzählen – das ist einfach. Nimm den Anfang der Geschichte und erzähl der Reihe nach. Nun komm schon, das ist doch nicht so schwer."

Otto seufzte kläglich. „Mein Vater ist tot."

„Wie bitte? Du musst lauter sprechen."

„Mein Vater ist tot. Und die Ausstellung ist schuld."

Höfner beobachtete den Jungen. Otto standen die Tränen in den Augen, aber um den Mund hatte er einen trotzigen Zug. Höfner konnte sich vorstellen, was in ihm vorging.

„Das tut mir sehr leid. Was ist passiert?"

Otto holte tief Luft. „Er war auf dem Gelände, um mit einer Arbeitsgruppe elektrische Kabel zu verlegen. Das hatte er noch nie gemacht. Ich habe ihm also erklärt, wie man sich damit verhalten muss. Er hat nicht gehört. Einmal hat er Glück gehabt. Da hat er sich nur Verbrennungen an den Händen geholt, weil er unbedingt noch etwas richten musste. Er hat aber nicht gemerkt, dass das Kabel bereits angeschlossen war. Er hat mir hoch und heilig versprechen müssen, besser auf sich aufzupassen. Das wollte er auch tun."

Otto brauchte eine kleine Pause. Er hat seinen Vater geliebt, aber nicht bewahren können, dachte Höfner. Ottos Vater war einer gewesen, dem nichts zu schwer war, der alles ausprobierte und alles konnte. Zumindest meinte er das. Aber deshalb war er auch der Held seiner Kinder gewesen.

„Und dann?", fragte Höfer betroffen.

„Es ist lächerlich. Er hat an der großen Festhalle in einer Pfütze gestanden, hat es nicht gemerkt." Otto schlug sich die

Hand vor die Stirn, während die Tränen einfach über die Wangen liefen. „Wie kann er das machen? Steht in einer dummen Pfütze und fasst ein blankes Kabel an. Strom reicht das. Er war sofort tot."

„Hat ihn denn niemand gewarnt?", wollte Richartz wissen, dem die Geschichte auch naheging. „Ich meine, wenn man mit so gefährlichen Dingen hantiert, muss man sich doch abstimmen. ‚He, passt auf, Strom ist jetzt an', oder so etwas?"

„Normalerweise schon", schniefte Otto. „Aber wenn er ein Problem lösen wollte, dann hat er nur noch das gesehen und den Rest nicht wahrgenommen. Er hat mir versprochen, besser aufzupassen, aber das hat er nicht getan." Otto putzte sich lautstark die Nase.

Höfner tat es fast leid, dass er nun die wichtigen Fragen stellen musste. „Und warum bringst du jetzt andere Menschen in Gefahr? Du hast wirklich nur Glück gehabt, dass nicht mehr passiert ist. Davon wird dein Vater nicht wieder lebendig. Und glaub mir, er fände es auch nicht besonders gut, was du da machst."

Otto zog den Kopf zwischen die Schultern. „Ich weiß. Aber niemand hilft uns. Meine Mutter bekommt kein Versicherungsgeld, weil die Ausstellung sagt, einen Arbeiter mit dem Namen hätten sie zwar auf der Liste, aber nicht bei den Verunglückten. Sie glauben, wir wollen sie betrügen. Meine beiden Geschwister gehen noch zur Schule, wir müssen die Miete bezahlen, das Essen, was man so braucht, und meine Mutter verdient als Wäscherin nicht viel. Ich tue, was ich kann, aber ohne das Geld von der Versicherung wissen wir nicht weiter. Und die Ausstellung behauptet einfach, sie wissen von nichts."

„Ach." Höfner dämmerte, was passiert war. Der unleserliche Name war der Schlüssel zu allem, wie er schon einmal vermutet hatte. „Aber deshalb legt man doch keine Brände. Man sucht sich Hilfe. Man kommt damit am besten zu mir, weil ich deine Familie schon so lange kenne, und erzählt mir, worum es geht. Aus Rache Brände zu legen, das hilft da nicht weiter, Otto."

Otto nickte und zuckte die Schultern. „Ich weiß auch nicht ... Ich dachte ..."

Höfner winkte ab. „Wo arbeitest du? Also, wer ist dein Meister?", fragte er.

„Otterbach, der Installateur hier schräg gegenüber." Ein Lausbubenlächeln huschte über Ottos Gesicht. „Das ist die Zukunft. ‚Jedem sein eigenes Bad', sagt Otterbach immer, und wenn man ausrechnet, wie viele Badezimmer wir da in Düsseldorf bauen müssen, habe ich mein Leben lang genug zu tun. Warum wollen Sie das wissen?"

„Folgendes", begann Höfner. „Ich bin heute ein furchtbar netter Mensch und drücke wegen der Brände beide Augen zu. Ich kann das gut begründen. Es sind keine Menschen zu Schaden gekommen, der Sachschaden ist minimal und – das Wichtigste – bisher sind die Brände nur als Unfälle registriert, niemand von der Feuerwehr sucht einen Brandstifter. Ich hoffe, du weißt, was für eine Chance ich dir damit gebe."

Wachtmeister Richartz lehnte sich zurück und grinste zufrieden.

Otto, der mit großen Augen zugehört hatte, nickte eifrig.

„Du gehst jetzt zu Otterbach", fuhr Höfner fort, „und bittest ihn um zwei Stunden Urlaub, weil du Kriminalkommissar Höfner auf die Ausstellung begleiten müsstest, um Versicherungsfragen zu klären, die den Tod deines Vaters beträfen. Ich glaube nämlich, ich weiß, wo der Fehler liegt. Otterbach ist umgänglich und wird das nicht ablehnen. Sonst schickst du ihn zu mir, er muss ja nur über die Straße gehen. Hast du das verstanden?"

„Ja", nickte Otto und machte ein Gesicht, als habe er Geburtstag, rührte sich aber nicht.

„Worauf wartest du?", fragte Höfner.

Frau Jänicke saß am Tisch ihres Ladens und starrte aus dem Fenster. Vor ihr lagen die *Allerneuesten Nachrichten.* Sie hatte eigentlich nur nach neuen Inseraten Ausschau halten wollen, nach Anzeigen für und von Dienstboten, aber sie war gleich auf der ersten Seite hängen geblieben. Er war tot, da stand es schwarz auf weiß, mit Namen. Das Frettchen. Die verdammte Ratte. Er konnte keine Gerüchte mehr verbreiten. Er konnte kein Geld mehr verlangen. Er konnte sie nicht mehr bedrohen. Frau Jänicke legte die Hand auf ihr Herz und atmete tief ein und aus. Die Nachricht brachte ihr keine Erleichterung. Dabei hätte sie sich doch erleichtert fühlen müssen, so als wäre eine schwere Last von ihren Schultern genommen. Kaspar hatte das auch immer wieder gesagt. „Du wirst sehen", hatte er gesagt, „wenn dem Kerl das Handwerk gelegt worden ist, geht es dir wieder besser." Er hatte ihr über die Wange gestrichen. „Mach dir keine Sorgen, Frau. Ich kümmere mich darum."

Ja, er kümmerte sich darum. Wie immer. Er kümmerte sich immer um alles, was sie belastete, klaubte ihr alle Steine aus dem Weg, schon seitdem sie verheiratet waren. Das liebte sie an ihm. Aber hatte er das auch dieses Mal getan? Hatte er sich auch dieses Mal um die Dinge gekümmert – und jetzt war jemand tot? Das würde ja bedeuten …

Frau Jänicke wollte sich nicht weiter ausmalen, was das bedeuten könnte. Sie dachte noch nicht einmal darüber nach, ob ihr Mann überhaupt Zeit und Gelegenheit gehabt hätte, sich zu kümmern. Er hätte zum Ausstellungsgelände fahren müssen, und … Nein, auch darüber wollte sie nicht nachdenken. Fragen konnte sie ihn nicht, denn er war schon wieder im Theater. Nach seinem freien Abend gestern war wie immer viel zu tun.

Frau Jänicke stand auf, ging zum Fenster und öffnete es. Sie brauchte frische Luft. Sie musste Gedanken vertreiben, böse Gedanken. Kaspar war nachmittags im Theater gewesen und wollte abends wieder zu Hause sein. Es war sein freier Abend. Aber er war nicht gekommen. Erst spät, als sie schon im Bett gelegen hatte, hatte er sich hereingeschlichen, wie er es immer tat, wenn er nach der Vorstellung nach Hause kam und sie nicht stören wollte.

Aber er hatte keine Vorstellung gehabt.

Es war sein freier Abend.

Dieser Satz pochte immer wieder in ihrem Kopf. Und wieder legte Frau Jänicke die Hand auf ihr Herz.

Es war sein freier Abend. Und er war erst spät nach Hause gekommen.

Sie wagte nicht, weiterzudenken. Sie hatte Angst.

„Wie bitte? Sie hatten den Brandstifter auf der Wache, aber Sie haben ihn laufen lassen?", fragte Lenzen ungläubig, als Höfner zwei Stunden später mit ihm zum Pavillon des Friseurs ging, um den neuen Tatort noch einmal in Augenschein zu nehmen.

„Ja, das habe ich, Lenzen. Und Sie hätten das auch getan."

„Da bin ich mir nicht so sicher, Herr Kommissar."

„Nun, Lenzen, ich aber. Passen Sie auf."

Und Höfner erzählte Otto Engels Geschichte und berichtete, wie froh Herr Fudickar gewesen war, dass er endlich seine

Akten in Ordnung bringen konnte. Er hatte Ottos Vater Ludwig Engel an den entsprechenden Stellen gesucht und festgestellt, dass der Beginn der Fehlzeiten mit dem Todestag übereinstimmte. Sie hatten ihn als Lebenden weitergeführt, weil bei den verstorbenen Arbeitern der unleserliche und damit falsche Name stand. Fudickar hatte diesen Sachverhalt erklärt, vielmals um Entschuldigung gebeten und dem Kommissar versprochen, sich um alles Weitere zu kümmern, schließlich stand der regulären Zahlung ja nun nichts mehr im Wege. Dann war er mit Otto einen Stock höher zum Bureau für Versicherungswesen gegangen. Beim Abschied hatte Otto sich noch einmal bei Höfner bedankt und ihm so lange die Hand geschüttelt, dass er darum gebeten hatte, man möge sie ihm doch unversehrt wiedergeben. Den Händedruck spürte er jetzt noch – der kleine, freche Engel hatte sich zu einem starken jungen Mann entwickelt. Er hatte Höfners Hand zwar schließlich doch noch losgelassen, aber gar nicht gemerkt, worum es eigentlich ging, weil er so glücklich war. Nun, Höfner war sicher, dass Otto keinen Unsinn mehr anstellen würde.

„Otto, der Engel, der kein Wässerchen trüben kann?", fragte Lenzen spöttisch.

„Wenn Sie so wollen, Lenzen, meinetwegen. Aber ich habe versucht, Otto seinen Werdegang nicht zu ruinieren. Vorbestraft hat er einen ganz schlechten Leumund. Er würde seine Stelle verlieren und stünde auf der Straße. Damit ist niemandem geholfen. Nun, er hat unverschämtes Glück, weil ich ihn gut kenne, das stimmt. Aber er weiß das und wird seine Zukunft nicht mehr aufs Spiel setzen. Dafür lege ich meine Hand ins Feuer."

Lenzen schaute Höfner von der Seite an und kaute ein bisschen auf dem herum, was er erwidern wollte. Aber schließlich sagte er es doch, mit einem breiten Grinsen. „Da wäre ich an

Ihrer Stelle vorsichtig, Herr Kommissar. Es geht immerhin um einen Brandstifter."

„Lenzen, also wirklich, das ist spitzfindig." Der Kommissar schmunzelte. „Kümmern wir uns lieber um den neuen Brand. Ich würde zu gerne wissen, was da passiert ist."

„Haben Sie schon den neuen Artikel von Mäckerrath gelesen, Herr Kommissar?"

„Das habe ich. Und dazu wollte ich Ihnen auch noch etwas sagen. Die Geschichte mit Otto Engel bleibt unbedingt unter uns, Lenzen, auch weil ich Mäckerrath in diesem neuen Fall über seine falschen Schlüsse stolpern lassen möchte. Alle Brände davor waren Unfälle, wie die Feuerwehr es bestätigt hat, und Schluss. Einverstanden?"

„Sehr gern, Herr Kommissar", nickte Lenzen. „Wenn es den Reporter davon abbringt, anderer Leute Gespräche zu belauschen und einfach so zu veröffentlichen, sogar doppelt so gern."

Lenzen reagierte immer noch sehr verschnupft auf Mäckerraths Art, Informationen zu beschaffen. Höfner fand das durchaus verständlich, denn Lenzen selbst war dadurch ja in den Verdacht gekommen, vertrauliche Dinge auszuplaudern. Das ließ niemand gerne auf sich sitzen. Und wenn Höfner sich überlegte, was wahrscheinlich in Wirklichkeit passiert war, nämlich dass er selbst im Gespräch zu laut ... Nun, das wollte er lieber auch ruhen lassen.

Als sie sich dem Pavillon des Friseurs näherten, staunte Höfner, wie wenig von dem Brand man von außen sah. Im Innern allerdings erinnerte nichts an den aufgeräumten Laden, den er in Erinnerung hatte. Alles war nass und glänzte schwarz und war wahrscheinlich so klebrig, wie es aussah. Das Löschwasser hatte Pfützen auf dem Boden hinterlassen, die nach einer Mischung aus Parfüm und Brandresten stanken. Nicht mehr ganz so schlimm wie in der Nacht, aber es reichte. Der Friseur würde einiges zu tun haben. Der Feuerwehrmann, der vor der Tür Wache stand, begrüßte den Kommissar.

„Guten Morgen, Herr …?", fragte Höfner zurück.

„Schröder, Herr Kommissar. Feuerwehrmann hier auf dem Gelände."

Höfner nickte. Auch der Feuerwehrmann hatte die Eigenart, die Hacken zusammenzuschlagen und strammzustehen, stellte er fest. Aber wahrscheinlich lag das am Feldwebel, der die Feuerwache auf der Ausstellung nach bestem militärischen Wissen und Gewissen führte. Solange man sich ausreichend rührte, wenn es brannte, dachte Höfner, konnte ja nichts passieren.

„Nun, Schröder", wollte der Kommissar wissen, „gibt es neue Erkenntnisse nach der heutigen Nacht? Wissen Sie etwas?"

„Worüber möchten Sie zuerst etwas erfahren?", fragte Schröder. „Es gibt zwei Untersuchungen, eine im Krankenhaus, eine im Labor."

Obwohl der Mann schon wieder strammstand, begann Höfner, sich für ihn zu erwärmen. Genau wie Lenzen schien er mitzudenken und informiert zu sein, und solche Leute freuten ihn ungemein. „Über beides natürlich, Schröder. Vielleicht zuerst die Leiche."

„Ich habe gehört, der Arzt hätte gesagt, dass der Mann niedergeschlagen worden oder unglücklich gefallen sei, das könne er nicht genau sagen."

„Hatte er Ruß in Mund und Nase?", wollte Lenzen wissen.

Der Feuerwehrmann zuckte die Schultern. „Das weiß ich leider nicht."

„Gute Frage, Lenzen", sagte Höfner. „Kein Ruß bedeutet kein Atmen." Irgendwann hatte ein Arzt ihm den Sachverhalt genau erklärt, aber Höfner hatte nur diese einfache Formel behalten. „Dann war er schon tot, als es brannte. Wir werden den Arzt danach fragen müssen." Er wandte sich wieder an Schröder. „Und was sagt der Chemiker?"

„Der hat sich noch nicht gemeldet, Herr Kommissar. Aber er hat gestern so viele Proben mitgenommen, dass er meinte, er braucht einen Tag."

„Also morgen." Höfner wandte sich an seinen Sergeanten. „Sagen Sie, Lenzen, was machen Sie eigentlich morgen?"

Lenzen hatte viel gelernt seit Anfang Mai, seit er mit Höfner arbeitete. Er schaute den Kommissar nur einen kurzen Moment erstaunt an, denn natürlich gab es ja den Dienst auf dem Gelände, wie jeden Tag. Aber dann zog er die richtigen Schlüsse. „Ich nehme meinen zweiten und letzten freien Tag des Monats und begleite Sie zum Arzt und zum Chemiker?"

„Wunderbar, Lenzen. So machen wir es. Und wir werden uns sogar um noch mehr kümmern. Freie Tage sind rar, die muss man ausnutzen."

Höfner warf noch einen Blick in den Pavillon. Bevor er von Arzt und Chemiker nichts Genaueres erfahren hatte, würde er in diesem rußigen Chaos nichts finden können. Er brauchte Anhaltspunkte für eine gezielte Suche. Aber am meisten interessierte ihn, warum es überhaupt gebrannt hatte und warum es einen Toten gab.

„Hier ist eventuell ein Mord passiert. Niemand geht hier rein, auch nicht der Besitzer, auf jeden Fall bis morgen", sagte er zum Feuerwehrmann.

„Jawohl, Herr Kommissar", antwortete Schröder und schlug die Hacken zusammen. „Aber deshalb stehe ich auch hier, das hat der Feldwebel schon befohlen."

„Guter Mann." Höfner nickte und wandte sich um. „Kommen Sie, Lenzen, es ist fast Mittag. Wir müssen den Friseur befragen. Wann sollte er kommen?"

„Sie haben sich auf ein Uhr geeinigt, weil Sie noch nicht wussten, wie die Sache mit Otto Engel ausgehen würde", antwortete Lenzen.

„Stimmt. Aber dann ist ja Zeit genug für ein Warmes Krüstchen. Was halten Sie davon?"

Das ließ Lenzen sich nicht zweimal sagen, und zusammen machten sie sich auf den nicht sehr weiten Weg zur Cantine.

Als sie dort waren, kam sofort Jean Schmitz auf sie zugelaufen. Er fing sie noch am Eingang ab und führte sie in eine Ecke, wo niemand sie belauschen konnte.

„Ich finde das seltsam, Herr Kommissar, Sie nicht auch?", flüsterte Schmitz aufgeregt.

„Was finden Sie seltsam?"

„Nun, gestern noch haben der Barbier und ich mit Döring darüber gesprochen, und jetzt ist er tot."

„Wer? Döring?"

„Nein, natürlich nicht." Jean Schmitz warf ungeduldig die Arme hoch. „Ich meine doch Albert Mertens. Um den geht es doch schon die ganze Zeit. Ich habe ihn auf dem Gelände gesehen, aber ich war nicht sicher, ob er es auch war, erinnern Sie sich?"

„Ja, natürlich." Höfner tauschte einen kurzen Blick mit Lenzen. Das klang bereits vielversprechend nach einer ersten Spur. „Also, Schmitz, dann erzählen Sie mal."

„Nun, Julius Fischer, Sie wissen schon, der arbeitet bei Fütterer in der Tonhalle, also Fischer und ich, wir sind zu Herrn Döring gegangen, um ihn um Rat zu fragen." Der Wirt schüttelte den Kopf, als würde er die Ereignisse immer noch nicht begreifen. „Albert Mertens hat doch die Leute erpresst. Wenigstens hat er es versucht. Auch bei mir und Fischer. Heute Morgen haben wir ihn dann angezeigt, wie Döring es geraten hat. Und jetzt ist Mertens tot."

Während Höfner und Lenzen beim Essen in der Cantine saßen, hatte Johanna in der Rubensstraße 2 andere Sorgen. Seit über einer Woche quälte sie sich mit ihrem Artikel über die Kunst und den Kunstpalast. Irgendwie fand sie nicht die passenden Worte, um die Dinge zu beschreiben. Jedenfalls klang es am Ende nicht so, wie sie sich das vorgestellt hatte. Ihr war klar: Sie wusste zu wenig. Und da konnte ihr beim Thema Kunst nur einer helfen, nämlich ein Künstler.

Sie klingelte an der Wohnungstür der Vezins. Das Dienstmädchen öffnete und legte den Finger an die Lippen.

„Er ist vor fünf Minuten eingeschlafen", flüsterte sie. „Um Gottes willen kein Lärm, sonst wird er wieder wach. Es ist ganz schlimm, er bekommt gerade Zähne."

„Ja, gut", antwortete Johanna leise und schlich auf Zehenspitzen hinter dem Mädchen her zum Wohnzimmer. Dort saßen der Maler und seine Frau zusammen.

Johanna blieb an der Tür stehen, weil sie ihr Gespräch nicht stören wollte.

Vezin hatte sich im Sessel vorgebeugt und sprach in eindringlichem Ton. In der Hand hielt er ein Buch. „Weißt du, ich möchte einfach nicht, dass unser Kind unter dem Eindruck dieser Struwwelpeter-Geschichten groß wird. Was für Bilder bekommt der Junge da in den Kopf! Ich bin Maler – wenn es um Bilder geht, weiß ich, wovon ich rede. Ah, Johanna, komm doch herein und setz dich. Wir sprechen gerade über die Kinderbücher in diesem Land." Vezin wandte sich wieder an seine Frau, die Johanna lächelnd zunickte. „Glaub mir, Ida, es gibt wunderschöne Kindergeschichten, bei denen ein Kind auch etwas über das Leben lernt. Aber ohne diese seltsamen Strafen. Stell dir das doch nur vor!" Vezin blätterte im Buch und tippte auf eine Seite. „Hier. Der Schneider kommt überfallartig ins Zimmer gestürzt und schneidet einem mit einer großen Schere die Daumen ab, weil man immer noch daran lutscht. Du meine Güte!" Mit einem Knall schloss er das Buch und warf es auf den Tisch. „Manchmal denken die Deutschen wirklich seltsam. Zucht und Ordnung. Vor allem Zucht. Sie verhalten sich, als hätten sie Angst vor ihren Kindern."

„Das Buch ist sechzig Jahre alt, da hatte man noch andere Vorstellungen", wandte Ida Vezin ein. „Ich habe schon mal gedacht, dass wir einfach selbst ein Buch für unseren Sohn machen sollten. Er ist bald ein Jahr, und wenn unser Buch für ihn erst einmal fertig ist, dann ist er alt genug, die Geschichten zu verstehen. Ich dichte, du malst. Freundliche gereimte Geschichten aus dem Kinderleben. Was hältst du davon?"

„Ja. Sehr gut. Das machen wir. Damit bin ich sehr einverstanden." Er strahlte seine Frau an. „Was für eine gute Idee. Und du, Johanna, sollen wir dir auch eine schöne Geschichte erfinden?"

Johanna lachte auf. „Warum nicht? Aber nur, wenn Sie auch Bilder dazu malen."

„Ginge auch zeichnen?"

„Ja, natürlich", sagte Johanna ernsthaft, „Hauptsache, es ist von Ihnen."

„Aber du bist nicht wegen einer Geschichte hier, oder?", fragte Ida Vezin lächelnd.

„Nein. Ich schreibe einen Artikel über die Kunst, den Kunstpalast, die Ausstellung und Professor Roeber, und ich weiß nicht weiter."

Vezin lachte. „Bist du sicher, dass es nur ein Artikel ist und kein Buch?"

Durch die geschlossene Tür war plötzlich Gebrüll zu hören. Ein durchdringendes Geheul, immer wieder unterbrochen von wie erstickt klingendem Luftholen.

„Georg Meno ist wach." Ida Vezin stand auf und drehte sich an der Tür noch einmal um. „Viel Erfolg, Johanna. Sag Bescheid, wenn es in der Zeitung steht."

Als seine Frau gegangen war, konzentrierte sich Frederick Vezin auf das Thema Kunst und beantwortete Johannas Fragen. Er erzählte von seinen Lehrern, von seiner Zeit in der Akademie und dass er sich vor zwanzig Jahren entschieden hatte, sie zu verlassen, weil er nicht so hatte malen dürfen, wie er wollte.

„Fräulein Krause hat gesagt, die Kunst sei frei", wandte Johanna ein. „Also darf man doch so malen, wie man will."

Vezin lachte. „Dein Fräulein Krause hat sehr recht. Die Kunst ist frei, zumindest ist das der Wunsch vieler Künstler. Manchmal jedoch hat eine Akademie andere Vorstellungen."

Als er von Amerika nach Düsseldorf gekommen war, hatte er viel an der Akademie gelernt, aber er war fasziniert von der neuen Kunstrichtung aus Frankreich, vom Impressionismus, und hatte begonnen, auch so zu malen. Doch dann hatte er feststellen müssen, dass man sich in Düsseldorf lieber an die bisherige Kunst der Malerschule hielt.

„Genau das hat der Professor auch gesagt", rief Johanna. „Aber ich verstehe nicht, warum. Was ist an der neuen Art zu malen so schlecht?"

„Nichts." Vezin zuckte die Schultern. „Gut, in Paris mag man sie auch nicht, obwohl französische Künstler die Ersten waren. Nein, das Problem ist eher, dass hier in Düsseldorf eine Königliche Akademie von Berlin finanziert wird."

„Vom Kaiser?"

„Wenn du so willst, ja, vom Kaiser. Aber eigentlich aus Steuergeldern."

Der Kaiser hatte darüber hinaus erst letztes Jahr eine Rede gehalten, in der klar wurde, dass für ihn Kunst nur das war, was er als Kunst deklarierte; der Rest, also hauptsächlich impressionistische und sozialrealistische Malerei, sei für den Rinnstein.

Johanna schüttelte ungläubig den Kopf. „Aber ... wenn Kunst frei ist, dann kann der Kaiser sie doch nicht so bestimmen."

„Doch, Johanna, das kann er. Er gibt das Geld, also kann er fordern, wie das, was er bezahlt, auszusehen hat. Man würde es nicht unbedingt erwarten von einem kunstsinnigen Souverän, aber so handelt er."

„Aber dann ist Professor Roeber ja auch nicht besser", sagte Johanna ungnädig.

„Ach, Johanna, so darfst du das nicht sehen. Unsere Professoren Roeber, Janssen, Gebhardt und wie sie alle heißen müssen an der Akademie damit leben, ihnen bleibt gar nichts anderes übrig. Sie machen gute Kunst, aber größtenteils im erlaubten Rahmen oder nur sehr vorsichtig in anderer Form. Ich konnte so jedenfalls nicht leben, und viele andere Maler auch nicht. Wir haben die Akademie verlassen und stellen unsere Bilder auch nicht mehr im Kunstverein aus."

Professoren wie Roeber wollten dieses Problem allerdings gerne beheben, was ihnen mit der gemeinsamen Ausstellung aller Künstler und Kunstrichtungen im neuen Kunstpalast zu gelingen schien. Bei der Eröffnung hatte Roeber sich bei der Industrie bedankt, weil mit ihrer Hilfe dieses Projekt erfolgreich sei, Lueg hatte geantwortet, dass die Industrie der Schwester Kunst gerne die Hand gereicht hätte, und Oberbürgermeister Wilhelm Marx hatte beide beglückwünscht und den neuen Kunstpalast in die Obhut der Stadt übernommen.

„Es ist so, wie man auf Englisch sagt, Johanna: *Where there is a will, there is a way.* Wie heißt das noch auf Deutsch?"

„Wo ein Wille ist, da … Aber das ist es doch!", rief Johanna. „Professor Roeber hat gesagt: ‚Der Wille ist die Seele der Tat.' Das ist doch eigentlich das Gleiche, oder nicht? Und mein Artikel soll so heißen."

Vezin nickte. „Ein guter Titel. Man kann ihn auf vieles in deinem Thema anwenden. Denk noch mal darüber nach."

Johanna sprang voller Tatendrang auf. Plötzlich wusste sie, was sie schreiben wollte, wie sie ihr Thema bearbeiten würde.

„Aber pass auf, Johanna, schreib dich nicht um Kopf und Kragen", warnte Vezin. „Über den Kaiser nur Freundliches!"

„Ja, sicher", sagte sie, bereits an der Tür. „Etwas anderes würde Papa mir auch streichen, keine Sorge."

Und weg war sie. Vezin lächelte. Wenn er einem Mädchen zutraute, eine moderne junge Frau zu werden, dann Johanna. Sie hatte fast etwas Amerikanisches an sich, allerdings ohne das burschikose Auftreten der Amerikanerinnen, das man hier in Europa so fürchtete. Man war einfach nicht daran gewöhnt, dass Frauen sagten, was sie dachten, dass sie tatsächlich eigene Meinungen hatten, dass ein hübsches Köpfchen auch einen Inhalt haben konnte. Man würde sich noch wundern, auch hier in Düsseldorf. Wenn er in den großbürgerlichen Häusern war und die Skizzen für Porträts anfertigte, erfuhr er vieles. Schon öfter hatte er nun von Plänen zu einem rheinischen Frauenclub gehört, und dabei waren bekannte Namen wie Minna Blanckertz und Clara Poensgen gefallen. Auch Hanny Stüber und Else Neumüller, die beiden Künstlerinnen, die an der Kurfürstenstraße eine Kunstschule für Damen unterhielten, gehörten dazu. Ja, wirklich. Es tat sich etwas, gerade hier in Düsseldorf. Zufrieden stand Frederick Vezin auf und verließ den Raum, um nach seiner Frau und seinem Sohn zu sehen.

Höfner unterbrach das Gespräch mit Franz Busch in der Polizeiwache, als nebenan im Verbandsraum der Sanitätsstation ein Gebrüll anhob, das die akustische Durchsetzungskraft von Alphörnern geradezu verblassen ließ. Man konnte sein eigenes Wort nicht mehr verstehen. Lenzen öffnete die Tür, um nachzuschauen, was los war. Ein kleiner Junge im Matrosenanzug saß auf der Pritsche und brüllte, dass der Putz bröckelte. Beide Knie bluteten, er war böse gestürzt. Der Sanitäter, ein junger Polizeisergeant mit militärischer Ausbildung, kannte solche Situationen offenbar. Er lachte und redete auf den Jungen ein, während er eine Schere in die Hand nahm, was der Junge missverstand.

Höfner wunderte sich, welches Geräuschvolumen in solch einem kleinen Körper verborgen war. Unglaublich. Der Sanitäter konnte das Kind jedoch etwas beruhigen und erklärte ihm, dass er nicht sein Bein abschneiden wollte, sondern nur ein Stück Pflaster. Es wäre ein besonderes Zauberpflaster und ob er wohl mal erzählen solle, warum es zaubern konnte? Höfner seufzte. Der Mann war genial. Das Gebrüll wurde leiser und hörte schließlich ganz auf. Der Junge lauschte mit großen Augen einer wunderbaren Geschichte des Sergeanten, während der ohne weitere Störung die Wunden reinigte und breite Pflaster daraufklebte. Es ging um die weite Reise, die das Pflaster hinter sich hatte. Besser gesagt, der klebrige Stoff, mit dem es bestrichen war und der schuld war, dass der Verbandsmull wie von Zauberhand auf den Knien blieb, bis sie nicht mehr wehtaten.

Plötzlich war es still im Raum, außer der Stimme des Mannes war nichts zu hören, weil alle, auch die Mutter des Jungen, sich in den Regenwäldern Sumatras befanden und unter dem

Geschrei bunter tropischer Vögel das Baumharz ernteten, das man für dieses Zauberpflaster brauchte.

„So, fertig", sagte der Sanitäter schließlich und hob den Jungen von der Liege.

Die Mutter bedankte sich überschwänglich und erkundigte sich, wo der Sanitäter wohl gelernt hätte, mit Kindern umzugehen.

„Ich habe drei jüngere Brüder", erwiderte der Mann lachend. „Da wird man einfallsreich. Es schadet auch nichts, Karl May zu lesen."

Lenzen kam zurück in den Raum der Polizei und schloss die Tür. „Ich glaube, der Spuk ist vorbei, Herr Kommissar."

„Ja, zum Glück. Genial, der junge Kollege. Ich muss mich bei Ihnen entschuldigen, Herr Busch", wandte sich Höfner an den Friseur, „aber so ist das hier auf der Wache in etwas beengten Verhältnissen. Fassen wir zusammen. Albert Mertens hat noch nicht lange bei Ihnen gearbeitet, Sie selbst sind seit knapp einem Jahr in der Stadt. Sie haben sich gewundert, warum Fütterer den Parfümeur entlassen hat, aber nie nach dem Grund gefragt, weil Sie froh waren, dass er für Sie arbeiten konnte. Und gestern haben Sie beide dann damit angefangen, ein neues Parfüm zu kreieren, wobei nur Alkohol, Öle und Duftstoffe verwendet wurden, aber kein Brenner oder Destillationsapparat. Ist das so weit richtig?"

Busch nickte. „Ja, Herr Kommissar. So habe ich es Ihnen ja auch schon gestern Nacht erzählt."

„Und als Sie den Pavillon verlassen haben, um zum Feuerwerk zu gehen, ist Ihnen auch nichts Ungewöhnliches aufgefallen?"

„Nein, leider nicht." Der Friseur zuckte die Schultern. „Ich weiß nicht, warum es gebrannt hat oder warum Mertens jetzt tot ist. Er mag vielleicht schwierig gewesen sein und nicht immer ganz verlässlich, aber er war ein kreativer Parfümeur. Genau das, was ich brauche. Für mich ist er kaum ersetzbar, wenigstens im Moment nicht."

„Das tut mir leid", sagte Höfner. „Jetzt habe ich aber doch noch eine letzte Frage. Hat Mertens jemals versucht, Sie zu erpressen?"

„Erpressen?", fragte der Friseur verwirrt. „Womit denn? Ich bin gerade dabei, mein Geschäft aufzubauen. Bei mir ist nichts zu holen. Und es gibt auch nichts, womit man mich erpressen könnte."

„Gut, Herr Busch, dann dürfen Sie jetzt gehen. Leider müssen Sie noch einen Tag warten, bis Sie Ihren Pavillon wieder benutzen können. Wir brauchen ihn noch."

„Also war es doch Mord?", fragte jemand von der Tür. „Haben Sie den Täter schon gefasst?" Kurt Mäckerrath fixierte den Friseur durch sein Monokel. „Ist er der Täter? Dann hatte ich recht. Ich wusste es doch!"

Busch fuhr zornig auf und ballte die Fäuste. „Unverschämtheit!", rief er und ging auf den Reporter zu, der erschrocken zurückwich. „Haben Sie diesen Zeitungsartikel geschrieben? Ich verbitte mir das! Unhaltbarer Unsinn. Ich bringe keine Menschen um."

Lenzen rief im Kasernenton: „Ruhe! Sofort!" Er war drauf und dran, dazwischenzugehen, aber die beiden Streithähne reagierten tatsächlich und waren still.

„Aber meine Herren", beschwichtigte Höfner die Gemüter, „es hat gar keinen Sinn, sich anzubrüllen. Und um Rechthaben geht es hier auch nicht. Wir müssen einen ungeklärten Todesfall untersuchen, und das tun wir gerade. Einmischungen von außen sind im Moment unwillkommen. Habe ich mich klar genug ausgedrückt?", fragte er in Richtung Mäckerrath.

Der Reporter nickte.

„Dann gehe ich jetzt", entschied Franz Busch. „Wenn Sie herausfinden, dass es tatsächlich kein Unfall war, Herr Kommissar, stelle ich Anzeige wegen Brandstiftung und Mord an meinem Assistenten. Und von Ihnen", wandte er sich an Mäckerrath, „erwarte ich eine Klarstellung oder zumindest eine Entschuldigung, sonst zeige ich Sie auch gleich an wegen Geschäftsschädigung, Herr …"

Er wartete gar nicht ab, dass Mäckerrath seinen Namen nannte, sondern wandte sich verärgert um und ging.

Mäckerrath verzog die Mundwinkel und schaute ihm mitleidig nach. „Er versteht es nicht", sagte er und schüttelte er den Kopf. „Er versteht es einfach nicht. Ich spekuliere, ich mutmaße, wie das ja auch die Öffentlichkeit in solchen Fällen tut. Das ist legitim, aber doch nicht geschäftsschädigend. Es sei denn", fuhr der Zeigefinger in die Höhe, „er hätte sich wirklich etwas vorzuwerfen. Ja, natürlich, sonst würde er sich ja auch nicht so aufregen, oder? Da müsste man mal nachforschen. Guten Tag, die Herren."

Höfner seufzte, als auch Mäckerrath gegangen war. „Er wird es nicht mehr begreifen. Er glaubt wirklich, seine mutmaßenden Märchen seien gute Pressearbeit."

Lenzen nickte und kniff ein Auge zusammen, als trüge er ein Monokel. „Wie in Amerika", näselte er, „wie in New York."

Höfner grinste. „Seien Sie nicht witzig, Lenzen, staunen Sie lieber. Der Mann ist einzigartig. Zum Glück. Und wir" – Höfner nahm Hut und Mantel vom Haken – „wir sind immer noch Polizisten und müssen einen Fall aufklären. Kommen Sie."

Den Rest des Nachmittags verbrachten sie damit, in der direkten Umgebung des Friseurs, in den benachbarten Pavillons, nach Zeugen zu suchen. Aber weder in der Holzhandlung Anton Peters noch bei Bauartikel Schunk direkt nebenan noch beim Verein der Schwemmsteinfabrikanten Neuwied gegenüber war etwas zu erfahren. Alle hatten am Abend ihre Pavillons geschlossen, um beim Feuerwerk dabei zu sein. Lediglich Zigarren-Neumann aus der Altstadt hatte offen gehabt – „Wissen Sie, Herr Kommissar, eine gute Zigarre bei einem Feuerwerk, das lässt man sich nicht entgehen. Aber nein, etwas Ungewöhnliches aufgefallen ist mir nicht" – und auch die Deutsche Mutoskop- und Biograph Gesellschaft Berlin. In ihrem Pavillon befanden sich nicht nur Mutoskope zur Vorführung bewegter Bilder, sondern auch Prägeautomaten. Aus diesem Grund war der Pavillon in der Nacht zuvor während des Feuerwerks auch nicht geschlossen worden. An so einen Abend erinnerte man sich gern und wollte ein Souvenir in Form einer geprägten Medaille mit eigenem Namen mit nach Hause nehmen. Während Lenzen den Inhaber befragte, betrachtete Höfner interessiert die lange Reihe von völlig gleich aussehenden Automaten. Auf je einer halbhohen Säule stand ein trommelförmiger Kasten mit einem Sehschlitz und einer Kurbel.

„Das sind unsere Mutoskope." Einer der Mitarbeiter war neben Höfner getreten. „Möchten Sie es einmal ausprobieren? Wir können zweierlei anbieten, zum einen kurze Szenen aus dem täglichen Leben oder aus den Fürstenhäusern, zum anderen einen kombinierten Automaten, ein Mutoskop mit Phonograph. Dort sieht man Tänzer oder Sänger und hört gleichzeitig auch die Musik dazu."

Höfner interessierte sich für beides. Auf den Kästen war jeweils ein Schild aufgestellt: „Einzug Kaiser Franz Josephs in Berlin", „Trauerconduct der Kaiserin Friedrich" oder auch „Der starke Mann", „Der Kuss", „Der Boxkampf". Das bedeutete, dass in jedem Kasten andere Bilder zu sehen waren. Ein ganz neues Schild verkündete „Kronprinz Wilhelm eröffnet die Düsseldorfer Ausstellung". Das hätte Höfner gerne gesehen, aber der Mitarbeiter bedauerte. Die Karten für dieses Gerät seien noch nicht fertig, da müsste er noch einmal wiederkommen. Für jedes Gerät und ungefähr eine Minute Dauer brauchte man nämlich achthundert bis tausend Bildkarten, auf denen Fotos zu sehen waren, die sich jedes Mal minimal veränderten, und wenn man die Karten hintereinander betrachtete, sah man sie als bewegte Szene, und nichts anderes bedeutete Mutoskop, nämlich veränderliche Bilder. Man nannte das Gerät auch „Animationsblätterer".

„Und wenn Sie die Kurbel hier schneller drehen als ich gerade, dann bewegen sich die Bilder fast natürlich."

Höfner nickte. „Ach, es funktioniert wie ein Filoskop, das man in die Hand nimmt und mit dem Daumen blättert?"

„Ich sehe, Sie kennen sich aus", sagte der Mann lächelnd.

Höfner schaute sich drei der angebotenen Bilderfolgen an, eine auch mit Ton, bei der ein Mann und eine Frau auf der Bühne sangen. Vom Kostüm her stellten sie den sagenhaften Ritter Roland und die geflügelte Siegesgöttin Viktoria dar. Sie waren von ihren Säulen an den jeweiligen Enden der Berliner Siegesallee heruntergestiegen, weil sie von oben immer den Liebespaaren beim Turteln zusehen mussten, selbst aber nie dazu kamen, und damit sollte jetzt Schluss sein. Höfner amüsierte sich großartig. Er starrte durch den Sehschlitz, war mit sich und der Darbietung allein und merkte deshalb nicht, dass er den Refrain hörbar mitsang: „Möchste nicht, möchste nicht mit mir gehn? – Was willste denn, du Kleener? – Wir passen doch so wunderschön – zwei echte Spree-Athener ..."

„Wie bitte? Herr Kommissar?"

Lenzens Stimme drang störend durch die Musik.

Der Kommissar hatte sich wieder einmal ablenken lassen, aber Lenzen kannte das zum Glück ja schon.

Höfner ließ das Gerät los und überging die Situation gekonnt. „Und, Lenzen? Hat man hier etwas beobachtet, was uns weiterhilft?"

„Nein, Herr Kommissar, leider nicht."

Höfner nickte und warf einen letzten Blick auf die Geräte. Allmählich bekam er Respekt vor diesen Erfindungen – erst ein automatisches Restaurant, jetzt automatische Unterhaltung. Man bekam einen richtigen Schreck, wenn man sich die Möglichkeiten weiter ausmalte.

„Diese sprechenden und singenden Automaten können einem fast Angst einjagen, was, Lenzen? Womöglich liest irgendwann noch ein Automat Bücher und Zeitungen vor oder kocht Kaffee oder backt Brötchen."

„Durchaus möglich, Herr Kommissar. In der Hauptindustriehalle kann man eine ‚elektrifizierte Küche' bewundern, da habe ich auch gedacht, dass man bald vielleicht gar nicht mehr selbst kochen muss. Man kauft fertiges Essen und stellt es zum Wärmen mal eben schnell in den elektrischen Ofen."

„Lenzen! Das schmeckt doch nicht. Ich habe es als Kind schon immer gehasst, wenn ich essen musste, was auf den Tisch kam. Wer weiß, was in fertigem Essen drin ist, das man vielleicht gar nicht mag. Da ist mir Jean Schmitz' Cantine lieber. Ach übrigens. Was halten Sie von seiner Aussage, dass Mertens ein Erpresser war? Ist Schmitz vielleicht selbst verdächtig?"

Lenzen schüttelte den Kopf. „Das glaube ich nicht. Warum hätte er es uns sonst so bereitwillig erzählt? Außerdem hat die Wache III auf der Kreuzstraße seine Anzeige gegen Mertens heute Morgen bestätigt. Schmitz hatte keinen Grund, Mertens zu töten, wenn Sie darauf hinauswollen."

„Richtig, Lenzen, das will ich. Aber um zu wissen, ob es ein Mord war, brauchen wir die Informationen des Arztes und des Chemikers. Hoffentlich bekommen wir die morgen. Ich bin auch gespannt, ob sich im Ruß, in den angesengten Möbeln, an der Kleidung des Toten etwas findet, das auf Brandstiftung hinweist. Wir brauchen Anhaltspunkte, Lenzen, und die bekommen wir, da bin ich mir sicher."

DIENSTAG, 27. MAI 1902

Höfner hatte sich einen neuen Stadtplan gekauft, denn so ging es nicht weiter. Düsseldorf wurde jedes Jahr größer, man kam mit den Plänen ja kaum nach. Auf seinem alten Plan – nun ja, zehn oder fünfzehn Jahre war der auch schon alt – jedenfalls stand auf dem alten Plan das Backsteingebäude des Marienhospitals noch fast allein inmitten von Feldern, Bauernhäusern und kleineren Fabriken. Viele Straßen waren gestrichelt, also gerade erst in Planung. Nichts war zu sehen von der dichten Bebauung, die inzwischen stattgefunden hatte, von den Häuserkarrees, die Brauereien, Färbereien, Spinnereien und Webereien einfach in ihre Mitte nahmen. Viele Straßenbahnlinien waren gar nicht eingezeichnet, denn sie hatten noch nicht existiert. Und das hatte den Ausschlag gegeben, doch einen neuen Plan anzuschaffen. Aus zeitlichen Gründen war es einfach wichtig, zu wissen, wie man schnell von hier nach da kam. Heute wollte er sich nämlich mit Lenzen als Erstes im Labor des Chemikers auf der Adlerstraße treffen.

Nun saß er in der Straßenbahn und fuhr von der Josefstraße schnurgerade die Cölner Straße nach Norden bis zu ihrem Anfang. Dort, an der Kreuzung Pempelforter Straße, bog die Bahn in die Grafenberger Straße ein. Bevor sie das tat, musste er aussteigen, was aufregend war, weil er die Gegend nicht kannte. Aber der Schaffner verkündete die Haltestellen, also musste er einfach nur zuhören und nicht mit den Gedanken abschweifen. Das fiel ihm bekanntermaßen schwer, insbesondere, wenn er einen kniffligen Fall zu lösen hatte. Und außerdem lagen auch wieder die *Allerneuesten Nachrichten* auf seinem Schoß. Er hatte sie noch nicht gelesen, aber Sergeant Böckem hatte vorhin nur „Heute Seite 2, Herr Kommissar" gesagt, da hatte er Bescheid gewusst. K. M. hatte wieder einen Artikel geschrieben. Eigentlich hatte er gar keine Lust, Mäckerraths Mutmaßungen zu lesen, aber er musste informiert bleiben. Vielleicht kam er auch auf eine gute Idee, wie er den Reporter von dieser Art von Presse abbringen konnte, vielleicht auf genauso schmerzliche Weise, wie Mäckerrath andere mit seinen Verdächtigungen traf. Das wäre sicher nicht einfach, zumal es noch nicht einmal Ausstellungsjournalisten wie Stoffers oder Wildenradt mit einer ernsten Aussprache geschafft hatten.

Höfner blätterte die Zeitung auf und faltete sie so, dass er den Artikel auf Seite 2 Mitte bequem lesen konnte, ohne seinem Nebenmann vor der Nase herumzufuchteln. *Kein Rauch ohne Feuer* las er als Überschrift und wusste sofort, zu was Mäckerrath sich dieses Mal hatte hinreißen lassen. Und richtig: Er schilderte noch einmal den Brand in der Feuerwerksnacht, zählte die Gelegenheiten auf, in denen er den Friseur am Brandort und auf der Wache gesehen hatte, und schlussfolgerte aus dessen bloßer Anwesenheit, dass da vielleicht der Täter an den Ort des Verbrechens zurückgekehrt sei. Die Polizei hülle sich wie üblich in Schweigen, was einen dazu zwinge, sich selbst

Fragen zu stellen. Schließlich müsse man ja wenigstens in etwa darauf vorbereitet sein, wenn herauskomme, was für ungeheuerlich Schockierendes wirklich passiert sei. „Der Pavillonbesitzer", wie er Franz Busch konsequent nannte, um seinen Namen zu vermeiden, habe sich jedenfalls aufgeregt, weil man ihn verdächtige. Warum? Wenn er es nicht gewesen sei, könne er doch solche Verdächtigungen getrost mit einem Schulterzucken übergehen? Aber stattdessen sei er fast handgreiflich geworden. War das ein Beweis für ein aufbrausendes Temperament? Ein Temperament, das vielleicht auch vor mehr nicht zurückschreckte? War das ein Beweis für seine Schuld?

Höfner klappte die Zeitung zu. Es ging zwar noch weiter, aber es verdarb ihm den Tag. Allerdings bestärkte es ihn auch in seinem Entschluss, dem Reporter seine Grenzen aufzuzeigen. Er hatte schon eine Idee, wie er das anstellen könnte. Er würde mit Stoffers darüber reden müssen.

„Am Wehrhahn, Grafenberger Straße!", rief der Schaffner. Draußen auf dem Bürgersteig faltete Höfner die Zeitung zusammen und steckte sie in die Manteltasche. Er würde sich später damit beschäftigen. Jetzt musste er erst einmal die Wielandstraße finden, an deren Ende Lenzen auf ihn warten wollte. Bei der Metzgerei Fleischhauer an der Ecke blieb er stehen. Auf dem Stadtplan sah es so aus, als müsste er von hier nach rechts weitergehen. Richtig, da vorne war es. Am Eingang der Wielandstraße, dort, wo sie auf die Grafenberger Straße traf, stand eine Platane. Schön, dachte Höfner, während er darauf zuging. Sie ähnelte den Bäumen an Wegkreuzungen auf dem Land, wo auf zufällig entstandenen Flächen zwischen lehmigen Fuhrwerkspuren Gras wuchs und ein Baum gepflanzt wurde, unter dem ein Wegkreuz oder ein Heiligenhäuschen stand oder eine Bank zum Verweilen einlud. Er hatte diese Orte immer als friedlich empfunden. Hier war nur der Baum.

Und darunter stand Lenzen, der ihm offenbar ein Stück entgegengekommen war.

„Guten Morgen, Lenzen! Was machen Sie denn hier?"

„Guten Morgen, Herr Kommissar. Ja, ich dachte, ich hole Sie hier ab, dann können wir vielleicht besprechen, was wir den Chemiker fragen wollen."

Lenzen drehte sich um und wollte sich auf den Weg machen, aber Höfner hielt ihn zurück. „Warten Sie noch. Hier ist so ein friedlicher Ort mit diesem schönen Baum. Er ruft bei mir Bilder von Sommerabenden hervor, auf einer Bank, mit einem weiten Blick über die Landschaft, eine Amsel gibt ein Ständchen …"

„Sie sind ja richtig romantisch, Herr Kommissar", sagte Lenzen erstaunt. „Aber ich muss Sie enttäuschen. Dieser Ort ist alles andere als friedlich."

„Wieso das? Wegen des Güterbahnhofs da vorne? Wegen der lärmenden Dampfloks und Waggons?"

„Nein, das sind ja durchaus friedliche Geräusche, Herr Kommissar. Aber anstelle dieses Baumes hier stand vor zweihundert Jahren der Blutstein, also ein steinernes Kreuz. Die zum Tode Verurteilten hatten hier Zeit für ein Gebet, während sie dreimal um das Kreuz herumgingen. Danach traten sie ihren letzten Gang zum Galgen an. Der stand damals in einer üblen Gegend, nämlich ungefähr auf dem heutigen Schillerplatz. Als dann viele Jahre später die Poststrecke ins Bergische Land und weiter nach Berlin ausgebaut wurde, da durfte hier kein Blutkreuz mehr stehen. Das Kreuz wurde auf einen Friedhof gebracht, und an seiner Stelle hat man den Baum hier gepflanzt. Er soll daran erinnern, dass einmal von hieraus die Verurteilten durch das Galgengässchen zum Hinrichtungsplatz gehen mussten."

Höfner schaute sich den Baum noch einmal an, der ihm

nun gar nicht mehr so freundlich vorkam, und drehte sich suchend einmal um sich selbst. „Und wo war dieses Galgengässchen, Lenzen?"

Der Sergeant zeigte die schmale Straße hinunter. „Es heißt jetzt Wielandstraße, und wir müssen hindurchgehen, um zum Labor des Chemikers zu kommen."

„Na, das sind doch bessere Aussichten als für die armen Schlucker damals auf ihrem letzten Weg, was, Lenzen? Übrigens: Woher wissen Sie das alles?"

„Nun, das ist hier in der Gegend ein offenes Geheimnis. Ich wohne da vorne, Ecke Beuthstraße."

„Aha. Dann lassen Sie uns zu dieser Alchimistenküche gehen. Ich erhoffe mir aufschlussreiche Antworten von Herrn von Graeve."

Höfner marschierte entschlossen in die Wielandstraße hinein, an der die Häuser dicht an dicht wie an einer Perlenkette bis zur Adlerstraße standen. Metzger, Bäcker, Kolonialwarenladen, für Höfner war es fast wie zu Hause in der Josefstraße.

„Hier wohnen Leute, Lenzen. Viele Leute. Wie kann es sein, dass da so etwas Gefährliches wie ein chemisches Labor betrieben werden darf? Es kann doch Explosionen geben oder übelste Gerüche."

„Das würde hier gar nicht weiter auffallen, Herr Kommissar." Lenzen lachte. „Sie müssen sich das so vorstellen: Die Wielandstraße bildet mit der Pempelforter und der Adlerstraße ein großes Dreieck. Innerhalb dieses Dreiecks befinden sich die Actienbrauerei von Rudolf Dorst hinten an der Adlerstraße, hier an der Wielandstraße die Brauerei von Heinrich Frankenheim und mittendrin die große Fabrik für Malerfarben von Dr. Schönfeld & Co. Glauben Sie mir, allein die Brauereien reichen, um jedes chemische Labor zumindest vom Geruch her in den Schatten zu stellen."

Im Moment roch man allerdings nichts, was Höfner sehr recht war, und nach kurzer Zeit schon standen sie vor dem Haus Adlerstraße 51.

„Wo soll ich läuten, Herr Kommissar? Hier steht zweimal Edler von Graeve, einmal S. und einmal J."

Höfner erspähte an der Wand auf der anderen Seite der Tür Graeves Geschäftsschild, auf dem sein Name und „Vereideter Gerichts- und Handels-Chemiker" stand. „Nehmen Sie S.", sagte er. „Er heißt Siegismund."

Der Mann, der ihnen öffnete, sah genauso aus wie auf dem Foto in seiner Werbeanzeige. Es zeigte ihn in seinem Labor und war regelmäßig in den Zeitungen zu sehen und sogar im Düsseldorfer Adressbuch. Er war ein mittelgroßer Mann in Anzug und Krawatte mit zurückgekämmten dunklen Haaren. Sein Kaiser-Wilhelm-Aufsteiger stieg an den Enden noch ein wenig mehr in die Höhe, als sein Besitzer lächelte und eine Hand ausstreckte. „Kommissar Höfner? Von Graeve, angenehm."

Nach der Begrüßung bat er Höfner und Lenzen herein und führte sie durch einen Flur an der Treppe vorbei zur hinteren Tür in den Innenhof. Dort stand ein niedriges Gebäude, in dem das Labor untergebracht war. Auf den ersten Blick ähnelte die Einrichtung einer Küche, nur sah man schnell, dass es sich hier um eine besondere Art von Küche handeln musste. Höfner erkannte den Ort sofort wieder. Auch hier sah es aus wie auf dem Foto: Da standen der Holztisch mit den seltsam geformten Glas- und Porzellangefäßen, an den Wänden Regale mit unzähligen gut verschlossenen Behältern, lange hölzerne Ständer, in denen Reihen von Glasröhrchen mit verschiedenen Inhalten steckten, ein Gefäß, aus dem so etwas wie gläserne Strohhalme ragten. Seine erste Regung war, dass er lieber nichts damit zu tun haben wollte, weil er nicht wusste, ob es explodieren konnte, und falls es das tat, wie es danach roch.

„Mein Labor", sagte von Graeve stolz.

Nach der Begrüßung war dies das Erste, was er zu ihnen sagte. Er machte insgesamt einen korrekten, fast steifen Eindruck, etwas wortkarg, aber freundlich. Höfner bereitete sich auf viele Einzelfragen vor, um von Graeve sein Wissen über den Tatort zu entlocken, und war erstaunt, als der Chemiker von selbst anfing zu berichten.

„Nun, es ist ein völlig normaler Tatort, wie ich ihn auch von anderen Bränden kenne. Das Zentrum des Brandes war in direkter Nähe des Toten. Er lag auf der rechten Seite des Pavillons, relativ nah bei der Tür halb unter einem Wasserbecken. Hohe Flammen müssen von dort aus dem Oberlicht aus Segeltuch geschlagen sein und es dabei zerstört haben. Die Feuerwehr hat früh genug löschen können, so sind Möbelstücke und Utensilien unterschiedlich beschädigt, angebrannt oder auch nur angesengt, bis auf eine sind die Perücken jedoch völlig zerstört. Ein Regal mit Parfümflaschen hinten im Pavillon ist zusammengestürzt, und die Flakons sind größtenteils zerborsten."

„Ja." Höfner nickte. „Der Geruch war unerträglich."

Von Graeve nickte relativ unbeeindruckt. „Brandrückstände, Löschwasser und Parfüm haben sich vermengt, eine interessante Mischung. Jetzt zum Toten. Dafür, dass er kurzzeitig in Flammen gestanden hat, ist er erstaunlich gut erhalten, was daran liegen kann, dass das Wasserbecken ihn geschützt hat. Genaueres dazu wird Ihnen der Gerichtsarzt mitteilen. Ich kann Ihnen nur über seine Kleidung berichten. Schauen Sie selbst." Er hielt ein Glasröhrchen in die Höhe, in dem sich etwas Dunkles in einer Flüssigkeit befand. „Dies ist ein Stückchen von dem Jackenstoff, das ich sicherstellen konnte. Ich habe es mit destilliertem Wasser überschichtet, damit es seine Eigenschaften behält. Hier in diesem zweiten Röhrchen befindet sich zum Vergleich nur Wasser. Mit dieser Pipette tropfe ich nun etwas von dieser Lösung hier in beide Reagenzgläser."

Kaum war die Flüssigkeit in das Röhrchen mit der Stoffprobe gelangt, färbte sie sich dunkelrot.

„Oh!", rief Höfner überrascht.

Genauso verfuhr der Chemiker mit dem zweiten Röhrchen, doch hier wurde das Wasser nur leicht gelblich.

„Und was bedeutet das?", fragte Lenzen.

„Nun", antwortete von Graeve, „das Cerammonium färbt solche Proben rot, wenn sich Ethanol darin befindet, also Alkohol. Ich kann dieses Ergebnis auch untermauern, indem ich die Iodoformprobe mache, bei der sich ein gelber Niederschlag im Reagenzglas bilden würde. Auch dadurch wird Ethanol nachgewiesen, aber dann riecht es hier süßlich nach Desinfektionsmittel wie im Krankenhaus."

„Nein, nein", winkte Höfner ab. „Wir glauben es Ihnen auch ohne solche Gerüche. Was heißt das denn jetzt? Hat der Tote getrunken? Und dann hat er im benebelten Zustand irgendwie den Brand ausgelöst, nachdem auch noch die Flasche mit dem Alkohol umgefallen ist und seine Kleidung durchtränkt hat?"

„Nein, so war es nicht. Ich konnte Zusatzstoffe nachweisen, was bedeutet, dass hier vergälltes Ethanol verwendet worden ist, und das kann man nicht trinken. Aber man braucht es unter anderem zur Parfümherstellung. Wenn ich mich recht erinnere, hat der Besitzer in der Nacht etwas davon gesagt. Ethanol eignet sich aber auch bestens dazu, schnell einen Brand zu entfachen."

Höfner ließ sich diese Informationen durch den Kopf gehen. Schließlich fragte er: „Kann durch das ausgelaufene Parfüm vielleicht Ethanol zusammen mit dem Löschwasser in seine Kleidung geraten sein?"

„Ja, natürlich", versicherte der Chemiker. „Aber dann wäre das Ethanol stark verdünnt gewesen und nicht in der Konzentration, die ich festgestellt habe."

Höfner warf Lenzen einen Blick zu. Ohne die Aussage des Arztes konnten sie mit diesen Angaben noch nicht viel anfangen. „Also", fasste er zusammen, „entweder er war tot oder noch lebendig, als er Feuer fing. Entweder hat er sich selbst mit Ethanol übergossen, als er noch lebte, oder jemand anders, als er vielleicht sogar schon tot war. Das sind die beiden einzigen Möglichkeiten. Einen Zufall schließe ich aus. Man gerät nicht so nah bei einer Tür in Brand und unternimmt dann nichts dagegen."

„Richtig", bestätigte von Graeve, „das hätte ich Ihnen als Nächstes vorgeschlagen, nämlich den Arzt nach dem Zeitpunkt des Todes zu fragen. Wurde das Feuer vor oder nach dem Tod entzündet? Mit anderen Worten: War es Mord oder Selbstmord? Eins von beiden muss es sein, sonst ergibt eine solche Menge Ethanol in der Kleidung keinen Sinn. Ich schreibe alles auch noch einmal genau auf. Wohin soll ich Ihnen meinen Bericht schicken?"

Höfner nannte von Graeve die Josefstraße als Adresse, bedankte sich für seine Ausführungen und verabschiedete sich.

„Kommen Sie, Lenzen, befragen wir den Arzt."

❦

Der Arzt vom Ausstellungsgelände hatte die Leiche in der Nacht ins Marienhospital transportieren lassen. Ein Spaziergang von etwa zwanzig Minuten brachte Höfner und Lenzen zum Eingang des Krankenhauses an der Sternstraße. Lenzen, der sich in der Gegend auskannte, beantwortete auf dem Weg dahin Höfners Fragen, während sie die Adlerstraße hinuntergingen, an der Actienbrauerei Dorst vorbeikamen und schließlich am spitzen Ende des Häuserdreiecks auf die Pempelforter Straße trafen. Hier hatte bis vor fünf Jahren noch die Rochuskapelle gestanden. Spuren in der Straße, heute mitten auf der Kreuzung, waren immer noch zu sehen. Gleichzeitig war vor fünf Jahren ganz in der Nähe die Rochuskirche an der Prinz-Georg-Straße eingeweiht worden, was die Pempelforter ein wenig mit dem Verlust ihrer Kapelle versöhnt hatte.

„Hier an der Pempelforter Straße endet aber immer noch der große Park von Schloss Jägerhof", zeigte Lenzen. „Daneben das dunkle alte Backsteingebäude mit den geschnitzten Holzgiebeln ist das riesige Marstallgebäude. Beides ist ziemlich heruntergekommen. Niemand nutzt das Schloss seit dreißig Jahren, seit der Divisionskommandeur Fürst Carl Anton von Hohenzollern wieder nach Sigmaringen zurückgegangen ist. Nur im Jahr 1880 hat sein Sohn Carl von Rumänien mit seiner Frau noch einmal kurz hier gewohnt, als er zur damaligen großen Gewerbe-Ausstellung nach Düsseldorf gekommen ist. Eigentlich war das Schloss mit seinen drei Flügeln damals schon nicht komfortabel genug für ein Fürstenpaar, aber man sagt, alle Kinder von Fürst Carl Anton mochten den Jägerhof und seinen großen Park, weil sie hier aufgewachsen sind. Nun ja, die Stadt kann nichts daran ändern, dass es so baufällig ist. Es gehört dem Fiskus."

Höfner dachte über das Gehörte nach, während sie die Kreuzung Richtung Norden überquerten. Was Lenzen da erzählte, das bekam er in der Josefstraße gar nicht mit. Die großen Namen bei ihm zu Hause in Oberbilk waren keine Fürsten oder Militärs. Die großen Namen waren Poensgen, Schiess und Piedboeuf. Er war richtig stolz gewesen, als er ihre Namen in den Pavillons und auf den Listen der wichtigen Ausschüsse der Ausstellung entdeckt hatte. Ihre Arbeiter gingen mit Eisen und Stahl um wie andere Leute mit Brotteig. Das bewunderte er. Aber es zeigte auch, dass der Norden und der Süden von Düsseldorf unterschiedlicher nicht sein konnten. Im Norden Kasernen, Adelige und Generäle, im Süden Industrielle, Stahl- und Walzwerke. Kein Wunder, dass sich die Menschen, je nachdem, woher sie kamen, im anderen Teil der Stadt weniger gut auskannten.

Er merkte, dass Lenzen wieder etwas erklärte, und blickte sich um. Inzwischen hatten sie die Kreuzung überquert und gingen bereits über die Rochusstraße. Hier auf dem ersten Stück bis zur neuen, imposanten Rochuskirche gab es bis jetzt wenig Bebauung, dafür kleinere Felder und Wiesen. Sie nahmen sich wie ein Flickenteppich zwischen den einzelnen neuen Stadthäusern aus, deren fensterlose Giebelseiten darauf warteten, dass man rechts und links ein weiteres Haus danebenbaute.

„Und hier ist die Düssel, Herr Kommissar", erklärte Lenzen, als sie an der Ecke Prinz-Georg-Straße vorbeigingen. „Sie fließt ein kleines Stück völlig natürlich durch diese noch unbebaute Wiese, verschwindet unter den Schlossflügeln und ist im Malkastenpark wieder zu sehen. Danach fließt sie durch den Hofgarten."

Höfner nickte. „Die Düssel haben wir auch in Oberbilk. Da fließt sie am Volksgarten vorbei. Es ist ein schöner Spazierweg."

„Das ist nicht die gleiche Düssel", wandte Lenzen ein und klang ein bisschen so, als wollte er sich streiten, welche Düssel die bessere wäre. „Bei Ihnen fließt die südliche Düssel, hier oben die nördliche."

Höfner schmunzelte. „Ich weiß. In Gerresheim geht sie auseinander und im Rhein zwangsläufig wieder zusammen. Aber es ist dasselbe Flüsschen, und ich möchte wetten, das einzige,

dem es tatsächlich gelingt, in einer Stadt an zwei Stellen gleichzeitig Freude zu bereiten, finden Sie nicht auch, Lenzen?"

„Das stimmt wohl, Herr Kommissar", gab sich Lenzen geschlagen.

Sie fachsimpelten noch eine Weile über den wahren Verlauf
der Düsselarme, eine beliebte Debatte, die im Norden und im
Süden der Stadt oft geführt wurde, wobei man zu völlig unterschiedlichen Ergebnissen kommen konnte, weil niemand wirklich Bescheid wusste. Es war aber auch schwierig, weil sie immer wieder in Röhren verschwand. Viel zu schnell für Höfners
Begriffe waren sie die Rochusstraße ganz hinuntergelaufen, in
die Sternstraße eingebogen und mussten sich wieder darauf
konzentrieren, wie Albert Mertens zu Tode gekommen war.

Das Marienhospital war ein hohes Gebäude aus Backstein
und sah aus wie ein Schloss, das man als mittelalterliche Burg
verkleidet hatte. Hohe Fenster mit gotischen Spitzbögen zogen
sich über die ganze Fassade, zwei viereckige Türmchen ver-
banden das Hauptgebäude mit den Seitenflügeln. Davor lag
ein gepflegter Garten mit Magnolien, Rosenbäumchen und
Rasenflächen. Mitten hindurch ging ein Fußweg, und in einem
Bogen um ihn herum führte von der Straße bis vor den Haupteingang und wieder hinaus auf die Straße ein gepflasterter
Weg für Kutschen.

Am Pförtnerhaus wies man sie hinter das Hauptgebäude,
wo sich das Leichenhaus befand. Dort würde der Arzt auf sie
warten. Höfner und Lenzen gingen den angezeigten Weg nach
rechts durch die Parkanlage, an der Kapelle vorbei, die wie ein
weiterer Gebäudeflügel direkt an das Haupthaus gebaut war.
Auf dem Gelände dahinter waren Wirtschaftsgebäude und Stäl-
le zu sehen, ein Treibhaus und große Gemüsebeete. Das Leichenhaus war gleich im ersten Gebäude hinter der Kapelle untergebracht.

Der Königliche Gerichtsarzt Dr. F. C. Th. Schmidt war ein schlanker Mann mit fast militärischem Auftreten. Einer der Sanitäter auf der Ausstellung hatte gewusst, dass er Kreiswundarzt in Koblenz gewesen war, bevor er letztes Jahr als Gerichtsarzt nach Düsseldorf gekommen war. Er veröffentlichte Artikel in der Zeitschrift für Kriminologie und war gefragt für seine Erkenntnisse, wenn es um rätselhafte Todesfälle ging.

Der Gerichtsarzt streckte Höfner die Hand entgegen. „Dr. Schmidt, guten Tag. Kommissar Höfner, nehme ich an?"

Seine Sprechweise hatte etwas Schnarrendes, das Lenzen dazu bewog, die Hacken zusammenzuschlagen, als der Arzt ihm die Hand reichte.

Dr. Schmidt hob die Augenbrauen. „Sie haben gedient? Wunderbar. Aber Toten imponieren Sie damit nicht. Jetzt haben wir hier andere Aufgaben. Folgen Sie mir bitte."

Lenzen blickte sich hilfesuchend nach Höfner um, der versuchte, ein möglichst unbeteiligtes Gesicht zu machen.

Erstaunlich. Damit hatte der Kommissar nicht gerechnet. Das Militärische an der Gestalt des Arztes hatte ihn getäuscht. Wenn jemand aus der Garnisonsstadt Koblenz kam, erwartete man förmlich das entsprechende Gepräge. Der Arzt führte sie in einen kühlen, hellen Nebenraum, wo der Tote auf einer schmalen Operationsliege lag, bedeckt mit einem weißen Tuch.

„Ein kerngesunder Mann in den Zwanzigern", begann der Arzt. „Seine inneren Organe sind in bestem Zustand, er hatte ein langes Leben vor sich, das ja nun jäh beendet wurde. Eine Verschwendung natürlicher Möglichkeiten, um es einmal so zu formulieren. Das Feuer hat die von der Kleidung abgedeckten Körperstellen unbeschädigter gelassen als zum Beispiel Gesicht und Hände. Trotzdem kann man sogar noch Gesichtszüge erkennen, was erstaunlich ist." Mit einer schnellen Bewegung deckte Dr. Schmidt den Toten auf.

Lenzen drehte sich auf dem Absatz um und ging hinaus an die frische Luft.

„Das verträgt nicht jeder", erklärte Höfner. „Ich kann den jungen Kollegen verstehen."

Albert Mertens' schwarzes Gesicht war kein schöner Anblick. Allerdings hatte der Arzt recht: Man konnte noch in etwa erkennen, wie er einmal ausgesehen haben musste.

„Können Sie sagen, ob er bereits tot war, als das Feuer ausgebrochen ist, oder ob er durch das Feuer gestorben ist?"

„Nun, ich bin überzeugt, dass er bereits tot war. Einiges weist darauf hin. Er hat keine Krähenfüße um die Augen. So nennt man Stellen, wo sich keine Rußpartikel sammeln können, weil er unwillkürlich die Augen gegen die Hitze zusammengekniffen hätte, wenn er noch gelebt hätte. Luftröhre und Lunge zeigen keine eingeatmeten Rußpartikel, ebenso weist der Magen keine geschluckten Rußpartikel auf. Der Mann war definitiv tot, als es brannte."

„Haben Sie die Todesursache herausfinden können? War es Mord?"

Der Arzt blickte nachdenklich auf den Toten. „Ich habe gehört, dass der Arzt vor Ort eine Kopfwunde entdeckt hat, was auf einen Schlag oder dergleichen hindeuten würde. Ich konnte diese Wunde nicht mit Sicherheit identifizieren, weil nach einem Brand Hautschäden durch einen Schlag und Ähnliches kaum von Schäden zu unterscheiden sind, die durch die Hitze auftreten, wie zum Beispiel Hautrisse. Mit Sicherheit kann ich sagen, dass der Mann einen tödlichen Genickbruch erlitten hat."

„Also Mord?", fragte Höfner.

Dr. Schmidt war vorsichtig. „Nun, Genickbrüche kann man sich auf vielfältige Weise zuziehen, am häufigsten durch einen Sturz aus großer Höhe oder unglücklich eine Treppe hinunter. Das alles ist in einem Pavillon auf der Ausstellung nicht gegeben. Es sei denn … Hat der Mann vielleicht auf einer Leiter gestanden?"

Höfner zuckte die Schultern. „Wir haben keine gefunden. Er lag auch halb unter einem der Wasserbecken. Wenn er von einer Leiter gestürzt wäre, hätte er kaum so liegen können, ohne absichtlich hinzukriechen."

„Nun, dann gehe ich davon aus, dass er zwar gestürzt ist, aber auf die Ecke von etwas sehr Hartem. Wäre das möglich?"

Höfner nickte. „Die Wasserbecken im Friseurpavillon haben eine steinerne Einfassung. Ich weiß nicht, ob es Marmor ist, aber es ist auf jeden Fall hart genug."

„Dann können Sie davon ausgehen, dass er wahrscheinlich darauf gestürzt ist. Die Versorgung des Gehirns war dauerhaft unterbrochen, er war sofort tot."

„Ist er gestoßen worden?", wollte der Kommissar wissen.

„Das ist leider nicht mehr feststellbar. Das Feuer verwischt solche Spuren am menschlichen Körper. Aber er kann nicht allein gewesen sein. Jemand anderes muss das Feuer gelegt haben, als er bereits tot war. Sie müssen diesen anderen finden und versuchen, von ihm die näheren Umstände zu erfahren. Ich kann Ihnen leider nicht mehr sagen."

Höfner bedankte sich bei Dr. Schmidt und machte sich auf die Suche nach seinem Sergeanten. Er fand ihn draußen unter einem Baum, wo er mit blassem Gesicht auf einem Feldstein saß und einem Schreiner zusah, der mit seinem Lehrling schmucklose Särge von seinem Fuhrwerk hob und in einem Schuppen stapelte.

„Ah, Lenzen, da sind Sie ja", rief Höfner.

„Das ist doch seltsam, Herr Kommissar", sagte Lenzen nachdenklich. „Ein Krankenhaus ist dazu da, dass man gesund wird, und trotzdem …"

„Leben und Tod gehören zusammen, Lenzen. Das eine ist nicht denkbar ohne das andere, ob es uns nun passt oder nicht. Übrigens können Sie das sogar auf unserer Ausstellung sehen, obwohl dort alles sehr lebendig ist."

„Wo denn?", wollte Lenzen wissen.

„An der Halle I. Wissen Sie, welche Halle ich meine? Ganz in der Nähe von unserer Wache. Dort gibt es alles zu sehen, was mit moderner Gesundheitspflege und den Wohlfahrtseinrichtungen für Krieg und Frieden zu tun hat, also mit allem, was gut für die Lebenden ist. Aber haben Sie auch schon entdeckt, was draußen vor der Halle, also an der gesamten Längsseite, ausgestellt ist?"

Lenzen zuckte die Schultern. „Ich habe nicht darauf geachtet."

„Grabsteine", sagte Höfner. „Grabsteine in jeglicher Form, vom großbürgerlichen Familiengrab bis zur einfachen Grabplatte. Sehen Sie, was ich meine, Lenzen? Leben und Tod, ganz nah beieinander, eines nicht ohne das andere. Und jetzt kommen Sie. Wir haben einen Mord aufzuklären, wenn mich nicht alles täuscht. Jemand hat Albert Mertens' Lebenszeit gestohlen. Ein übles Verbrechen. Da interessiert es mich auch nicht, ob Mertens vielleicht selbst ein Gauner war."

Lenzen nickte und stand auf. Langsam kehrte die Farbe in seine Wangen zurück.

Höfner hatte entschieden, dass sie zuerst zu Fütterers Geschäft in die Tonhalle gehen würden, weil er von Jean Schmitz wusste, dass der Friseur Mertens gekündigt hatte, und zwar unter höchst seltsamen Umständen.

„Was meinen Sie, Herr Kommissar", fragte Lenzen, als sie

am Pförtnerhaus des Marienhospitals vorbeigingen. „Ob Mertens Fütterer auch erpresst hat und deshalb hat der ihn rausgeworfen? Jean Schmitz hat zwar nichts davon gesagt, aber es könnte doch sein."

„Möglich." Höfner nickte. „Genau das will ich Fütterer fragen. Wo fährt hier eigentlich die richtige Straßenbahn? Sie wissen das doch, Lenzen."

„Nun, hier am Marienhospital fährt natürlich eine vorbei, aber die ist gerade weg. Sehen Sie? Da vorne an der Duisburger Straße steht sie. Wenn wir jetzt dahin gehen, kommt bald die andere Bahn aus der Nordstraße gebogen und fährt uns über die Duisburger Straße und an Schloss Jägerhof vorbei zum Wehrhahn, also zur Tonhalle."

„Das ist doch die Bahn, die ich sonst auch nach Hause nehme, oder nicht?"

„Genau, Herr Kommissar."

Höfner meinte förmlich zu spüren, wie er schon wieder einen großen Schritt getan hatte, den Norden von Düsseldorf zu verstehen. Er kannte sich aus, kein Zweifel. Wenigstens ein bisschen. Wenn er dahinten die Nordstraße bis zum Ende und dann noch weiter gehen würde, käme er dahin, wo Herr Fudickar wohnte, nämlich zur … Scheibenstraße, richtig. Ganz in der Nähe war auch das Verwaltungsgebäude der Ausstellung auf der Schäferstraße. Und er selbst befand sich gerade in Pempelfort. Es war so einfach.

„… oder nicht?", fragte Lenzen.

Höfner merkte, dass er nicht zugehört hatte, weil er wieder mit den Gedanken ganz woanders gewesen war.

Lenzen warf dem Kommissar nur einen Blick zu und wiederholte seine Frage von ganz allein. „Fütterer müsste doch wissen, wo Mertens wohnt, wenn er mal sein Arbeitgeber war, oder nicht?"

„Sehr gut, Lenzen. Ich habe mich schon geärgert, dass ich Franz Busch nicht danach gefragt habe. Ich hatte vor, ihn nachher in seinem Geschäft Am Wehrhahn zu besuchen. Er darf ja noch nicht in seinen Pavillon, also würden wir ihn dort antreffen, hat er gesagt. Aber zuerst fragen wir Fütterer."

Sie stiegen in die Bahn und fanden Sitzplätze, allerdings nicht nebeneinander. Jeder hätte nun seinen Gedanken über den Fall nachhängen können, aber sie kamen nicht dazu. Ihnen gegenüber, auf der anderen Bank an den Fenstern entlang, saßen zwei Dienstmädchen, die sich über aufregende Dinge unterhielten. Eine war in den Zwanzigern, die andere hatte ein Apfelgesicht mit roten Pausbacken und war höchstens fünfzehn Jahre alt. Jede hielt einen großen Einkaufskorb auf dem Schoß.

„Also, meine Gnädige hat gesagt, ich soll zum Carlsplatz, da sind die Sachen frisch. Und sie hätte nichts dagegen, wenn ich auf dem Weg mal einen Blick zum neuen Hotel rüberwerfe, damit ich ihr erzählen kann."

Nach dieser Mitteilung blickte die Ältere das Mädchen neben sich vielsagend an und zog die Augenbrauen so hoch, wie sie konnte. Die Jüngere dachte nach, wobei die blauen Augen über den Apfelbäckchen einen relativ leeren Blick bekamen. Das verhieß nichts Gutes. Höfner wurde direkt ungeduldig, obwohl ihn das Ganze gar nichts anging. Das neue Hotel kannte doch sogar er!

„Zum Parkhotel?", fragte die Jüngere endlich. „Warum das denn?"

„Du liebe Zeit!", rief die Ältere. „Du weißt aber auch gar nichts. Da müssen sie doch rauskommen, wenn sie zur Ausstellung wollen. Also der Prinz und die Prinzessin von Schaumburg-Lippe." Sie blickte träumerisch in Höfners Richtung, ohne ihn wirklich wahrzunehmen. „Die Schwester des Kaisers", seufzte sie.

„Aber die heißt doch Hohenzollern."

„Nein, Preußen. Und dann hat sie doch damals geheiratet. Deshalb heißt sie Prinzessin Adolf von Schaumburg-Lippe."

Darüber musste die Jüngere erst wieder nachdenken. Schließlich holte sie Luft. „Adolf?", fragte sie.

„Ja, sicher. Die tragen doch immer den Männernamen. Vorher hieß sie Prinzessin Viktoria von Preußen, nachher eben wie ihr Mann. Deine Gnädige bekommt doch auch Post mit Frau Friedrich Schmitt auf der Adresse."

„Woher weißt du das?"

„Weil es überall so ist. Also was ist, kommst du mit?"

„Wohin?"

„Na, zum Parkhotel, was sonst."

„Ja, gerne."

Der Kommissar blickte zu Lenzen hinüber, dessen Schultern leicht zuckten und dessen Gesicht, halb hinter einer Hand verborgen, wieder eine gesunde Röte zeigte. Höfner bewunderte die Ältere für ihre Geduld, aber er hatte nun insgesamt genug gehört und freute sich, als der Schaffner „Tonhalle!" rief. Bei Kolonialwaren und Delikatessen Hilgers auf der Ecke Jacobi- und Schadowstraße blieben sie stehen, weil eine Bahn der grünen Linie Richtung Schadowplatz vorbeiratterte. Sie überquerten die Kreuzung und standen vor der imposanten Fassade der Tonhalle. Die linke Seite vom Haupteingang nahm das große öffentliche Café-Restaurant ein, rechts waren Ladenlokale zu sehen.

„Ich glaube, wir müssen nach rechts", sagte Lenzen.

Bevor sie eintraten, schauten sie sich die Schaufenster an. Wie überall füllte die Auslage die Fenster ganz aus. Speziell dafür gestaltete Drahtgestelle erlaubten es, möglichst viel zu zeigen. Im Schaufenster ihres Handschuh- und Cravattengeschäfts ganz rechts stellte Frau Franz Brieden zum Beispiel

Artikel in allen denkbaren Farben und Materialien aus. Fütterer links daneben hatte sogar zwei Fenster, und bei der Fülle an Parfüms, Haarwässern, Artikeln zur Körperpflege und anderen Schönheit verheißenden Tinkturen hatte er überhaupt kein Problem, seine Fenster zu gestalten.

„Kommen Sie, Lenzen, wir wagen uns hinein."

Sie traten durch die Tür in ein Treppenhaus, direkt vorne rechts ging es zu Frau Briedens Geschäft, links zum Friseur. Im Innern des Ladens setzte sich die Fülle des Schaufensters fort. Es war nun einmal modern, zu zeigen, was man im Angebot hatte. Der große Geschäftsraum war halbhoch mit Holz vertäfelt, der Stuck rundum an der Decke farbig bemalt. Eine geschickte Unterteilung zwischen den beiden Fenstern sorgte dafür, dass eine Art Vorraum mit der Theke und einigen Sesseln zum Warten entstand. Hier standen auch die Vitrinen mit Flakons, Tuben, Dosen und Kästchen. Selbst die Theke besaß eine Glasscheibe, unter der Kämme und Bürsten, Zahnbürsten, Ohrlöffel und Nagelscheren auslagen, eine Art Glasvitrine an der Seite der Theke war mit Badeschwämmen angefüllt. Hinter einem breiten Durchgang befanden sich Rasier- und Frisierplätze. Im Moment, so kurz vor der Mittagszeit, saßen dort nur zwei Kunden, die von einem älteren Barbier und einem lebhaften Mann ungefähr im gleichen Alter bedient wurden.

„Guten Tag", sagte Höfner.

„Nehmen Sie noch einen Moment Platz", bat der Mann, „ich bin gleich für Sie da. Sie werden dann auch vom Chef persönlich bedient."

Er warf einen kurzen Blick auf die vermeintlich neuen Kunden, nickte ihnen lächelnd zu und fuhr mit seiner Arbeit fort. Höfner und Lenzen setzten sich, denn dass man eine Rasur nicht unterbrechen konnte, wenn das Gesicht des Mannes bereits eingeseift war, das leuchtete ein.

„Das muss Fütterer sein", raunte Höfner.

Lenzen nickte. „Ja, wenn er sagt, er wäre der Chef."

„Ja, und was soll ich sagen", fuhr der Friseur im Gespräch mit seinem Kunden fort, als wäre er nie unterbrochen worden. „Der Godefroy – Alexandre heißt er, glaube ich – wandert also nach Amerika aus, nach Missouri, und eröffnet wieder ein Friseurgeschäft. Vor zehn Jahren erfindet er dann einen Haartrockner. Da fragt man sich doch, wie soll das denn gehen? Ein Gerät, mit dem man Haare trocknet? Normalerweise sitzt man vor dem Ofen oder in der Sonne. Manche Damen greifen auch zum Bügeleisen, stellen Sie sich das mal vor, da wird das Haar doch viel zu glatt. – Wie bitte?", fragte Fütterer, als der Mann unter dem Schaum etwas murmelte. „Ja richtig, das tut den Haaren auch nicht gut, da haben Sie recht. Nun, denkt sich der Godefroy, man müsste das Haar irgendwie in einen warmen Luftzug bringen. Er lässt also einen kleinen Gasofen heiße Luft produzieren. Die leitet er mit einem Ofenrohr nach oben in eine Art Metallkuppel, die über den Kopf der Dame gestülpt wird, und *voilà*, um es mal so auszudrücken, es funktioniert. Die Franzosen mal wieder, ich sag's ja, obwohl – inzwischen kommt es aus Amerika, er ist ja ausgewandert. Aber na ja, jetzt preist er seinen Haartrockner damit an, dass die Vorrichtung mit jeder Art von Wärmespender verbunden werden kann, auch elektrisch. Ich bin gespannt, wann es das Gerät hier bei uns gibt. Und ich wette, irgendwann hält man nur noch eine Art Kasten in der Hand und bläst damit Luft auf die Haare. Unglaublich. Moderne Zeiten eben. So, bitte schön, mein Herr. Welches Rasierwasser darf es denn sein?"

Der andere Barbier hatte inzwischen die Arbeit beendet und hängte den Rasierumhang an den Haken neben dem Becken. Der Kunde zahlte an der Theke, bedankte sich und ging. Auf ein aufforderndes Zeichen des Barbiers winkte Höfner ab.

„Nein danke, wir warten auf Herrn Fütterer. Wir müssten mit ihm persönlich sprechen."

„Gut", sagte der Mann lächelnd, „es dauert nur noch einen kleinen Moment." Er ging zurück an den Durchgang. „Ich gehe etwas zu Mittag essen, Herr Fütterer", sagte er leise.

„Ist gut, Fischer", sagte der Friseur.

Eine diskrete Atmosphäre, dachte Höfner. Auf der Wache rief man so etwas schnell in den Raum, bevor man verschwand, dann wusste auch jeder Bescheid. Aber die Tonhalle war eben keine Polizeiwache, die Kunden auch normalerweise keine Gauner. Die ganze Umgebung war elegant, fast fürstlich, das Gaslicht erleuchtete mit zwei vielarmigen Kronleuchtern im Berliner Stil den Raum, so wie man es sonst nur von festlichen Abenden kannte. An den Rasierplätzen befanden sich zusätzlich Wandlampen im gleichen Stil. Für die Arbeit brauchte man Licht, aber diese Seite der Schadowstraße war auch tagsüber relativ dunkel. Die Sonne schien der Tonhalle mittags quasi auf den Rücken, erst abends traf sie hier vorne auf die Straße und damit für kurze Zeit auch durch die Schaufenster ins Geschäft. Vielleicht wäre es heller, wenn die Schaufensterauslage nicht ganz so üppig ausgestattet wäre, aber das ...

„Herr Kommissar?", drang Lenzens Stimme in seine Gedanken.

Der Friseur war dabei, seinen Kunden zu verabschieden.

Höfner stand auf und trat neben Lenzen, als Fütterer das Geschlossen-Schild an die Tür hängte und sich erwartungsvoll zu ihnen umdrehte.

„Nun, meine Herren, jetzt ist Pause, und ich bin ganz für Sie da. Was kann ich denn für Sie tun, wenn Sie nicht rasiert werden wollen?"

Höfner stellte Lenzen und sich vor und informierte Fütterer darüber, dass sein früherer Mitarbeiter Albert Mertens zu Tode gekommen war. Ob Unfall oder Mord, das könne man noch nicht sagen.

Fütterer schaute sie betroffen an und murmelte: „Mein Gott, wie schrecklich!" Aber er fasste sich schnell und hörte wieder aufmerksam zu.

„Wir haben gehofft, dass Sie uns vielleicht etwas über Mertens erzählen könnten. Was war er für ein Mensch? War er zuverlässig, haben Sie gute oder schlechte Erfahrungen mit ihm gemacht? Wir wären Ihnen dankbar für möglichst viele Informationen, damit wir uns ein Bild machen können."

Fütterer zog sich mit ernstem Gesicht einen der bequemen Sessel heran. „Setzen Sie sich doch bitte wieder, dann erzähle ich Ihnen, was ich weiß."

Der Friseur war ein aufmerksamer Beobachter und ein guter Menschenkenner, wie sich herausstellte. Er lieferte dem Kommissar und seinem Sergeanten ein so vollkommenes Bild seines ehemaligen Parfümeurs, dass kaum Fragen offenblieben. Er war ein ehrgeiziger junger Mann gewesen, rücksichtslos, wenn es um seinen eigenen Vorteil ging, berechnend bei seiner Arbeit und arrogant anderen Menschen gegenüber.

„Wissen Sie, Herr Kommissar, er selbst hätte sich sicherlich nicht so beschrieben, sondern wahrscheinlich eher Wörter wie ‚durchsetzungsfähig', ‚geschäftstüchtig' und ‚selbstbewusst' benutzt. Und obwohl ich nicht gerne schlecht über Tote rede, muss ich sagen, dass ich ihn menschlich nicht besonders mochte. Er war allerdings ein sehr guter Parfümeur, das wusste er, und er ließ es jeden spüren."

„Hätte es ihm ähnlich gesehen", wollte Höfner wissen, „sich abends ein fantastisches Feuerwerk entgehen zu lassen, weil er gerade ein neues Parfüm kreiert, das auch eine halbe Stunde auf ihn gewartet hätte?"

„Absolut. Wie gesagt, er war sehr ehrgeizig. Er hätte wohl irgendwann ein eigenes Geschäft aufgemacht." Fütterer seufzte nachdenklich. „Er brauchte nur das Geld dafür. Ich glaube, deshalb hat er angefangen, andere Leute zu erpressen. Mich zum Beispiel."

„Er hat Sie erpresst, obwohl Sie sein Arbeitgeber waren?"

Fütterer nickte und erzählte die Geschichte von den Parfümetiketten, die zu Mertens' sofortiger Entlassung geführt hatten. „Er selbst war nicht dumm, Herr Kommissar, aber diese Erpressung war es. Sie war wenig durchdacht, ein schnelles Ergreifen einer Möglichkeit, ohne sich darüber zu informieren, ob man mit seiner Annahme auch recht hat. Es passte zu einem skrupellosen, impulsiven Menschen. In diesem Fall wurde ihm sein übereiltes Handeln zum Verhängnis und hat ihn seine Arbeitsstelle gekostet. Ich habe das bedauert, denn er war gut, aber ich umgebe mich nun einmal nicht mit Kriminellen. Und ich fürchte, er hatte sich bereits dazu entwickelt."

„Wissen Sie, ob er Verwandte hatte?", fragte Lenzen. „Vielleicht sogar hier in Düsseldorf?"

Fütterer zuckte die Schultern. „Er hat nie über seine Familie gesprochen, vielleicht hatte er gar keine mehr. Ich weiß es leider nicht."

„Wenn Sie uns jetzt noch seine Adresse geben könnten?"

„Gerne, Herr Kommissar, ich schreibe sie Ihnen auf. Ich hoffe, dass er noch da wohnt … eh … gewohnt hat. Ein Zimmer auf der Kreuzstraße, zur Untermiete bei einer Witwe namens Frieda Maus."

Der Kommissar bedankte sich bei dem Friseur für seine Einschätzungen und verließ mit Lenzen das Geschäft.

Eine halbe Stunde später traten Höfner und Lenzen gestärkt aus der Wirtschaft von Franz Spee gegenüber von Fütterers Geschäft. Nach einem Blick auf die Speisekarte des Tonhallenrestaurants hatten sie erleichtert festgestellt, dass die belebte Schadowstraße auch noch Etablissements mit bezahlbarem Angebot besaß. Zum Beispiel die gutbürgerliche Küche von Franz Spee.

„Wie kommen wir jetzt am besten auf die Kreuzstraße, Lenzen? Sie wissen das doch bestimmt. Da ist ja auch die Polizeiwache III."

Lenzen nickte. „Ja, richtig. Wenn wir von hier durch den Tonhallengarten gehen könnten, wären wir ganz schnell da. Am besten, wir gehen ein Stück weiter und dann da vorne durch die Wagnerstraße."

Die Schadowstraße war beeindruckend, dachte Höfner. So viel hatte sich verändert, seit er das letzte Mal in Ruhe hier hergegangen war. Inzwischen waren hier geschlossene Häuserreihen vom Wehrhahn bis zum Schadowplatz, nur unterbrochen von ein paar kleineren Nebenstraßen. Es gab auch viel mehr hohe Häuser mit bis zu vier Stockwerken, viel Glas in großen Schaufenstern, sogar im ersten Stock, wo Möbel, Musikinstrumente oder Schneiderpuppen mit den neuesten Kreationen ausgestellt waren. Überall Verzierungen, Türmchen, Stuck. Es sah sehr vornehm aus. In den Geschäften schien es alles zu geben, und in den Schaufenstern war so viel zu sehen, dass er Tage brauchen würde, um wirklich alles gesehen zu haben. Er freute sich über jedes niedrigere Wohnhaus ohne Laden, das aus einer Zeit stammte, als man hier noch mit Postkutschen hergefahren war und nicht ständig mit anderen Fußgängern zusammenstieß. Das war überhaupt das Auffälligste. Die Straße war voller Menschen, und jeder einzelne schien es eilig zu haben. Jungen mit Schülermützen kamen vom nahen Realgymnasium auf der Klosterstraße, Dienstmädchen schoben Kinderwagen, jemand überquerte die Straße und zog ein kleines Mädchen mit einem fast zu großen Federhut auf dem Kopf schnell hinter sich her, weil sich vom Wehrhahn eine Straßenbahn näherte. Höfner erlaubte es sich trotzdem, stehen zu bleiben, und zwar an der Ecke Bleichstraße vor einem der schönen Häuser aus einer anderen Zeit. Es besaß zwei Stockwerke über dem Erdgeschoss, außerdem einen niedrigeren Anbau mit großem Tor in den Hof.

„Hier wohnt doch immer noch der Maler, oder nicht?", fragte er. „Andreas Achenbach?"

Lenzen nickte. Den „ollen Achenbach" kannte jedes Kind. Er malte die aufgewühltesten Seestücke, die man sich denken konnte, und hatte das Haus vor fast fünfzig Jahren von Schadow gekauft. Von Wilhelm Schadow, nach dem der alte Flinger Steinweg noch zu Lebzeiten neu benannt worden war. Und so stammte nicht nur das Haus aus einer völlig anderen, gemütlicheren Zeit, auch der inzwischen siebenundachtzigjährige, äußerst beliebte Maler.

Wie schnell die Zeit verging, konnte man auch an dem seltsamen Fahrzeug ermessen, das jetzt fast lautlos in die Deichstraße einbog. Höfner bekam es in der Josefstraße sehr selten zu sehen, wenn überhaupt. Es war eine Elektro-Motor-Droschke und sah aus wie eine Kutsche ohne Pferd. Sie war für viele noch ungewohnt, wie man an den Blicken sehen konnte, die dem Gefährt zugeworfen wurden, obwohl Düsseldorf inzwischen einige dieser Wagen für die Innenstadt besaß. Da die Droschke leer war, vermutete Höfner, dass sie jemanden abholte oder eher noch dem Wegweiser folgte und zum Aufladen zur Akkumulator-Station hinter Achenbachs Garten fuhr. Die Zeiten veränderten sich wirklich rasant. Einmal war sogar ein Automobil mit einigem Geknatter an ihm vorbeigefahren. Er würde irgendwann die Pferde vermissen, das wusste er, aber der Fortschritt war nicht zu …

„Herr Kommissar? Da drüben ist die Wagnerstraße, da müssen wir weitergehen."

Höfner riss sich los und folgte Lenzen, vorbei an August Scherls Verlags-Buchhandlung an der Ecke, dann die Wagnerstaße hinunter. Hier wurden die Häuser wieder deutlich kleiner, bis auf das große Geschäftshaus an der Ecke Kreuz- und Klosterstraße. Hettlage verkaufte dort Herren- und Knaben-Garderobe, die in der Kleiderfabrik gleich nebenan geschneidert wurde. In einem nur zweigeschossigen Wohnhaus ganz in der Nähe hatte Albert Mertens gelebt. Im Erdgeschoss befand sich eine Porzellanhandlung, auf dem Schild an der Klingel zur Wohnung darüber stand „Witwe Frieda Maus".

Mit der alten Dame, die ihnen öffnete, war nicht gut Kirschenessen, das sah man auf den ersten Blick. Sie hatte nicht nur einen verhärmten Zug um den Mund, die ganze magere Person schien sich fortwährend zu grämen.

Höfner wollte schon Mitleid mit ihr haben, man konnte ja nie wissen, was für ein Leid sie in ihrem Leben erfahren hatte, da fing sie an zu sprechen, und ihm wurde klar, dass man mit dieser Frau kein Mitleid haben musste.

„Was wollen Sie? Wenn Sie betteln wollen, gehen Sie gleich wieder. Ich gebe nichts", keifte sie und wollte die Tür wieder zuschlagen.

„Kriminalpolizei" sagte Höfner. „Wir hätten einige Fragen an Sie."

Die Frau hielt mitten in der Bewegung inne und musterte die beiden aus kleinen, listigen Mausaugen. Irgendwie passte ihr Aussehen zu ihrem Namen, dachte Höfner.

„Polizei?", fragte sie ungläubig.

Höfner tat etwas, das in dieser Ermittlung bisher noch

nicht nötig gewesen war. Er zog seine Polizeimarke aus der Tasche und hielt sie der Frau vor die Augen. „*Kriminal*polizei", betonte er. „Wir würden uns gerne im Zimmer von Herrn Mertens umsehen und Ihnen einige Fragen stellen."

„Mir? Ich weiß nichts." Frau Maus schüttelte den Kopf, aber sie öffnete ihnen die Tür. „Herr Mertens ist aber nicht da."

„Das wissen wir." Höfner trat in den schmalen, dunklen Flur. „Wie lange wohnt er denn schon bei Ihnen? Kennen Sie ihn gut?"

„Ein paar Jahre schon", antwortete sie. „Er ist nicht viel zu Hause, und wenn er abends da ist, drängt er sich nicht auf. Ein ruhiger, zurückgezogener Untermieter. Zahlt pünktlich seine Miete."

Sie ließ auch Lenzen eintreten und schloss die Tür. Im dämmrigen Licht des Flurs war ihr Gesicht kaum noch zu erkennen.

„Aber Sie wissen doch sicher, ob er Freunde hat? Bekannte? Menschen, die ihn besuchen?"

„Besuch? Etwa in seinem Zimmer?", keifte Frieda Maus. „Etwa auch noch Damen? Nein, nein, das wäre ja noch schöner. Das hier ist ein anständiges Haus, und ich bin eine ehrbare Witwe. Ich dulde so etwas nicht."

Höfner nickte. Demnach wusste sie so gut wie nichts über ihren Untermieter. „Können Sie uns dann bitte sein Zimmer zeigen?"

„Ich weiß nicht, ob …", begann Frau Maus und straffte ihre magere Gestalt. „Das geht nicht, Herr Mertens ist nicht da. Ich kann Sie nicht in sein Zimmer lassen."

„Frau Maus." Höfner versuchte trotz seiner Abneigung gegen die Frau einen empfindsamen Ton anzuschlagen. „Es tut mir leid, aber Herr Mertens wird nicht mehr wiederkommen. Er ist tot."

„Was?", rief Frau Maus entsetzt. „Wie ist das denn passiert?"

„Das wissen wir noch nicht. Aber wir müssten uns sein Zimmer ansehen, weil es dort vielleicht Hinweise gibt, die uns weiterhelfen."

„Ja, wer räumt denn seine Sachen weg? Ich muss das Zimmer doch weitervermieten!"

Frau Maus nestelte an einem Schlüsselbund, bis sie den Zimmerschlüssel fand. Mit fahrigen Bewegungen schloss sie auf, ging ins Zimmer und schaute sich um. Dann postierte sie sich vor der Waschkommode und verschränkte die Arme energisch vor der Brust. Sie würde ihren Wachposten erst aufgeben, wenn die Fremden wieder aus dem Haus waren, so viel stand fest. Höfner seufzte und bugsierte sie mit ausgesuchter Höflichkeit vor die Tür, die er hinter ihr schloss. Er lauschte, bis sich das Schimpfen draußen schließlich entfernte.

„So, Lenzen", sagte er. „Ich weiß nicht, was wir suchen, aber wenn wir es in Händen halten, werden wir es schon wissen."

Lenzen grinste. „Vielleicht eine Liste der Erpressungsopfer?"

„Aber Lenzen! Er wäre doch dumm, wenn er hier eine solche Liste hätte." Er senkte die Stimme. „Der Drachen draußen hat einen Zweitschlüssel. Hier ist nichts sicher."

Sie öffneten Schubladen und Schranktüren, aber es gab nichts Besonderes zu sehen. Mertens hatte nicht viel besessen. Ein wenig Garderobe zum Wechseln, Wäsche und Handtücher, auf der Waschkommode alltägliche Dinge wie Rasierpinsel und Zahnbürste, einige Bücher, unter anderem über die Geschichte der Mode und Frisuren, über die Anfertigung von Perücken und über Parfümherstellung in einem niedrigen Regal. Sie schienen oft gelesen worden zu sein, ob von ihm oder von anderen, die dann die Bücher an ihn weitergegeben hatten, würden sie nicht mehr feststellen können. Auf dem Nachttisch stand das einzige wirklich Private in einem einfachen Rahmen, nämlich das abgegriffene alte Foto eines Hochzeitspaares. Ein schwarzes Band war schräg über den Rahmen gebunden. Wahrscheinlich die verstorbenen Eltern.

Sie suchten weiter, langsam, aufmerksam, aber in dem kleinen Zimmer gab es nichts, das ihnen weiterhalf. Es war sehr ordentlich, so als hätte die straffe Ordnung in diesem Haus auch auf Mertens Einfluss gehabt.

„Ach!", murmelte Lenzen plötzlich und ging auf das Regal zu.

Er zeigte auf eines der Bücher, das nicht in Reih und Glied stand. Sie hatten sie bisher nicht angefasst, also musste es bereits so gestanden haben. Und natürlich hatte das seinen Grund. Es waren immer die kleinen Ungereimtheiten, die zunächst nicht auffielen und dann wichtig wurden. Lenzen zog das Buch heraus. Es war ein altes Jugendbuch, Karl Mays *Schatz im Silbersee*. Er blätterte und hielt ein zusammengefaltetes Blatt hoch. „Ich hatte recht, Herr Kommissar. Eine Liste mit Namen."

Es war sogar eine Liste mit Namen und Zahlen. Mertens hatte die Zahlen addiert, und die Summe belief sich auf zweitausend Mark, gerade genug Kapital, um mit Hilfe eines Kredits ein Geschäft zu eröffnen.

„Miete, Möbel, Waren – glauben Sie, er wäre mit dem Geld ausgekommen, Lenzen? Oder ist das nur der Anfang und er hätte die Leute noch einmal zur Kasse gebeten, was meinen Sie? Um wen handelt es sich eigentlich? Lassen Sie mal sehen."

Lenzen reichte dem Kommissar die Liste.

Fütterer war durchgestrichen, J. Schmitz, G. Fischer und K. Jänicke blieben übrig. Also nur eintausendfünfhundert Mark. Unter die Namen hatte er allerdings drei Pünktchen gesetzt, was bedeutete, dass er noch mehr solcher dubiosen Einnahmen eingeplant hatte. Höfner schaute den Sergeanten fragend an.

„Ich denke, er hätte mehr gefordert. Allein für die Miete musste er zwischen drei- und fünfhundert Mark rechnen, wenn nicht mehr. Er wollte ja bestimmt hier in der Innenstadt sein Geschäft aufmachen. Und wenn ich mir vorstelle, wie teuer Parfüm sein kann, dann reicht es sicherlich nicht für alles zusammen, auch nicht mit Kredit.“

„Das würde bedeuten, dass seine Opfer damit rechnen mussten, dass er nicht aufhören würde, und entsprechend verzweifelt gewesen sind. Ein gutes Mordmotiv, Lenzen. Nun, wir werden sie befragen. Jean Schmitz hat Mertens angezeigt und bereits mit uns geredet. Bleiben G. Fischer und K. Jänicke. Sagen Ihnen die Namen etwas?“

Lenzen schüttelte den Kopf. „Wir könnten sie im Adressbuch nachschlagen. Außerdem meine ich, dass der Friseur vorhin seinen Mitarbeiter mit Fischer angeredet hat. Das muss derselbe Fischer sein, den Jean Schmitz erwähnt hat.“

„Richtig! Zu dumm, dass wir uns vorhin nicht daran erinnert haben, dann hätten wir ihn dazu befragen können. Wir holen das nach. Aber im Moment …“ Höfner blickte auf den Zettel und dachte nach. „Wie kommen wir an ein Adressbuch, Lenzen? Es ist ja eine gute Idee, aber“ – er senkte wieder die Stimme – „den Drachen draußen auf dem Flur möchte ich nicht darum bitten.“

„Wache III ist schräg gegenüber. Wir könnten die Kollegen fragen.“

Höfner lächelte. „Was täte ich nur ohne Sie, Lenzen? Kommen Sie, verlassen wir dieses enge Haus und begeben uns an die frische Luft.“

Zehn Minuten später hatten sie sich von Frau Maus verabschiedet, hatten ihr eingeschärft, das Zimmer bis auf Weiteres nicht zu betreten, geschweige denn zu vermieten, was prompt empörtes Gezeter nach sich gezogen hatte, und waren den kurzen Weg zur Polizeiwache III gegangen. Polizeikommissar Wilhelm Blase und sein junger Polizeisergeant Fritz Heckhausen staunten nicht schlecht über ihren Besuch. Natürlich kannte man sich aus der Ferne und hatte auch schon miteinander telephoniert – Wache III hatte die Nummer 50, wie Höfner wusste –, aber persönliche Gespräche hatte es nur selten gegeben. Heckhausen zog geschäftig Stühle heran.

„Setzen Sie sich doch", lud Blase sie ein, „und erzählen Sie. Was verschafft uns die Ehre? Sind Sie nicht auf die Ausstellung abkommandiert, Höfner? Darum beneide ich Sie nicht, das können Sie mir glauben. Es geht doch nichts über die eigenen Routinen."

Blase war ein Mann ganz nach seinem Herzen, dachte Höfner. Man musste ihm nichts erklären, er verstand es einfach so. „Sie wohnen auch hier in diesem Haus?", fragte er.

„Ja, direkt über der Wache, oben im ersten Stock."

Höfner nickte lächelnd. „Genau wie bei mir." Er seufzte. „Ich muss jetzt jeden Morgen mit der Straßenbahn zur Arbeit fahren."

„Oh!" Blase verzog schmerzlich das Gesicht. „Das tut mir leid."

Das Schöne war, er sagte es nicht nur mitfühlend, er meinte es auch so.

„Danke, aber ich bin ja nicht hier, um zu jammern. Die Ausstellung ist ein Erfolg, man lernt viele Menschen kennen, und kriminologisch ist sie auch interessant."

„Ah, Sie meinen die Leiche?", fragte Blase. „Übrigens, war es ein Unfall? Oder tatsächlich der Friseur, wie in der Zeitung steht?"

„Glauben Sie kein Wort. Das ist auch so eine Sache, die ich

noch klären muss. Aber erst der Mord. Es war nämlich Mord und kein Unglücksfall. Aber der Friseur, also der Pavillonbesitzer, ist nicht der Täter."

Unterstützt von Lenzen erzählte Höfner vom Tathergang und von den Erkenntnissen, die sie bisher gewonnen hatten.

„Und jetzt würden wir gerne Ihr aktuelles Adressbuch benutzen und die beiden Namen von der Liste nachschlagen."

Heckhausen sprang eifrig auf und holte das tausend Seiten dicke Buch aus dem Nebenzimmer.

„Danke, Heckhausen", sagte Blase. „Eventuell brauchen wir auch noch den schmalen Band mit den Nachträgen. Können Sie uns den auch noch holen? Man weiß ja nie."

Heckhausen eilte noch einmal davon. Höfner zog das Buch zu sich heran und blätterte. Lenzen schaute mit hinein.

„Meine Güte, gibt es viele Leute, die G. Fischer heißen!", rief Höfner. „Georg, Gottfried, Gustav, und auch noch mehrfach."

„Wieso G. Fischer?", fragte Blase erstaunt. „Als gestern die Anzeige gegen Mertens gemacht wurde von einem … Moment, es muss doch hier sein … ja, hier ist es, von einem Jean Schmitz, da hat er erzählt, Julius Fischer käme auch noch und würde Mertens anzeigen, den würde es genauso betreffen."

„Julius Fischer, der Barbier?", fragte Höfner.

„Ja, richtig, das sagte Herr Schmitz. Er arbeitet in einem Laden in der Tonhalle."

„Und? Ist er gekommen?"

„Bis jetzt noch nicht."

„Vielleicht hat er es sich ja noch einmal überlegt. Viele Leute wollen aus Prinzip nichts mit uns zu schaffen haben, auch wenn sie keine Verbrecher sind." Höfner blätterte weiter. „Nun, ich glaube, wir fangen mit Jänicke an, vielleicht werden wir da schneller fündig. K. Jänicke also."

Lenzen fand den Eintrag. „Hier steht es", verkündete er, „Kaspar Jänicke, Bühnenarbeiter, Wallstraße 3U."

„Moment", wandte Höfner ein. „Hier steht auch noch Kaspar Jänicke, Ehefrau, Gesindevermittlerin, auch auf der Wallstraße 3U. Welchen K-Punkt hat Mertens denn nun gemeint?"

„Es ist eine Unsitte", schimpfte Lenzen. „Es erschwert unnötig unsere Arbeit."

„Was ist eine Unsitte, junger Kollege?", wollte Blase wissen.

„Nun, dass die Ehefrauen immer mit dem Männernamen verzeichnet sind. Auch wenn Frau Jänicke Sibylle oder Ottilie hieße, können wir sie trotzdem nicht ausschließen, weil ‚K-Punkt' wegen ihres Mannes auch auf sie zutrifft. Doppelte Arbeit."

„Ach, Lenzen, dann gehen wir eben hin und fragen sie", winkte Höfner ab. „Das würden wir doch in jedem Fall tun. Wenn sie kein Geschäft hätte, wäre sie gar nicht im Adressbuch, aber es gäbe sie trotzdem, und wir würden sie befragen. Mich interessiert jetzt vielmehr, wem das Haus auf der Wallstraße gehört." Höfner blätterte zurück zum Straßenverzeichnis. „Es könnte wichtig werden für die finanziellen Verhältnisse." Er fuhr mit dem Finger die Zeilen entlang. „Hier, Wallstraße 3, Eigentümer Johann Büttgen auf der Berger Straße."

„Ach, das ist der Wirt mit der Schankwirtschaft Ecke Berger- und Wallstraße", sagte Blase. „Ich wusste gar nicht, dass der ein Hausbesitzer ist. Außer dem Haus mit der Wirtschaft natürlich."

„Nein, aber es bedeutet, dass Jänickes ganz normal zur Miete wohnen. Eine Erpressung könnte sie härter treffen als einen Hausbesitzer. Ein starkes Motiv, wenn man wegen Herrn Mertens plötzlich die Miete nicht zahlen kann. Wir gehen dahin, Lenzen. Das schaffen wir noch an unserem sogenannten freien Tag."

Lenzen nickte und stand auf. „In Ordnung."

„Tja", sagte Blase, „dann freue ich mich, dass wir Ihnen hier helfen konnten, Kollegen. Und wenn wir etwas Neues hören, rufen wir auf der Ausstellungswache an. Heckhausen?", wandte er sich an seinen jungen Sergeanten.

Heckhausen hatte den Nachtragsband aufgeschlagen und las so völlig versunken die ersten Seiten, dass er nichts hörte.

„Lernen Sie Namen und Adressen auswendig, oder was tun Sie da, Heckhausen?", wollte Blase wissen.

Der Sergeant schreckte zusammen. „Nein, hier ist die Ausstellung beschrieben. Ich glaube, ich muss doch mal dahin gehen, auch wenn die Eintrittspreise hoch sind. Und Sie sind wirklich jeden Tag da? Einfach so?", fragte er Höfner und Lenzen mit leuchtenden Augen. „Ich bin richtig neidisch auf Sie."

„Das müssen Sie nicht sein", tröstete Lenzen. „Sie leben hier im Paradies. Kein Lärm, keine Menschenmassen, kein Geschrei und vor allem keine Alphörner."

„Sag ich doch!" Blase nickte zufrieden. „Eine einziger großer Rummel."

„Ganz so ist es nicht", wandte Höfner ein. „Industrie und Gewerbe legen sich schon mächtig ins Zeug, um die modernsten Erzeugnisse für jeden verständlich vorzuführen und zu erklären. Das kann sogar ich genießen. Aber wenn Sie auf die Ausstellung gehen", wandte er sich an Heckhausen, „dann kommen Sie uns doch einfach auf der Wache besuchen. Ach, und nehmen Sie am besten einen Mittwoch, da kostet der Eintritt aus Werbegründen nur die Hälfte."

Heckhausen war sehr damit einverstanden, und nachdem Höfner und Lenzen sich verabschiedet hatten, machten sie sich auf den Weg zur Wallstraße.

Frau Jänicke schloss die Tür zur Straße und lehnte einen Moment ihre Stirn gegen das kühle Holz. Irgendwo musste sie Halt finden. Die beiden Männer waren diskret gewesen, sodass die Nachbarschaft nicht merken würde, dass die Polizei im Haus gewesen war. Der kleinere, ältere, Höfner hieß er, war sogar richtig einfühlsam gewesen. Da hätte sie ihm beinahe mehr erzählt, als sie wollte. Was er alles gefragt hatte! Ob sie Albert Mertens kannte. Natürlich kannte sie das Frettchen. Es hatte sie einige Mühe gekostet, ihn vor dem Kommissar nicht so zu nennen. Man hätte gehört, dass Mertens Leute erpresst hätte und ob sie dazu gehört hätte. Sie hatte die Geschichte erzählt, die die Polizei ruhig wissen konnte, von ihrer jungen Nichte und Kaspar, der versucht hatte, sie zu ihrer allerersten Stellung zu ermutigen, was dieses Frettchen, diese Ratte in den falschen Hals bekommen hatte. Ob er sie aufgefordert hätte, Geld an ihn zu zahlen. Natürlich hatte er das getan, aber sie hatten nicht gezahlt, es war ja nichts an den Vorwürfen dran, außerdem hatte sie selbst den Brief gefunden und gelesen, also hatte es keinen Zweck, ihren Mann damit zu erpressen, alles seiner Frau mitzuteilen, wenn er nicht … Es war so ermüdend gewesen, alles noch einmal erzählen zu müssen, was sie so gerne vergessen hätte. Es war doch vorbei, oder nicht? Der Mann war tot. Das hatte wenigstens in der Zeitung gestanden.

Der Kommissar war damit aber noch nicht zufrieden gewesen. Er hatte immer noch Fragen gehabt, eine nach der anderen.

Wo sie denn am Sonntagabend gewesen wäre? Hier zu Hause.

Und ihr Mann? Im Theater bei seiner Arbeit.

Wann er nach Hause gekommen wäre? Spät. Wie immer.

Hatte er noch etwas erzählt? Nein, weil sie schon geschlafen hatte.

Woher sie denn wüsste, dass er überhaupt nach Hause gekommen wäre? Sie kannte die vertrauten Geräusche, wenn er sich ins Haus schlich, um sie nicht zu wecken. Sie hatte sie gehört und war beruhigt gewesen. Auch wie immer.

Um wie viel Uhr das gewesen wäre? Sie nahm an, so um elf Uhr herum, wie immer.

Sie wüsste also nicht genau, wann ihr Mann vom Theater zurück war? Eh … nein.

Hätte er sich am nächsten Tag, also gestern, irgendwie anders verhalten? Nein, ihr war zumindest nichts aufgefallen. Er war wie immer.

Der Kommissar hatte sie einen Moment lang forschend angesehen, und sie hatte schon gedacht, dass er ihre Ängste auf ihrer Stirn lesen könnte. Aber da hatten sich die beiden Polizisten bedankt und verabschiedet.

Sie hatte ihnen nicht erzählt, dass am Sonntag eigentlich sein freier Abend gewesen war. Und auch nicht, dass sie ihn gestern, nachdem sie in der Zeitung vom Tod des Frettchens gelesen hatte, zur Rede gestellt hatte. Er war zornig geworden und hatte erklärt, mein Gott, er hätte eben einspringen müssen, weil ein Kollege krank geworden wäre. Alles hätte so schnell gehen müssen, dass er sie nicht mehr erreichen konnte. Es würde überhaupt Zeit, dass sie sich für ihr Geschäft mal ein Telephon anschaffte, dann könnte er sie in solchen Fällen anrufen. Und sie solle jetzt kein Theater mehr machen, er hätte das Frettchen nicht umgebracht. Er hätte gearbeitet. Außerdem – hätte er ihr nicht gesagt, alles käme in Ordnung? Das wäre es ja jetzt wieder, Gott sei Dank, also noch ein Grund mehr, mit dem Theater aufzuhören.

Es hatte sie nicht beruhigt. Es war ein kleiner nagender Zweifel geblieben. Wenn er tatsächlich gearbeitet hatte, wenn er es also nicht gewesen war – warum regte er sich dann so auf?

Irgendwie hatte der Reporter recht, der genau das über den Pavillonbesitzer geschrieben hatte. Wenn jemand etwas nicht getan hatte, warum regte er sich dann so auf, wenn man ihn danach fragte?

MITTWOCH, 28. MAI 1902

Direkt morgens bei Dienstbeginn gingen Höfner und Lenzen zum Tatort, begleitet von den ersten klagenden Tönen der Alphörner.

„Das Wetter ist eigentlich viel zu schön für das, was wir heute tun müssen, Lenzen", seufzte Höfner. „Viel lieber würde ich jetzt eine entspannte Runde über das Gelände mit Ihnen gehen, wie sonst auch. Da haben wir endlich einmal Sonne …"

„Wir könnten ja vielleicht nach der Tatortbesichtigung unsere Runde machen", schlug Lenzen vor.

„Danke, Lenzen, wenigstens ein kleiner Trost."

Wie am Montag stand Feuerwehrmann Schröder vor dem Pavillon 117 Wache und schlug die Hacken zusammen, als er Höfner sah. „Guten Morgen, Herr Kommissar."

„Morgen, Schröder. Irgendetwas Besonderes, das ich wissen sollte?" Ein schepperndes Geräusch kam aus dem Innern des Pavillons. „Wer zum Teufel rumort denn da in unserem Tatort herum? Sagen Sie bloß, ich muss mich jetzt auch noch ärgern!"

„Der Gutachter, Herr Kommissar."

„Was für ein Gutachter?"

„Der Feldwebel hat ihn angefordert, wegen der Versicherung. Damit er den Schaden aufnimmt und der Friseur mit dem Renovieren anfangen kann."

„Schröder, was habe ich vorgestern gesagt?", fragte Höfner in betont geduldigem Tonfall.

„Kein Unbefugter soll den Tatort betreten", antwortete Schröder schnell.

„Das ist zwar schlau geantwortet, aber ich muss Sie korrigieren. Ich sagte nicht ‚kein Unbefugter', ich sagte ‚niemand'. Warum also ist der Gutachter im Pavillon?"

„Äh ... ich kann da nichts machen, Herr Kommissar, der Feldwebel ..."

„Schon gut, Schröder, ich kümmere mich darum."

Lenzen folgte dem Kommissar bis an den Eingang. Sie standen mitten in den Scherben der Glastür und versuchten, ein freies Stückchen Boden für ihre Füße zu finden. Von drinnen hörte man ein permanentes halblautes Schimpfen.

„Was für eine elende Schweinerei! Ruß und Dreck, überall. Warum muss ich immer an solche Orte? Da denkt man, eine juristische Ausbildung sei eine saubere Sache, aber nein, man wühlt im Schmutz. In anderer Leute Schmutz wohlgemerkt. Na, dann lass mal sehen, du Holzkopf. Da hast du wohl deine Perücke verloren. Und angebrannt bist du auch noch. Ich sag dir was, du bist zu nichts mehr zu gebrauchen. Du liebe Güte, wie das stinkt. Und was ..."

„Hallo?", rief Höfner. „Was machen Sie da?"

„Wer will das wissen?"

„Kriminalkommissar Höfner. Sie stehen in meinem Tatort."

Ein schmaler, kleiner Mann mit funkelnden Brillengläsern

trat geschäftig aus dem Pavillon, ein hölzernes Klemmbrett in der einen, einen Bleistift in der anderen Hand. Seine Schuhe hatten einen schmutzigen Rand, aber sonst hatte er es geschafft, trotz der schwarz-klebrigen Umgebung, in der er sich befunden hatte, auszusehen wie aus dem Ei gepellt. Er reichte Höfner die Hand.

„Mostrich, angenehm. Und bevor Sie es sich jetzt einfallen lassen, geistreiche Bemerkungen über blaugraue Keramikware mit dunkelgelbem Inhalt zu machen, lassen Sie es lieber. Ich kenne jeden Witz über Senf. Wirklich jeden. Wenn Ihnen mein Name so nicht reicht, setzen Sie ein ‚Doktor‘ davor, das hätte seine Richtigkeit. Doktor jur. Und Sie sind?"

„Lenzen, Polizeisergeant."

„Angenehm. Nun, was mache ich hier, das war Ihre Frage. Ich begutachte die Schäden in diesem Pavillon, denn wie Sie sicher wissen, sind alle Pavillons versichert, insbesondere gegen Feuer. Wir wollen ja nicht so ein Desaster erleben wie anno ’93 bei der Weltausstellung in Chicago. Sechzehn Tote, ich bitte Sie, das geht doch nicht. Folglich hat man hier in Düsseldorf Vorkehrungen getroffen, inklusive Versicherung. Will man aber bei einem so sensiblen Thema permanent an die Möglichkeit eines Brandes erinnert werden? Keinesfalls. Da finden Sie es doch sicher auch richtig, wenn wir die Zeugen eines solchen Vorfalls möglichst schnell beseitigen. Dies ist eine positive Veranstaltung, jeder will in einem guten Licht dastehen. Brandruinen machen da keinen wünschenswerten Eindruck, Sie verstehen? Die Trümmer da drinnen müssen wieder erstrahlen. Ich hoffe, Sie sind meiner Meinung und lassen mich jetzt hier meine Arbeit tun. Je schneller ich fertig bin, desto eher herrscht hier wieder Glanz und Gloria."

Mit diesen Worten verschwand er im Pavillon, und kurz darauf hörte man ihn wieder zetern.

„Nicht diskutieren, Lenzen." Höfner hielt seinen Sergeanten zurück. „Wir gehen jetzt hinein und schauen uns noch mal genau an, wo Mertens gestürzt sein muss. Die Frage ist: Wie hat er es geschafft, auf dem Beckenrand aufzuschlagen und halb darunter zum Liegen zu kommen? Ist das möglich oder nicht? Mit anderen Worten: Wir klären jetzt unseren Mord auf."

„Und Dr. Mostrich?"

„Gar nicht beachten, Lenzen." Höfner senkte die Stimme. „Ich muss zugeben, ich fühle mich verbal unterlegen und habe keine Lust mehr, mit ihm zu diskutieren. Lassen Sie ihn einfach gewähren. Und nun kommen Sie."

Während Dr. Mostrich im Hintergrund des Pavillons Glasstöpsel zerbrochener Parfümflakons zählte – „Wofür hat man eigentlich studiert? Das frage ich mich wirklich!" –, inspizierten Höfner und Lenzen die beiden Waschbecken mit der steinernen Einfassung an der rechten Wand. Mertens hatte halb unter dem linken Becken gelegen.

„Wie ist er dahin gekommen, Lenzen, was meinen Sie? Er lag da unten halb auf der Seite, mit dem Gesicht zur Wand."

Lenzen dachte nach. „Also muss er zwischen beiden Becken nach unten gerutscht sein. Die Lücke dazwischen ist breit genug. Wenn er mit der Stirn aufgeschlagen ist, wäre es logisch, dass er auf der rechten Seite liegt, mit dem Gesicht Richtung Laden." Er machte die nötigen Bewegungen vor, wie er sich ihren Ablauf vorstellte, natürlich ohne den Boden zu berühren. „Wissen Sie, was ich meine, Herr Kommissar?"

„Ja, ganz genau, Lenzen. Das bedeutet aber auch genauso logisch, dass er nur auf der linken Seite liegen kann, wie er es ja auch tat, wenn er mit dem Hinterkopf das Becken getroffen hat und deshalb nach links weggerutscht. Richtig?"

Lenzen musste sich ein bisschen verrenken, um diese Variante vorzumachen. Dabei ging er in die Hocke und konnte unter das Becken sehen.

„Schauen Sie mal, Herr Kommissar", sagte er und stellte etwas auf den Beckenrand. „Was ist das denn?"

Höfner nahm das Ding in die Hand und wischte darüber. Es hatte die Form einer tulpenförmigen Tasse ohne Boden mit einem kreisrunden Henkel an der Seite, der obere Rand sah aus wie abgebrochen. Er stellte das Objekt zurück auf den Beckenrand.

„Eine Tasse? Aber warum hat sie keinen Boden? Für einen Trichter ist das Loch zu groß."

„Und sie ist aus braunem Glas, Herr Kommissar. Ziemlich ungewöhnlich."

Lenzen betrachtete die Tasse genauer, nahm sie schließlich in die Hand und drehte sie um. „Wissen Sie, was das ist?" Er grinste. „Das ist der Hals einer großen Vorratsflasche, deshalb hat die ‚Tasse' keinen Boden. Solche Flaschen benutzen Apotheker für Flüssigkeiten. Durch den Henkel kann man sie beim Schütten besser festhalten. Ich wette, in dieser Flasche war Ethanol."

„Der Täter hat Mertens also übergossen und die Flasche auf den Boden fallen lassen, wobei sie in Scherben ging", folgerte Höfner und zeigte auf noch erkennbare große Glassplitter auf dem Boden. „Sehr gut, Lenzen. Packen Sie das Ding ein und nehmen Sie es mit. Beweismaterial. Von Graeve muss da noch mal dran, damit wir sicher sind. Da haben wir in dem ganzen Durcheinander hier doch noch etwas Brauchbares entdeckt."

Dr. Mostrich hatte inzwischen seine Arbeit beendet und ging an Ihnen vorbei nach draußen. „Und jetzt raus aus dieser stinkenden Drachenhöhle. Es ist wirklich unglaublich, womit man sich plagen muss. Ah, und von Ihnen, Herr Kommissar, bekomme ich sicher noch einen Bericht, in dem steht, ob das Ganze hier ein Unfall war oder Vorsatz, ob der Besitzer der Verursacher ist oder nicht. Man kann ja nicht einfach seinen Pavillon anzünden, nur weil die Geschäfte nicht so laufen, wie man sich das gedacht hat, und dann die Versicherung kassieren. Aber so etwas bekomme ich heraus. Ich nehme ja nicht umsonst die ganzen Mühen auf mich. Man soll nämlich nicht meinen, auf was für Ideen die Leute kommen. Ich könnte Ihnen Geschichten erzählen … Aber leider muss ich weiter. Guten Tag, die Herren! Ah, endlich frische Luft. Eine Wohltat!"

Höfner und Lenzen verstanden nicht mehr, was er noch erzählte, aber an Schröders verwirrtem Gesichtsausdruck konnten sie erkennen, dass er draußen weiterredete. Auch sie traten aus dem Pavillon.

„Jetzt müssen Sie wirklich nur noch darauf achten, dass hier kein Unbefugter hineingeht, Schröder", schmunzelte Höfner. „Wir haben alles gesehen, was wir wollten. Wenn Herr Busch kommt, sagen Sie ihm, er kann mit Aufräumen anfangen."

Schröder schlug die Hacken zusammen. „Jawohl, Herr Kommissar."

„Einen Kaffee im *Automaten*, Lenzen?", fragte Höfner. Er wunderte sich über sich selbst. Vor zwei Wochen hätte er sich nicht träumen lassen, so einen Satz jemals zu sagen.

„Ja, gerne, den kann ich jetzt auch gebrauchen, Herr Kommissar."

Sie wandten sich nach links und gingen langsam auf den norwegisch bunten Musikpavillon zu. Zum Glück würde es noch dauern, bis das Konzert anfing.

„Wie ist es passiert, Lenzen? Ist er ausgerutscht? Ist er gestoßen worden? Der Arzt hat ja gesagt, Spuren von einem Stoß kann man wegen des Feuers nicht ausmachen."

„Also ich denke, jemand muss ihn gestoßen haben, Herr Kommissar. Er ist nicht allein gewesen. Der Arzt hat ja auch gesagt, er war schon tot, als es brannte."

Höfner nickte. „Jemand will die Tat hinter einem Brand verbergen, das wäre nicht das erste Mal. Aber wer? Was ist mit Kaspar Jänicke?"

Lenzen rief sich den gestrigen Abend ins Gedächtnis. Sie waren doch noch zum Apollo-Theater gegangen, weil Jänicke dort arbeitete, wie seine Frau ihnen gesagt hatte. Sie hatten sich durchgefragt und ihn hinter der Bühne angetroffen. Jänicke war ein gutmütiger Bär, der sich freute, dass es Mertens nicht mehr gab, weil seine Frau nun keine Angst mehr haben musste, dass er in der Stadt schlecht über sie redete.

„Nein, Herr Kommissar, nicht Jänicke. Er hatte doch Zeugen dafür, dass er am Sonntag gearbeitet hat. Er war im Theater, als Mertens starb, weit weg."

„Wohl wahr."

So kamen sie nicht weiter. Sie mussten das vierte Erpressungsopfer finden. Vielleicht sollten sie gleich heute in der Mittagspause …

„Herr Kommissar!"

Ein Sergeant lief auf Höfner und Lenzen zu, gerade als sie am Automatenrestaurant angekommen waren.

Höfner drehte sich um. „Ja?"

„Ein Glück, dass ich Sie gefunden habe. Der Feuerwehrmann hat mir gesagt, dass Sie hierher wollten." Der Mann war außer Atem und holte tief Luft. „Es gab einen Anruf für Sie von Wache III. Der Täter hat sich gestellt, soll ich Ihnen sagen, und ob Sie in der Mittagspause vorbeikommen könnten."

Frl. Ella Kremo
Artiste
in Düsseldorf a/Rh.
Apollo-Theater
Allemagne

Endlich! Ella Kremo stand im Foyer des Apollo-Theaters am Fenster und hielt die lang erwartete Nachricht ihrer Freundin Elsie in Händen. Jetzt war eigentlich wieder eine Probe angesetzt, aber wenn ihr Bruder Sylvester hörte, was sie aufgehalten hatte, würde er schon nicht mit ihr schimpfen. Elsie hatte geschrieben! Das ging vor.

Sie betrachtete das Bild auf der Karte. Eine Dame wie eine griechische Göttin in einem gelben Kleid saß auf einem graugrünen Felsen am Meer und flüsterte der Taube auf ihrer Schulter etwas zu. Darunter ein golden eingefasster Rahmen für eine Nachricht. So eine schöne Karte! Als Erstes tat sie, was man in einer Artistenfamilie, die viel in der Welt umherreiste, mit Postkarten sofort tat. Sie drehte die Karte um und versuchte, den Poststempel zu entziffern. Dieser hier war zum Glück nicht so verwischt und verriet, dass Elsie die Karte gestern in Antwerpen in den Briefkasten gesteckt hatte. Antwerpen. Da waren sie also.

„Meine liebe Freundin Ella", las sie, und ein warmes Gefühl breitete sich in ihr aus. Eine Postkarte von einer Freundin war ein kleines Stückchen Heimat. Ein fester Punkt in ihrem Leben, das sich permanent an anderen Orten abspielte, wo sie in Pensionszimmern wohnten und auf Vaudeville-Bühnen auftraten. Ihre Familie, ihre Geschwister waren immer um sie herum. Sie waren ihr Anker. Aber Freunde, die das gleiche Leben führten und an sie dachten, wo immer sie waren, die waren ihre Heimat.

Ella las weiter. Elsie wollte wissen, ob Ellas Familie nach Paris reisen würde. Wahrscheinlich hatten die Moulier-Schwestern, Elsie und Kathie, auch Auftritte dort, und man könnte sich sehen! Das wäre wunderbar. Sie, also Ella, sollte an die unten angegebene Adresse schreiben und auch ihre lieben Eltern grüßen von Elsie M. Ah, und hier war die Adresse. Ach, sie waren in Alsenborn in der Bayrischen Rheinpfalz. Ella lächelte. Kathie hatte sich, das wusste sie, in einen der jungen Althoffs verguckt. Elsie und sie würden eine Menge zu kichern haben, wenn sie sich wiedersähen. Vielleicht konnte man über Alsenborn nach Paris fahren, das müsste sie mal anregen. Auch ihre Familie war gerne dort.

Alsenborn war nur ein kleiner Ort in der Nähe von Kaiserslautern. Er war so klein, dass er noch nicht mal eine eigene Bahnstation besaß, wo die Post ankommen konnte. Man musste die Ansichtskarten via Station Enkenbach schicken. Aber Alsenborn war das Paradies. Kein Alsenborner Bauernkind, das nicht wenigstens auf Händen gehen oder Äpfel in der Luft kreisen lassen oder auf Weidenzäunen balancieren konnte. Als wären sie alle vom Zirkus. Und das nur, weil die Familie Althoff dort Grund und Boden besaß. Dort konnte man das Jahr über Zwischenstation machen, dort wurde das Winterlager aufgeschlagen, und neue Nummern wurden geprobt, für den Sommer, wenn sie wieder auf Reisen gingen. Ihr Publikum waren die Bauernkinder. Es hieß, irgendwann vor langer Zeit hätte alles mit einem Marionettenspieler und einer Seiltänzerin begonnen. Später hätte eine Althoff in die einheimische Artistenfamilie eingeheiratet, und jetzt gehörte der Familie Althoff der Besitz. So war das entstanden, und Ella war froh, dass es dieses Fleckchen Erde gab.

„Ella? Entschuldigen Sie …"

Sie wandte sich um. „Gustav! Aber wie sehen Sie denn aus?"
Ella zwinkerte ihm zu. „War es eine lange Nacht?"

Gustav schüttelte den Kopf. Er war bleich und irgendwie traurig, aber er versuchte sein Bestes, so freundlich wie immer zu sein.

„Nein. Ich glaube, ich bin nur erkältet, wenigstens fühle ich mich so. Ihr Bruder sucht sie übrigens. Alle sind schon bei der Probe."

„Oh! Ich habe die Zeit vergessen. Danke, Gustav!"

Und weg war sie. Gustav blickte ihr nach. Er beneidete sie um ihre Leichtigkeit.

„So schnell sieht man sich wieder." Polizeikommissar Blase lächelte. „Kommen Sie herein."

Er winkte Höfner und Lenzen in die Wache und informierte sie, dass Herr Fischer sich am Morgen selbst angezeigt habe.

„Weiß man etwas über ihn?", wollte Höfner wissen.

„Keine Straftaten, wenn Sie das meinen. Verheiratet, obwohl es die Ehefrau wohl nicht mehr gibt, ein Sohn, arbeitet bei Fütterer in der Tonhalle."

„Ja, das Letztere weiß ich schon. Danke."

„Er sitzt bereits für Sie im Vernehmungszimmer, Heckhausen passt auf ihn auf. Soll es gleich losgehen?"

„Ja gerne", sagte Höfner und nickte, „je schneller, desto besser. Wir müssen wieder zurück aufs Gelände."

„Folgen Sie mir bitte."

Das Vernehmungszimmer von Wache III hatte vergitterte Fenster, durch die man in einen bebauten Innenhof blickte, wo ein Glaser und ein Schreiner ihre Werkstätten hatten. Am

Tisch saß Julius Fischer, der Barbier, und sah ihnen mit ängstlichem Gesicht entgegen. Heckhausen sprang auf, überließ Höfner und Lenzen seinen Platz am Tisch und stellte sich vor die Tür, als Blase wieder gegangen war.

Höfner betrachtete den Mann vor sich. Feingliedrige Hände, ein schmales Gesicht, dessen Falten sich über die Jahre gebildet hatten, aber nicht aus Zorn oder Boshaftigkeit, sondern aus zufriedener Heiterkeit. Trotzdem kein fröhliches Gesicht, ein wenig schwermütig und gerade jetzt nicht nur mit einem ängstlichen, sondern sogar panischen Ausdruck in den Augen.

„Guten Tag, Herr Fischer", begann Höfner. „Wir haben uns gestern schon einmal gesehen, erinnern Sie sich? Lenzen und ich waren bei Herrn Fütterer."

Fischer nickte.

„Warum kommen Sie erst heute zu uns, um einen Mord zu gestehen?"

Fischers Augen weiteten sich bei dem Wort, das bisher in seiner Welt offenbar keinen Platz gehabt hatte. Er starrte den Kommissar an und hob dann die Schultern. „Ich weiß es nicht", flüsterte er. „Wahrscheinlich war ich nicht mutig genug."

Das klang plausibel.

„Was ist denn in der Tatnacht geschehen, Herr Fischer? Erzählen Sie einfach aus Ihrer Sicht."

„Nun", begann der Barbier stockend. „Mertens hat meinen Sohn erpresst mit einer Sache, die er völlig missverstanden hatte. Es ging um ein angeblich gestohlenes Portemonnaie eines Gastes aus dem Apollo. Aber mein Sohn hatte es beim Restaurantchef, dem Georg Pütz, schon längst abgeliefert, er hatte es gar nicht mehr. Mertens hat trotzdem immer weitergemacht und ihn sogar bedroht. Mein Sohn war so verzweifelt." Fischer schüttelte den Kopf. „Da bin ich am Sonntag zur Ausstellung gegangen und habe gesehen, wie der Friseur, der Franz Busch, seinen Pavillon verlassen hat. Niemand war in der Nähe, alle wollten ja zum Feuerwerk, aber im Pavillon saß Mertens und schnüffelte an irgendwelchen Fläschchen herum, der großartige Parfümeur." Fischer ballte zornig die Fäuste.

So könnte es tatsächlich gewesen sein, dachte Höfner. Er blickte sich zu Lenzen um, der leicht mit dem Kopf nickte. Er hielt es also auch für möglich.

„Und was geschah dann?", fragte Höfner.

„Ich bin reingegangen, hab ihn zur Rede gestellt. Er hat nur gelacht. Da habe ich rotgesehen, und da ist es passiert." Fischer runzelte die Stirn und schwieg.

Höfner ließ ihm Zeit. Wenn er ihn drängte, würde dieser Mann eventuell gar nichts mehr sagen. Nach einer Weile fragte er ihn geduldig: „*Was* ist passiert?"

„Ich habe ihn umgebracht", presste Fischer schließlich hervor und zuckte die Schultern.

„Sie sind also in den Pavillon gegangen, haben ihn zur Rede gestellt, und er hat gelacht. Und dann?"

„Da lag ein Rasiermesser. Das hab ich genommen und ihm", Fischer verzog das Gesicht, als täte ihm körperlich weh, was er sagen würde, „und ihm die Kehle durchgeschnitten. Er ist hingefallen, und ich bin weggerannt."

„Wohin sind Sie gelaufen?"

„Nach Hause."

„Kann das jemand bezeugen? Ihre Frau vielleicht?"

Fischer schüttelte den Kopf. „Ich lebe allein. Meine Frau ist gestorben, schon vor zehn Jahren."

Höfner nickte. „Das tut mir leid. Wir machen hier eine kurze Pause, Herr Fischer. Möchten Sie ein Glas Wasser? Ich bringe es Ihnen mit."

„Ja, danke."

Höfner machte Lenzen ein Zeichen, mit ihm aus dem Raum zu gehen. Ein letzter Blick auf Fischer zeigte ihm einen Mann mit hängenden Schultern, einem verlorenen Ausdruck in den Augen, aber immer noch geballten Fäusten. Er schloss die Tür und drehte sich zu Lenzen um.

„Was halten Sie davon, Lenzen?", fragte er leise.

„Ich weiß nicht, es könnte doch so gewesen sein? Der Arzt hat gesagt, das Feuer vernichtet Spuren auf der Haut und …"

„Ich bitte Sie! Eine durchgeschnittene Kehle hätte der Arzt bemerkt, glauben Sie mir. Nein, der Mann lügt. Kein Wort über den Brand und die falsche Art der Tötung. Die völlig falsche Art der Tötung, wenn man an die Berufsehre der Barbiere denkt. Ein Tröpfchen Blut, und Sie sind als Barbier denkbar schlecht in Ihrem Beruf. Vergessen Sie nicht, dass dieser Mann ein guter Barbier ist, Lenzen, schon sein ganzes Leben lang. Er würde sonst ja nicht bei Fütterer in der Tonhalle arbeiten. Das passt alles nicht zusammen. Nein, da frage ich mich doch etwas ganz anderes: Wen schützt er?"

„Ach, Sie meinen, er schützt seinen Sohn?"

„Genau. Wie bekommen wir das jetzt aus ihm heraus? Er ist ja offenbar zu allem entschlossen. Leicht machen wird er es uns sicher nicht."

„Wir befragen ihn weiter, Herr Kommissar, so lange, bis er es zugibt."

„Das dauert mir zu lange. Ich weiß etwas Besseres. Kommen Sie, wir holen ein Glas Wasser, dann gehen wir wieder hinein."

Kurz darauf saßen sie wieder Fischer gegenüber.

Er setzte sich aufrecht, so als würde er sich für das Weitere wappnen wollen. „Was passiert jetzt mit mir, Herr Kommissar?", fragte er.

„Zunächst haben wir noch mehr Fragen an Sie", antwortete

Höfner. „Sagen Sie, wenn Sie jemanden rasieren, kommt es oft vor, dass Sie ihn aus Versehen dabei verletzen?"

Fischer blickte Höfner empört an. „Nie!", sagte er vehement. „Nun ja, früher, als ich noch Lehrling war, da ist es mir schon mal passiert, aber dann nie wieder."

„Was macht man eigentlich, wenn man jemanden beim Rasieren verletzt?"

Höfner passierte das häufig, wenn er sich selbst rasierte. Schließlich schaute man dabei in den Spiegel, wo alles seitenverkehrt war und Bewegungen mit der Hand nach vorne oder hinten nicht wie geplant abliefen, weil sie auch falsch herum waren, sodass man sich dann schon mal … Nun ja, er wusste genau, was dann zu tun war, aber er wollte es von Fischer hören.

„Nun, man versucht, das Blut mit dem Alaunstein zu stillen. Sie müssen wissen" – Fischer schien ein anderer zu werden, als er jetzt über seinen Beruf sprach – „im Gesicht blutet man schnell. Wenn die Verletzung etwas größer ist, dann hat aber auch der Alaunstein keinen Zweck mehr. Zum Glück gibt es heutzutage die selbstklebenden Verbandspflaster, das ist schon ein großer Vorteil. Aber normalerweise passiert so etwas natürlich nicht." Er lächelte Höfner freundlich an, dann merkte er, wo er war und mit wem er sprach, und sackte wieder in sich zusammen.

„Bei größeren Verletzungen fließt also Blut, das nicht so leicht zu stillen ist."

Fischer zuckte die Schultern. „Ja, das kann passieren."

„Wieso haben wir dann bei der Verletzung, die Sie Mertens zugefügt haben wollen, gar kein Blut gefunden? Nicht die kleinste Spur? Der nachfolgende Brand, den Sie ja auch noch gelegt haben müssen, hat nämlich nicht alles zerstört. Bei der Menge Blut, die geflossen sein muss, hätten wir Spuren gefunden, glauben Sie mir. Es gab keine. Wie erklären Sie sich das?"

In Fischers Augen trat wieder der angstvolle Ausdruck.

„Ich weiß es nicht", flüsterte er. „Ich habe auch keinen Brand gelegt."

„Natürlich nicht." Höfners Stimme wurde sanft. „Sie können nichts von alldem erklären. Sie waren nämlich gar nicht dort und haben auch nichts getan. Habe ich recht?"

Fischer blickte Höfner empört an. „Nein!", rief er. „Ich habe Mertens umgebracht. Warum glauben Sie mir denn nicht?"

„Mertens ist mit dem Kopf auf das Waschbecken geschlagen, hat sich das Genick gebrochen und ist danach mit Ethanol übergossen und angezündet worden. *Das* hätten Sie mir erzählen müssen. Dann hätte ich Ihnen geglaubt."

Fischer blickte den Kommissar entsetzt an. „O mein Gott!"

„Sie wollen Ihren Sohn schützen, Herr Fischer. Er hatte allen Grund, Mertens zu töten, oder etwa nicht?"

Fischer schlug die Hände vors Gesicht und schüttelte den Kopf.

„Kommen Sie, wir finden es früher oder später sowieso heraus. Es hat keinen Zweck, uns etwas vorzumachen."

Fischer holte tief Luft, nahm die Hände vom Gesicht und blickte den Kommissar trotzig an. „Was würden Sie denn tun? Sie werden erpresst für etwas, das Sie nicht getan haben, Sie werden bedroht, Sie gehen zur Arbeit, da wartet er auf Sie, Sie gehen nach Hause, da wartet er auf Sie. Mertens war eine Pest."

„Hat Ihr Sohn ihn getötet?"

„Ich weiß es nicht." Er blickte durch das vergitterte Fenster. Deutlich spiegelte sich sein innerer Kampf in seinem Gesicht. Schließlich nickte er. „Aber ich vermute es."

„Warum?"

„Nun, als er das letzte Mal bei mir war …"

„Wann war das?"

„Am Samstag, einen Tag vor dem Feuerwerk. Er hatte frei

an dem Abend, und wir haben ein Glas Wein zusammen getrunken. Da hat er mir von der Erpressung erzählt. Er war völlig verzweifelt, er wusste nicht weiter. Er würde nicht zahlen für etwas, das er gar nicht getan hätte. Immer wieder hat er das gesagt. Und dass er es Mertens schon begreiflich machen würde."

Fischer seufzte auf. Er sah erschöpft aus, aber der Kommissar ließ ihm keine Ruhe.

„Und was passierte dann?"

„Ich habe Jean Schmitz alles erzählt – Jean ist ein guter Mann und verschwiegen, man kann ihm sein Herz ausschütten. Ihm war dasselbe mit Mertens passiert, und er hat mich sofort zu Herrn Döring mitgenommen. Herr Döring ist der Geschäftsführer der Tonhalle, wissen Sie, er ist daran gewöhnt, auch in großen Dingen richtige Entscheidungen zu treffen. Er hat uns dann geraten, Mertens anzuzeigen. Das wollte ich auch gleich am Montag tun, aber dann habe ich von Mertens' Tod in der Zeitung gelesen, und da hatte es ja keinen Zweck mehr."

„Haben Sie Ihren Sohn danach noch einmal gesehen?"

„Ja, ich bin natürlich sofort zum ihm ins Apollo gegangen. Wissen Sie, er ist da Kellner im Restaurant 1, im Tagesrestaurant. Ich bin also dahin gegangen und habe ihn geradeheraus gefragt. Er hat mich angesehen und gesagt, dass er nichts damit zu tun hätte. Ich habe ihm geglaubt, aber dann auf dem Weg zu Fütterer ist mir eingefallen, wie blass er aussah und wie nervös er war und dass er wieder mit den Augen zwinkerte. Das hat er schon als Kind gemacht, wenn er etwas ausgefressen hatte. Und da habe ich vermutet ..." Fischer brach ab und holte tief Luft. Es fiel ihm sichtlich schwer, über seinen Verdacht zu sprechen.

„Und da haben Sie vermutet", beendete Höfner für ihn den Satz, „dass er Ihnen nicht die Wahrheit gesagt hat, und Sie haben sich entschieden, uns eine andere Geschichte zu erzählen, richtig?"

„Ja."

„Gut. Herr Fischer, wir machen Folgendes. Sie bleiben jetzt noch ein bisschen auf der Wache, bis wir mit Ihrem Sohn gesprochen haben. Danach rufe ich hier an, und dann dürfen Sie wieder nach Hause."

Fischer nickte ergeben. „Ich verstehe. Sie wollen meinen Sohn mit Ihrem Besuch überraschen."

„So ist es, Herr Fischer. Es tut mir leid, aber es geht nicht anders. Wir wollen ja nicht, dass er noch mehr Dummheiten macht, weil Sie ihn warnen konnten. Es würde nichts besser, wenn er flüchtig wäre und wir nach ihm fahnden müssten. Ich meine es nur gut, wissen Sie? Wenn Sie etwas brauchen, sagen Sie dem freundlichen Polizeisergeanten hier Bescheid. Sie kümmern sich um ihn, Heckhausen?"

„Natürlich, Herr Kommissar."

Frau Jänicke trällerte vor sich hin. So etwas tat sie eigentlich nie, und ihr Zugehmädchen hatte sie auch verwirrt genug angesehen und lieber die Betten gemacht, als ihr hier in der Küche zu helfen. Aber sie konnte nicht anders. Es war ihr so leicht ums Herz, und das musste irgendwie heraus.

O Theophil, o Theophil,
Du warst mein Alles auf der Welt!
O Theophil, o Theophil,
Warum hast du mich kalt gestellt?

Ach, dieser Ohrwurm! Seit Kaspar sie eines Abends vor einem Jahr – oder war es schon länger her? – mitgenommen hatte, damit sie die nagelneue Operette *Frau Luna* von Paul Lincke im Apollo sehen könnte, war sie nicht die Einzige, die die Lieder sang. Sie gingen einem einfach nicht mehr aus dem Kopf. Ja, Kaspar hatte sie mitgenommen. Es war wunderbar gewesen, aber nicht so schön wie der Abend gestern, als er endlich nach Hause gekommen war.

Sie war extra aufgeblieben, weil sie sich solche Sorgen gemacht hatte. Die Polizisten waren mit ernsten Gesichtern losgegangen, um ihn zu befragen. Glaubten sie allen Ernstes, ihr Kaspar könnte einen Mord begehen? Also wirklich! Nun ja, sie hatte es ja auch irgendwie befürchtet, obwohl sie noch nicht einmal gewagt hatte, es zu denken. Aber dann war er nach Hause gekommen. Wie immer war er hereingeschlichen und hatte ganz leise gemacht, um sie nicht zu wecken.

„Guten Abend, Kaspar", hatte sie aus der Dunkelheit der Küche gesagt, worauf er sich fürchterlich erschrocken hatte, weil er ja nicht damit rechnen konnte, dass sie da saß. Da hatte sie noch gedacht: Das geschieht ihm jetzt recht.

„Und? Hast du mit der Polizei gesprochen?", hatte sie gefragt und den Atem angehalten, weil sie sich vor der Antwort so fürchtete.

Da hatte er sich an den Tisch gesetzt und tief geseufzt. „Du machst so ein Theater, Frau", hatte er gesagt. „Und weißt du, was ich am schlimmsten finde? Dass du es für möglich hältst, dass ich einen Menschen umbringe. Du musst mich doch besser kennen. Sogar die Polizisten haben mir geglaubt. Und als die Kollegen bestätigt haben, was ich gesagt habe, sind sie wieder abgezogen."

Nun ja, sie selbst hatte die Kollegen ja auch nicht befragen können, um sich zu beruhigen, hatte sie gedacht, da hatten die

Polizisten es besser gehabt als sie. Trotzdem hatte sie vor Erleichterung angefangen zu weinen. Da hatte Kaspar sie in die Arme genommen und „Nanana, nun mach doch kein Theater, Frau", gemurmelt. Und alles war wieder in Ordnung gewesen. Es war wie im Märchen. Der böse Wolf war tot, und der Prinz bekam seine Prinzessin. Genau so. Man durfte doch träumen, oder? Frau Jänicke holte Luft und sang, dass die Nachbarskatze, die gerade den Milchkrug entdeckt hatte, erschrocken durch die Hintertür davonsauste.

Schlösser, die im Monde liegen,
Bringen Kummer, lieber Schatz.
Um im Glück dich einzuwiegen,
Hast du auf der Erde Platz!

Ach, Frau Luna! Das Leben war schön.

FRONLEICHNAM, 29. MAI 1902

Wieder einmal saß August Höfner in der roten Linie der Straßenbahn. Es war schon erstaunlich, wie sehr er sich daran gewöhnt hatte, morgens als Allererstes in ein ratterndes Ungetüm zu steigen. An diesem frühen Morgen fuhr er noch vor dem Dienst auf der Ausstellung nach Derendorf.

Lenzen und er waren am Tag zuvor direkt von Wache III zum Apollo-Theater gegangen. Als Kellner im Tagesrestaurant, so vermuteten sie, musste Gustav Fischer um die Mittagszeit dort sein. Höfner hatte sich in der Wache noch einmal das Adressbuch geben lassen, in dem ein Sitzplan des Theaters abgedruckt war. Darauf konnte man auch erkennen, wo genau die Restaurants und die Ausgänge des Theaters lagen. Höfner war also zur vorderen Tür ins Tagesrestaurant hineingegangen, während Lenzen sich vor dem schmiedeeisernen Tor am hinteren Ausgang Richtung Louisenstraße postiert hatte. Doch das war gar nicht nötig gewesen. Gustav Fischer war nicht weggelaufen und hatte auch keinen Widerstand geleistet. Er hatte genickt, als er erfahren hatte, dass sie ihn festnehmen würden, hatte dem Restaurantchef Bescheid gesagt und war mitgegangen. Sie hatten ihn dann in die Haftanstalt

Derendorf bringen lassen, wo sie ihn jetzt gleich verhören würden.

Die Bahn hielt an der Haltestelle Schloss Jägerhof. Lenzen hatte gesagt, er würde hier zusteigen.

Und da war er auch schon. „Guten Morgen, Herr Kommissar."

„Morgen, Lenzen, da haben Sie ja die richtige Bahn erwischt. Und? Sind Sie wach und bereit für das Verhör?"

„Ja, natürlich, Herr Kommissar."

„Ich bin ja gespannt, was für eine Geschichte er uns auftischt. Nach allem, was wir wissen, sollte eigentlich klar sein, wie Mertens ums Leben gekommen ist. Trotzdem weiß jeder, den wir befragen, noch etwas Neues. Ist er gefallen, oder hat man ihn gestoßen, oder was ist passiert? Das Dumme ist ja, dass wir kaum Spuren gefunden haben, weil das Feuer so vieles zerstört hat."

„Nun", sagte Lenzen, „ich weiß auf jeden Fall, dass wir recht mit der zerbrochenen Vorratsflasche hatten. Ich habe von Graeve gestern Abend noch die vermeintliche Tasse gebracht, Sie wissen schon. Er hat sie freundlicherweise sofort untersucht und Spuren von Ethanol gefunden."

Höfner nickte. „Sehr gut. Vielleicht können wir dieses Wissen ja gleich im Verhör schon nutzen. Wenn wir Glück haben, ist Fischer geständig, wir können ihn dem Haftrichter vorführen lassen, und die Dinge gehen ihren Gang."

Höfner versank in Schweigen, während die Bahn von der Duisburger in die Nordstraße einbog. Wenn der Täter bloß erst überführt und geständig wäre! Erst hatten ihn die Brandstiftungen auf Trab gehalten, und kaum hatte er gedacht, sie hätten den Täter, war es weitergegangen, diesmal sogar mit einer Leiche. Schlimmer konnte es nicht kommen, wenn man eigentlich zufrieden in Oberbilk auf der Wache IV seinen Routinen nachkommen wollte. Kommissar Blase hatte schon recht, so etwas vermisste man einfach. Aber er musste zugeben, Lenzen war ihm ans Herz gewachsen. Und irgendwie hatte er sich mit ihm ja auch neue Routinen erarbeitet, nämlich die täglichen Runden über das Ausstellungsgelände, die gemeinsame Flucht vor den Alphörnern oder die pünktlichen Diskussionen, wo man denn wohl schnell einen Kaffee trinken könnte. Möglichkeiten gab es ja zur Genüge. Er wusste jetzt schon, dass er das im Oktober vermissen würde. Wahrscheinlich sogar die Alphörner.

Er zog seinen neuen Stadtplan aus der Tasche, als die Bahn in ihm unbekannte Gefilde vordrang und in die Collenbachstraße hineinfuhr. Kurz darauf bog sie in die Roßstraße ein. Diese Straße war zum großen Teil noch von Gärten und Feldern gesäumt und nur sehr spärlich bebaut, aber die großen Backsteingebäude links und rechts waren im Plan verzeichnet. Hier gab es eine Kaserne an der anderen: Ulanen, Husaren, Infanterie, Artillerie. Die einen standen in Golzheim, die anderen in Derendorf, denn die Roßstraße war die Grenze zwischen den Stadtteilen. Das konnte man sich eigentlich leicht merken, dachte Höfner erfreut.

„Tannenstraße", sagte Lenzen. „Hier müssen wir aussteigen."

Höfner faltete den Plan zusammen und machte sich mit Lenzen auf den Weg zur Ulmer Höh in Derendorf.

„Lenzen, wissen Sie, warum es Ulmer Höh heißt? Hier ist keine Höhe und auch kein Berg. Also? Sie wissen doch immer alles."

„Ja, Herr Kommissar, das weiß ich tatsächlich. Hier gibt es die sogenannten Geisten, das ist eine sandige Hügelkette, die sich in einem Bogen von Norden nach Süden zieht. Einer dieser Hügel ist die Ulmer Höh, deshalb heißt sie so."

„Gut." Höfner nickte. „Gibt es da wenigstens auch Ulmen?"

„Ich denke schon. Schauen Sie mal. Hinter der Reihe von Bäumen da drüben ist das Gefängnis versteckt. Ich glaube, das sind Ulmen. Also, ich meine, die Straße heißt ja auch Ulmenstraße, da wäre es doch …"

„Aber Lenzen. Versuchen Sie es bei Straßennamen nie mit Logik. Wir sind gerade durch die Tannenstraße gegangen. Und ich kann Ihnen sagen, da war keine einzige Tanne. Bäcker, Metzger, Kolonialwaren wie anderswo auch, ein Porzellanmaler und die Wirtschaft von Josefine Schmitz. Aber nicht eine Tanne. Ob Frau Schmitz etwas mit unserem Jean Schmitz zu tun hat? Was meinen Sie, Lenzen?"

„Ich glaube nicht, Herr Kommissar. Auf dem Schild an der Wirtschaft stand, Josefine Schmitz sei Witwe."

„Nein, dann wohl nicht", gab Höfner ihm recht. „Obwohl ja halb Düsseldorf Schmitz heißt, da könnte sie auch eine Verwandte sein. Wohin jetzt?"

Sie überquerten die Ulmenstraße, gingen an einem Gitterzaun entlang, der auf einer halbhohen Mauer befestigt war und regelmäßig von gleich hohen Backsteinsäulen unterbrochen wurde. Dahinter lag ein Wohnhaus aus Backstein in einem gepflegten Garten. Der Zaun ging weiter bis zu einem großen Torhaus und noch darüber hinaus. Erst hier am Torhaus hatte man das Gefühl, vor einem Gefängnis zu stehen.

Ein Aufseher mit großem Schlüsselbund führte sie vom Eingang über einen Vorplatz, dem eine umgebende Mauer eine runde Form verlieh.

„Dahinter liegen die Zellenbauten", erklärte der Aufseher, „hier in Kreuzform das Männergefängnis und dahinten nur ein einziges Haus, das ist das Weibergefängnis. Da ist eine Extramauer drum herum. Weiber, da weiß man ja nie", lachte er.

Ihm fehlte ein Schneidezahn, aber daran lag es nicht, dass Höfner sein Lachen nicht mochte.

Der Aufseher führte sie weiter zu einer Kapelle mit einem Glockentürmchen. Eigentlich war es nur ein Backsteinrahmen, in dem eine kleine Glocke hing. Eine Tür öffnete sich, und ein Mann mit angespanntem Gesichtsausdruck trat heraus.

„Das ist Inspektor Grunau. Er kümmert sich jetzt um Sie."

Der Aufseher drehte sich auf dem Absatz um und ging.

„Kommissar Höfner und Sergeant Lenzen?", fragte Grunau. „Kommen Sie doch bitte herein." Er lächelte seinen Besuchern zu, schloss die Tür hinter ihnen wieder ab und ging zu einer Treppe.

„Ich dachte, dies hier sei eine Kapelle", sagte Höfner erstaunt.

„Das ist es auch, aber erst im zweiten Stock. Hier unten sind Vorratsräume, oben im ersten unsere Dienstzimmer, und darüber ist dann die Kapelle. In dieser Höhe wird niemand mehr zu entwischen versuchen, während alle anderen sich auf die Andacht konzentrieren. Wir sind hier sehr nah an der Straße und nur mit einer einfachen Mauer geschützt, da muss man ein bisschen mehr aufpassen."

Sie stiegen die Treppe hinauf und folgten Grunau in einen Flur mit Reihen völlig identischer Türen, die zu den Dienstzimmern führten. Seine Wache fand Höfner gemütlicher, aber hier war man ja auch im Gefängnis. Der Inspektor öffnete zielsicher eine der Türen – Höfner war überzeugt, dass er selbst mindestens drei ausprobieren müsste, um das richtige Zimmer zu finden – und bat sie in den Vernehmungsraum.

„Bitte warten Sie hier, während wir den Gefangenen holen. Es dauert nicht lange, er sitzt in einer Zelle für Untersuchungshäftlinge hier in diesem Gebäudeflügel. Einen Augenblick."

Lenzen setzte sich an einen Tisch, während Höfner einen Blick aus dem Fenster warf. Der Backsteinkoloss wirkte wie irgendetwas zwischen Fabrik und Krankenhaus. Dunkelrot, schmucklos, dazu noch vergitterte Fenster. Die Kasernen mit ihren rot-gelben Backsteinmustern, an denen sie eben vorbeigegangen waren, sahen deutlich freundlicher aus.

„Wenn man sich hier umsieht, weiß man, warum man hier nicht sein will, was, Lenzen?"

„Ja, Herr Kommissar, da haben Sie recht. Aber es ist neu und viel komfortabler als das Arresthaus im Palais Hondheim in der Stadt." Lenzen schmunzelte. „Ich habe übrigens gehört, dass die Gefangenen da sehr gerne in die Kirche gegangen sind. Die Kapelle hat ein Portal nach draußen Richtung Rhein auf die Dammstraße, durch das man während des Gottesdienstes leicht verschwinden konnte, wenn der Priester vergessen hatte, es abzuschließen. Offenbar ist das häufiger passiert."

Höfner seufzte. „Nun ja, das ist menschlich. Wer ist schon gerne eingesperrt? Deswegen wird man für eine Flucht ja auch nicht bestraft, nur für das, was man anrichtet, wenn man aus dem Gefängnis ausbricht oder auf der Suche nach einem Bett oder Essen irgendwo einbricht. Wussten Sie das, Lenzen?"

„Ja, das wusste ich, Herr Kommissar."

„Gibt es irgendetwas, das Sie nicht wissen, Lenzen?"

Lenzen warf Höfner einen amüsierten Blick zu und wollte etwas antworten, aber da öffnete sich die Tür, und der Gefangene wurde von einem Aufseher zum Tisch geführt. Gustav Fischer sah schlecht aus, aber das hatte der Kommissar erwartet.

„Herr Fischer", begann Höfner, der sich auch hingesetzt hatte, „wie geht es Ihnen?"

Fischer zuckte die Schultern. „Nicht gut. Ich konnte nicht schlafen."

„Fühlen Sie sich stark genug für das Verhör?"

„Ja. Ich will es hinter mich bringen."

„Gut. Dann erzählen Sie uns doch einfach, was am Sonntagabend passiert ist. Sie können sich Zeit lassen. Wir sind hier, um Ihnen zuzuhören."

Gustav Fischer suchte nach Worten, nach einem Anfang seiner Geschichte. Sein Gesicht wirkte jung, verletzlich. Das Ungeheuerliche, das er zu erzählen hatte, schien zu groß für ihn zu sein.

„Ich glaube, ich habe ihn umgebracht, oder?", fragte er zaghaft.

„Es sieht so aus", antwortete Höfner ruhig.

Fischer schüttelte den Kopf. „Schrecklich. Das ist es doch. Es ist schrecklich."

„Erzählen Sie uns, was passiert ist. Von Anfang an."

Höfners ruhige Stimme schien Fischer zu ermutigen. „Gut. Da war dieses dicke Portemonnaie. Ich hatte an dem Tag abends Dienst, ein später Gast hatte es verloren, es lag unter seinem Stuhl. Ich habe es in mein Jackett gesteckt, um es Herrn Pütz zu geben, meinem Chef. Das habe ich aber vergessen."

„Aber wie können Sie ein offenbar gut gefülltes Portemonnaie vergessen? Es wiegt doch einiges, oder nicht?"

„Meine Geldtasche, die ich zum Kassieren brauche, auch. Irgendwie war ich mit meinen Gedanken woanders, jedenfalls blieb das Portemonnaie in meinem Jackett im Spind, als ich die Abrechnung gemacht hatte und mich umgezogen habe, um nach Hause zu gehen. Es war die ganze Nacht im Theater. Am nächsten Tag hatte ich mittags Dienst und habe es Herrn Pütz gegeben. Dummerweise fingen dann die Erpressungsversuche von Mertens an. Der hatte mich abends beobachtet und falsche Schlüsse gezogen. Ich habe ihn nicht überzeugen können. Er hat mir nicht geglaubt und immer wieder gesagt, wenn ich nicht zahle, erzählt er alles meinem Chef. Dabei wusste der ja, dass ich nichts gestohlen hatte. Das habe ich Mertens auch gesagt, aber es hat nicht genutzt. Und dann …" Fischer stockte abrupt.

„Was ist dann passiert?", fragte Höfner.

„Er … er hat herausbekommen, dass ich ab und zu mal Karten spiele."

„Das ist doch nicht verboten", warf Lenzen dazwischen.

„Um Geld", presste Fischer hervor. „Glücksspiel."

„Ach so." Höfner schüttelte den Kopf. „Etwas Besseres konnten Sie ja einem wie Mertens nicht anbieten. Er hat Sie dann damit erpresst?"

Fischer nickte.

„Wie viel wollte er haben?"

„Fünfhundert, alle drei Monate."

„Ha!", stieß Lenzen aus.

„Genau. Das kann ich doch gar nicht bezahlen. Aber er hat mich immer wieder damit belästigt, sogar an meinem Arbeitsplatz. Seine Drohungen wurden immer wüster. Ich wusste nicht mehr, was ich machen sollte."

„Vielleicht hätten Sie zu uns kommen sollen?", fragte Höfner. „Um Mertens anzuzeigen?"

„Nein, ganz bestimmt nicht. Ich konnte Ihnen doch nicht sagen, dass ich erpresst werde, weil ich um Geld spiele, das ist immerhin strafbar. Schlimm genug, dass ich es jetzt sagen muss."

„Nun, da seien Sie ganz beruhigt, uns geht es hier nicht um Glücksspiel. Wir ermitteln wegen Mord und Brandstiftung. Das reicht ja auch, oder nicht?"

Fischer sackte auf seinem Stuhl in sich zusammen.

„Mord. Brandstiftung. Aber so war es nicht", sagte er.

„Nein? Wie war es dann? Sie sind also auf die Ausstellung gegangen. Was dann?"

„Alle gingen zum Rhein, zum Feuerwerk. Um den Pavillon herum war es völlig leer. Der Friseur kam auch heraus und ging runter zum Rhein. Drinnen saß Mertens am Tisch, hatte viele kleine Fläschchen mit Flüssigkeit vor sich und gab irgendwelche Kräuter hinein. Er war allein, das war meine Chance. Ich wollte ihn noch einmal zur Rede stellen. Ich wollte ihm sagen, dass ich nicht bezahlen kann, weil ich nicht so viel Geld habe und nie haben werde, aber er ließ mich gar nicht zu Wort kommen. Er lachte mich aus." Fischer blickte aus dem Fenster, als sähe er draußen alle Szenen des verhängnisvollen Abends noch einmal.

„Und dann?", fragte Höfner.

„Ich ... ich bin mit erhobenen Fäusten auf ihn zugegangen, er ist aufgesprungen, hat dabei Sachen vom Tisch gerissen. Dann ist er zurückgewichen, und dann ist es passiert. Es ging so schnell." Fischer rieb mit den Händen über sein Gesicht. „O mein Gott. Er ist auf irgendetwas ausgerutscht, hintenübergefallen und auf das Becken geschlagen. Es knackte, ein widerliches Geräusch, und er rutschte unter das Becken. Dieses Knacken! Ich träume davon. Immer wieder. Ich mache mir solche Vorwürfe. Wenn ich ihn nicht bedrängt hätte, dann wäre er nicht gestolpert. Ich habe ihn umgebracht, Herr Kommissar."

Höfner lächelte, und Lenzen hatte den Eindruck, es war ein erleichtertes Lächeln.

„Haben Sie Mertens bestimmt nicht berührt?", fragte der Kommissar. „Oder gestoßen? Vielleicht erinnern Sie sich ja nicht ganz genau?"

„Doch, ich erinnere mich, aber ich war gar nicht nah genug, er wich mir ja aus. Ich wollte mich in dem Moment mit ihm schlagen, ich war so wütend, aber da fiel er hin und war tot. O mein Gott!" Wieder schlug sich Fischer die Hände vors Gesicht.

Nein, dachte Höfner, er war wohl kein Mörder. Die Geschichte schien zu stimmen. Wenn er jetzt noch das Richtige zum Brand erzählte, dann würde er ihm glauben. „Sie sind aber nicht gleich danach gegangen, oder?"

Fischer schüttelte den Kopf. „Nein. Ich hatte Panik. Ich wollte, dass alles verschwindet, dass es einfach weg ist und mich nicht mehr quält. Da stand eine große Flasche auf dem Tisch, mit Ethanol. Das Zeug tun wir immer ins Wasser, um die Glasscheiben an der Theke zu reinigen. Man weiß ja, dass es gut brennt. Ich habe es überallhin gegossen und dann angezündet. Dann bin ich weg und …"

„Was haben Sie mit der leeren Flasche gemacht?", wollte Lenzen wissen.

„Keine Ahnung. Ich war so aufgeregt, ich glaube, ich habe sie einfach weggeworfen. Dann bin ich weg, nach Hause. Ich weiß nicht, wie, ich weiß nur, dass die Leute mir ausgewichen sind. Ich muss schrecklich ausgesehen haben. Ich dachte noch: Jeder sieht mir an, dass ich ein Mörder bin."

Höfner betrachtete Gustav Fischer und suchte das richtige Wort. Ein Häufchen Elend? Ein personifizierter Gewissensbiss? Nein, der Mann war ehrlich zerknirscht. Zerknirscht, so hatte der Pfarrer ihnen als Kindern damals das Wort erklärt, zerknirscht war man, wenn man seine Sünden aufrichtig bereute. Höfner hatte sich ab da immer sehr viel Mühe gegeben, zerknirscht auszusehen. Das war auch bitter nötig gewesen, wenn er sich recht erinnerte, denn er hatte ständig etwas zu bereuen gehabt … Aber das tat hier nichts zur Sache.

„Sie sind kein Mörder, Herr Fischer", sagte er. „Wenigstens sehe ich das so. Wie Sie den Hergang schildern, war es ein Unfall, aber danach haben Sie einen großen Fehler gemacht. Den

Brand hätten Sie nicht legen dürfen. Dafür müssen wir Sie leider noch hierbehalten, sonst hätten Sie jetzt nach Hause gehen können."

Die Gefühle, die sich auf Fischers Gesicht spiegelten, waren nicht zu beschreiben. „Danke, Herr Kommissar", flüsterte er schließlich.

„Sie müssen mit mehreren Jahren Gefängnis rechnen, aber ein verständnisvoller Richter wird die Strafe vielleicht auf Bewährung aussetzen. Das muss man abwarten. Soll ich es Ihrem Vater erzählen, damit er beruhigt ist? Er macht sich große Sorgen um Sie, er hat sich gestern sogar selbst angezeigt."

„Was?" Fischer fiel aus allen Wolken. „Aber …"

Höfner winkte ab. „Ich habe ihm nicht geglaubt. Er hat den falschen Tathergang erzählt. Sie zum Glück nicht."

„Sie wussten, wie es passiert ist?", fragte Fischer verblüfft.

„Nicht alles, aber ja, in groben Zügen schon."

Nachdem Fischer wieder in seine Zelle gebracht worden war, wandte sich Höfner an seinen Sergeanten. „Wissen Sie was, Lenzen? Lassen Sie uns zur Ausstellung fahren. Aber zuerst zur Wache. Da rufen wir Julius Fischer bei Fütterer an, der hat nämlich Telephon. Und danach brauche ich dringend einen Kaffee. Was ist mit Ihnen?"

„Wenn Sie es nicht vorgeschlagen hätten, hätte ich es getan, Herr Kommissar."

M. lb. Hedwig, besten Dank für Deine liebe Karte.
Schade daß Du nicht mehr länger auf der Ausstellung bleiben
konntest. An die Bahn konnte ich unmöglich kommen, da ich erst
um 12 Uhr wach geworden bin. So lange haben sie mich schlafen
gelassen. Ist das nicht stark? Nun sei Du wie Dein Mathildchen
und ihr Stockfisch bestens gegrüßt. Wilhelmine
(Ansichtskarte des Alpenpanoramas, ohne Datum)

SONNTAG, 1. JUNI 1902

Wie jeden Morgen saß Ernst Döring im bequemen Sessel in
seinem Ankleidezimmer. Er hatte die Augen geschlossen und
genoss die sicheren Bewegungen, mit denen Fütterer ihn rasierte. Eigentlich eine seltsame Beschäftigung, dachte er. In der
Steinzeit hatte sich bestimmt niemand darum gekümmert.
Aber da hatte es auch keine Annehmlichkeiten wie Heizungen
oder Badezimmer gegeben.

„Der Fortschritt ist nämlich nicht aufzuhalten", sagte Fütterer gerade.

Döring merkte, dass er ihm gar nicht zugehört hatte, und
da er nicht sprechen durfte, brummte er nur fragend. Fütterer
verstand ihn trotzdem.

„Ja, das stimmt doch, meinen Sie nicht? Zum Beispiel habe
ich gestern ein paar Sammelbildchen wiedergefunden. Die hat
die Firma Hildebrand – Sie wissen schon, ‚Hildebrands Deutsche Schokolade' – zur Jahrhundertwende vor zwei Jahren in
die Kakaopackungen gesteckt. ‚Im Jahr 2000' war der Titel.

Mit anderen Worten, wie sieht die Welt in hundert Jahren aus? Ich muss sagen, unglaublich. Es wird Nordpolflüge geben, bei denen hängen Gondeln groß wie Waggons unter dem Luftschiff und schweben über das ewige Eis. Man sieht alles von oben, aber man friert dabei nicht. Oder die Schönwettermaschine, die hat mir besonders gut gefallen. Man pustet Regenwolken einfach weg. Oder wenn man umziehen will, dann stellt man sein Haus auf einen Eisenbahnwagen und fährt es woandershin. Fertig. Aber eines hat mir wirklich imponiert. Das Bild hieß ‚Theater im Jahr 2000'. Und nun stellen Sie sich Folgendes vor, so unwahrscheinlich es auch klingt: Eine Sängerin steht im Theater auf der Bühne, das Orchester spielt, alles ist wie immer, nur die Zuschauer sind bei sich zu Hause. Ja, da fragt man sich doch, wie soll das denn gehen? So, bitte schön, Herr Döring. *Astor,* wie immer?"

Döring nickte.

Fütterer griff nach dem Rasierwasser, trug es auf und zog dann die Flasche Birkenwasser aus seiner Tasche. Während der Kopfmassage löste er zum Glück das Rätsel um das Theater-Sammelbildchen von selbst, sonst hätte Döring nachfragen müssen. Er war neugierig geworden.

„Nun, das ist ganz einfach, wenn ich das richtig verstanden habe. Es ist wohl so ähnlich wie das Mutoskop auf der Ausstellung, das mit einem Phonographen verbunden ist. Stellen Sie sich vor: An der Wand im Wohnzimmer hängt ein Apparat wie ein Kurbeltelephon, von dem gehen viele Kabel mit kleinen Hörern ab. Jeder im Zimmer hält einen Hörer an sein Ohr, während im hellen Licht einer starken Lampe das Bild der Sängerin im Theater auf der Wand erscheint. So, wie man die Töne aus dem Theater durch das Telephon schickt, so kann man auch Bilder aus dem Theater durch diese Lampe schicken. Ist das nicht genial? Das muss man sich mal vorstellen!

Man tafelt mit Freunden, und danach kann man bei einem Glas Wein ganz gemütlich die Kultur genießen, ohne sich überhaupt wegzubewegen. Vor allem im Winter ist das doch wunderbar. Was halten Sie davon?"

Döring dachte über die Möglichkeiten nach und stellte fest, dass ihm einiges daran missfiel. „Sind denn überhaupt noch Zuschauer im Theater?", fragte er.

„Ich denke schon. Man braucht doch den Applaus, die Atmosphäre. Ohne Zuschauer kein Theater."

„Eben. Aber wenn alle zu Hause bleiben wollen, was dann? Was würde dann zum Beispiel mit der Tonhalle passieren?"

„Ach", spielte Fütterer das Argument herunter, „der Tonhalle passiert nichts. Glauben Sie mir, in hundert Jahren werden die Menschen noch genauso hier an diesem Ort im Kaisersaal sitzen und die berühmte Akustik und die Musik genießen wie heute. Der Kaiser heißt dann vielleicht anders, aber die Tonhalle wird es immer noch geben. So, bitte schön, der Scheitel zwei Fingerbreit links von der Mitte, wie immer. Jetzt kann ich nur noch viel Erfolg wünschen. Morgen kommt doch Seine Kaiserliche und Königliche Hoheit der Kronprinz, oder nicht?" Geschäftig räumte Fütterer seine Utensilien in die Tasche und nahm Döring auch den Rasierumhang ab.

„Ja, er wird in Vertretung seines Vaters den Kongress der Deutschen Schiffbautechnischen Gesellschaft eröffnen. Nahezu tausend Teilnehmer aus dem In- und Ausland werden kommen. Aber wir sind ja zum Glück an sehr große Gruppen gewöhnt, Fütterer, das wird schon."

„Trotzdem. Ich drücke die Daumen. Und jetzt auf Wiedersehen, Herr Döring." Fütterer wandte sich zum Gehen. „Man denke doch nur. Der Kronprinz! Hier in unserer Tonhalle!"

Mit einem ergriffenen Kopfschütteln verließ Fütterer den Raum. Nun, dachte Döring, während er vor dem Spiegel stand und das Sakko über der Weste zuknöpfte, die Tonhallen-Maschinerie arbeitete gut. Darauf konnte er sich wirklich verlassen. Nach der Eröffnung würde der Kongress tagen, abends waren die Teilnehmer von der Stadt Düsseldorf zu einem Festmahl eingeladen. Hürter hatte vier verschiedene Weine ausgesucht, die zu Spickernagels geplanter Abfolge von Vor-, Zwischen- und Hauptgängen passen würden. Alles war bestens vorbereitet. Nach diesem Kongress folgten fast nahtlos die nächsten: im Kaisersaal der Internationale Wohnungskongress unter dem Vorsitz von Staatsminister Freiherr von Berlepsch, gleichzeitig im Rittersaal die Hauptversammlung des Vereins Deutscher Ingenieure. Glänzende Feste sollten auf Einladung der Stadt auch für diese Versammlungen in der Tonhalle gegeben werden. Betrachtete man nur die nächsten zwei Wochen, dann waren Spickernagel und Hürter aufs Äußerste gefordert. Nun, er hatte nichts dagegen. Es konnte den guten Ruf der Tonhalle nur mehren. Sie war nun einmal das größte und schönste Restaurations- und Concert-Etablissement in Westdeutschland. Und sie lebte davon, dass Menschen ihre Säle füllten. Er lächelte. Theateraufführungen würde man vielleicht zu Hause mit einer hellen Lampe an der Wand erscheinen lassen können, aber auch in hundert Jahren würden die Leute persönlich kommen müssen, um ein Festmahl in diesen Mauern zu genießen, daran führte kein Weg vorbei. Wunderbare Aussichten. Er nickte seinem Spiegelbild zu und machte sich auf seinen täglichen Gang durch Küche und Keller.

„Ach, das habe ich euch doch noch gar nicht erzählt!", rief Ilse.

Tante Hedwig verdrehte die Augen. Ihre Schützlinge hatten in der letzten Stunde schon so viel erzählt, ihr schwirrte der

Kopf. Aber hier im Café auf dem Eiskellerberg war es angenehm. Seit der letzten Woche hatten sich die Regenwolken verzogen, und die Sonne hatte sich immer mehr behauptet. Man konnte nur hoffen, dass es auch so blieb. Es war schön, unter den hohen alten Bäumen zu sitzen, in den blauen Himmel zu schauen, über den vereinzelte weiße Wölkchen zogen, und die Stimmen der Mädchen nur wie von Ferne zu hören. Manchmal hatten sie doch etwas von Gänsen an sich. Das ewige Geschnatter! Aber Tante Hedwig erinnerte sich daran, wie sie selbst in dem Alter gewesen war, und hütete sich, irgendetwas zu sagen. Ihre Johanna war so klug, sie würde ganz schnell herausbekommen, dass sie damals … Nun, das tat nichts zur Sache. Wo war sie in ihren Gedanken stehen geblieben? Das warme Wetter nahm einem wirklich jede Konzentration.

Das Geschnatter. Richtig. Nun gut, sie waren auch seit einer Woche nicht mehr zu viert zusammen gewesen. Jede begann allmählich, ihr eigenes Leben in die Hand zu nehmen. Gertrud wollte am liebsten Malerin werden und hatte eben sehnsüchtig auf das Haus am Eiskellerberg 1 geschaut, in dem Künstlerateliers untergebracht waren. Es gehörte der Familie Schönfeld, die in Düsseldorf schon immer Künstlerfarben hergestellt hatte und das auch immer noch tat, nur inzwischen an der Pempelforter Straße. Oder war es die Adlerstraße? Egal. Gertrud wusste auch, dass man das Haus „Hungerturm" nannte, dass man Malerei als brotlose Kunst bezeichnete und dass Malerinnen gerne abfällig „Malweiber" genannt wurden. Aber das störte sie nicht. Bertha dagegen wollte lieber zu Hause bleiben und alles lernen, was sie als „erfolgreiche Hausfrau" wissen musste, wie sie es formulierte. Johanna hoffte immer dringender, dass ihr Vater ihr Talent zur Reporterin anerkennen würde. Und Ilse hatte sich zu einem richtigen Blaustrumpf entwickelt. Ach nein, das sollte man nicht sagen. Blaustrumpf war inzwischen ein Schimpfwort für intelligente Frauen, die sich nicht ausschließlich für Putzen und Kochen interessierten. Niemand sollte so abfällig über sie sprechen. Nein, Ilse hatte Ambitionen. Sie wollte Schriftstellerin oder Buchhändlerin werden, vielleicht beides, und wenn Tante Hedwig sich nicht sehr täuschte, redete sie gerade auch wieder über Bücher.

„Stellt euch vor, Band 21 von *Engelhorns Bibliothek* ist gestern schon gekommen. *Die lichtscheue Dame*. Ein Kriminalroman!"

„Wirklich? Ist er gut?", wollte Gertrud wissen.

„Das weiß ich doch noch nicht. Mehr als den ersten Satz habe ich noch nicht gelesen. Ich hatte keine Zeit. Aber der Satz hörte sich gut an. Es war irgendwas mit einem Kriegsminister, der ein gerötetes Gesicht hat und immer an seinem Schnurrbart kaut, während er sorgenvoll durch sein Arbeitszimmer geht."

„Und? Kommen Offiziere vor?", fragte Bertha neugierig. „Und ein gut aussehender Reiter auf einem schwarzen Pferd?"

Gertrud rückte die Brille gerade. „Es ist ein weißes Pferd, Bertha", sagte sie geduldig.

„Für mich ist es ein schwarzes. Ich mag keine Schimmelreiter."

„Wegen der Novelle, die wir in der Schule gelesen haben? Ehrlich?"

Bertha nickte.

„Ich habe keine Ahnung, ob Offiziere vorkommen." Ilse zuckte die Schultern. „Ich habe ja noch nicht mehr gelesen als den ersten Satz."

„Kannst du dich bitte mit dem Lesen beeilen?", bat Bertha.

„Das tue ich immer, aber diesmal nutzt es nicht viel. Es sind zwei Bände, und der zweite kommt erst in zwei Wochen."

„Wie bitte? Der Kriminalfall wird erst in zwei Wochen gelöst?", fragte Johanna. „Wie furchtbar. Ich glaube, ich warte so lange und lese dann beide Bücher hintereinander."

„Sag mal, Johanna, was ist eigentlich mit deinem Zeitungsartikel?", fragte Bertha. „Hast du ihn fertig?"

Johanna lächelte. „Ja. Und Papa hat ihn gelesen, wenigstens schon einmal schnell. Er will ihn noch einmal sorgfältig lesen."

„Ja, und?", fragte Ilse. „Nun mach es doch nicht so spannend. Was sagt er?"

Johanna zuckte die Schultern und zögerte die Antwort hinaus, bis nicht nur Ilse herumzappelte und Papas Urteil wissen wollte.

„Er findet den Artikel gut", verkündete sie endlich und grinste. „Er liest sich hier und da noch ein wenig wie ein Schulaufsatz, sagt er, aber darüber will er mit mir sprechen, wenn er ihn noch mal gelesen hat, und dann ändern wir die Stellen. Ihr seht" – und nun tat sie sehr eingebildet –, „es hilft nichts, ich werde Reporterin."

„Das hast du mir ja noch gar nicht erzählt, Johanna", sagte Tante Hedwig vorwurfsvoll. „Und ich warte die ganze Zeit, was nun wird."

„Er hat es mir auch erst heute gesagt. Und ich habe schon gleich einen neuen Auftrag für einen Artikel. Zu dem Kommissar muss ich auch noch irgendwann wegen des Interviews, das er mir versprochen hat – ich habe jetzt schon so viel Arbeit!", jubelte sie.

„Und was für einen Auftrag hast du von deinem Vater bekommen?", wollte Gertrud wissen.

„Einen Artikel über Baukeramik", sagte Johanna mit wichtiger Stimme. „Und ich dachte, wir schauen sie uns zusammen an."

Die Reaktion der Freundinnen war nicht begeistert.

„Wie furchtbar öde", murmelte Bertha.

„Aber ich dachte, wir machen heute noch mal was Lustiges", maulte Ilse.

Gertrud zog die Nase kraus. „Ich finde das gar nicht so schlecht. Wir gucken uns das an, und danach können wir Ilse ja immer noch aufs Karussell schicken", kicherte sie.

„Du bist gemein", rief Ilse sehr undamenhaft.

„Bitte", sagte Tante Hedwig streng, „nicht so wild."

„Ja, was sagen Sie denn dazu, Tante Hedwig?", wollte Gertrud wissen. „Ausgerechnet Baukeramik, Dachziegel, Backsteine und so etwas."

Tante Hedwig versuchte diplomatisch zu sein. „Nun, ich denke, wenn eure Freundin etwas darüber lernen muss, dann gehen wir alle mit."

Zwanzig Minuten später standen sie in einem Teil der Ausstellung, an dem man schnell vorbeilief, wenn man nicht aufpasste. Ging man nämlich durch den Haupteingang am Anfang der Brückenrampe und über den breiten Fußweg in Richtung Rhein, lief man geradewegs auf die ersten großen Pavillons zu – das Panorama Caub, die „Kanonenburg" von Krupp. Dazwischen stand ein großer Musikpavillon, ein Ausstellungsobjekt des Betonvereins, weil er ganz aus Beton gegossen war. Diese Pavillons waren sehr imposant, also schaute man weder nach rechts noch nach links. Dadurch übersah man aber die kleineren Pavillons zwischen den Bäumen auf dem einzigen kleinen Stück des Hofgartens, das die Ausstellungsleitung von der Stadt bis Oktober bewilligt bekommen hatte. Danach würde es wieder der Hofgarten sein. Allen war völlig klar, dass der Anlage so nah am Napoleonsberg nichts passieren durfte. Es wurden keine Bäume gefällt und keine Wege zerstört, es kamen eben nur einige Pavillons auf die Wiese. Sie hatten durch den alten Park einen besonders schönen

Standort. Hier waren Gewächshäuser, die Jagdbeuteausstellung, die Herdfabrik Küppersbusch, die Gesellschaft für Gas und Elektrizität Köln, das Holzcontor Menzel und die Selterswasserfabrik Kierdorf, beide aus Düsseldorf, und eben mehrere Pavillons für Baukeramik, unter anderem die Düsseldorfer Ton- und Ziegelwerke.

Die Freundinnen schauten sich neugierig um.

„Ach, das ist interessant", sagte Bertha plötzlich. „Sie haben Häuser gebaut. Man kann gleich sehen, wie es wirkt."

„Also doch nicht furchtbar öde?", fragte Tante Hedwig und erntete einen verärgerten Blick.

„Kommt", rief Johanna, während sie auf ihren Ausstellungsplan schaute, „wir fangen hier bei dem Pavillon aus Düsseldorf an und gehen einmal im Kreis."

Die Düsseldorfer Tonwerke hatten einen Torbogen aus Ziegeln unter die alten Bäume gebaut, der so aussah, als hätte man ihn als mittelalterlichen Blickfang genau an dieser Stelle schon immer vorgesehen. Ornamente und Muster aus rot, schwarz, grün und braun glasierten Ziegeln zogen die Linien des spitzen Torbogens nach und bildeten Muster im Giebel. Drinnen konnte man Ziegel in die Hand nehmen und genau betrachten, und es gab noch andere Erzeugnisse der Firma zu sehen. Im nächsten Pavillon waren Wandplatten ausgestellt, sehr kleine, mit denen man auch gewölbte Nischen belegen konnte, und größere, die zu handgemalten großen Wandbildern, je nach Geschmack zu religiösen oder antiken Szenen, zusammengesetzt werden konnten. Im dritten Pavillon zeigte man besondere Techniken des Glasierens, mit denen es gelang, Glasuren verlaufen zu lassen oder besonders strahlende Farben zu erzeugen. Sehr beliebt schien überall ein leuchtendes Orange zu sein.

Tante Hedwig wunderte sich, wie still ihre Schützlinge geworden waren. Sie hatten wohl über all den Eindrücken das Plappern vergessen. Gerade betrachteten sie andächtig eine Vase mit plastischen Kastanienblättern und Früchten.

„Schön", sagte Ilse, die bei den zerbrechlichen Gegenständen um sich herum deutlich weniger zappelte, weil es einfach zu gefährlich war.

„Kommt, wir gehen noch da drüben zu dem vierten Pavillon", sagte Johanna. „Der sieht irgendwie anders aus."

Es war ein erstaunliches Gebäude. Sie näherten sich von hinten und sahen als Erstes einen breiten Schornstein, der aus einem Apfelbaum mit gelben Früchten zu wachsen schien. Am Fuß des Baums spielten Eichhörnchen zwischen den Wurzeln. Rechts und links davon gab es Wandbilder mit Hafenszenen, links daneben ein Fenster mit den Figuren von Adam und Eva zu beiden Seiten. Alles hier war aus Keramik gefertigt, geformt, glasiert, bemalt, auch das rote Dach, die kleinen elfenbeinfarbenen Schuppenplättchen, mit denen die freien Stellen der Wände bedeckt waren, und der Sockel aus größeren Ornamentfliesen.

„Man weiß gar nicht, wo man zuerst hinschauen soll", sagte Bertha.

„Das ist ja auch Baukeramik." Johanna lachte und zwinkerte ihr zu. „Lasst uns mal vorne gucken."

Rundherum an den Wänden gab es diese Schuppenplättchen. Neugierig liefen sie die breite Treppe hinauf, zwischen elfenbeinfarbenen Pfeilern her, auf denen Pflanzkübel in kräftigem Orange standen. Weiter durch ein rundes Portal, das mit einer plastischen Girlande aus Blättern und gelb blühenden Rosen eingerahmt war. Darüber ein gebogenes Firmenschild in gelber Schrift auf blauem Grund: Villeroy & Boch.

„Ich bin gespannt, was es innen zu sehen gibt", sagte Bertha und drückte die Tür auf.

„Das kann ich dir sagen", lachte Ilse. „Bunte Fliesen."

Da hatte sie recht. Alles, was ein Haus verschönern konnte, im Treppenhaus und im Flur oder in Küche und Bad, wurde hier direkt vorgeführt. Wände, Deckengewölbe und Dekorationen bestanden auch im Innern des Hauses aus glasierter und bemalter Keramik. Direkt vor ihnen wuchsen gewundene Rosenbäumchen aus dem Boden und formten kunstvoll die Rundung des fünf Meter hohen Eingangs nach, bis sie sich in der Wand darüber in Blättern und Blüten auflösten. Die tonnenförmige Decke erstrahlte in Gold, darauf rote und pinkfarbene Rosenbüsche. Tante Hedwig und ihre Schützlinge waren nicht die Einzigen in diesem Raum, die aufpassen mussten, dass sie nicht mit offenem Mund staunten – über den Wandbrunnen mit Rosenranken und drei wasserspeienden Maskenköpfen, über die Nischen aus Goldmosaik, den Kamin aus zartgelbem und blauem Steingut, den Kaminaufsatz, in leuchtenden Farben mit Fasanen bemalt. Moderne Jugendstil-Keramikkunst bis in den letzten Winkel. Von der Präsentation eines Produktes und seiner Möglichkeiten her war es der schönste Pavillon, den sie bis dahin gesehen hatten.

„Was wirst du schreiben, Johanna?", fragte Gertrud neugierig.

„Oh, ganz einfach, dass man sprachlos ist, dass es geschmackvoll aussieht, dass man sich nicht sattsehen kann."

„Nun", sagte der Herr, der in der Kaminecke saß und interessierten Besuchern Informationen gab, „dann wird es Sie ja freuen, junges Fräulein, dass der Pavillon Ihnen erhalten bleibt. Unsere Firma will ihn der Stadt Düsseldorf überlassen. Die Verhandlungen sind bereits im Gange."

„Darf ich das in meinem Zeitungsartikel schreiben?", fragte Johanna eifrig. „Er soll in der Ausstellungszeitung erscheinen."

„Johanna, meinst du wirklich …", begann Tante Hedwig und lächelte den Mann entschuldigend an.

„Natürlich", sagte der Mann. „Unter einer Bedingung. Sie müssen mir eine Frage beantworten. Wie würden Sie das Haus nennen, wenn es hier bleibt? Es braucht einen Namen, wissen Sie", erklärte er den jungen Damen mit ernstem Gesicht, „damit es sich hier wohlfühlt."

Sie gingen auf sein Spiel ein und überlegten, wie man es nennen könnte.

„Farbkasten?", fragte Gertrud.

„Du und deine Malerei", rief Ilse. „Nein, es ist ein Wunderhaus."

„Mosaik-Pavillon?", schlug Bertha vor.

Johanna drehte sich einmal um sich selbst, betrachtete all die schönen Dinge aus Keramik und nickte.

„Majolika-Häuschen", verkündete sie.

Der Mann lachte. „Schreiben Sie Ihren Artikel."

Höfner und Lenzen traten aus dem Fachwerkhaus, in dem die Polizei untergebracht war, um ihre zweite Runde des Tages über das Gelände anzutreten. Höfner blieb einen Moment stehen und hielt sein Gesicht in die Sonne.

„Ist das nicht herrlich, Lenzen? Kein Tröpfchen Regen fällt vom Himmel, die Wolken haben sich verzogen, keine Pfützen groß wie Teiche breiten sich über dem Boden aus. Man könnte meinen, Petrus hat endlich ein Einsehen mit uns, die wir täglich draußen herumlaufen müssen."

„Ich weiß nicht, ob man diesen Petrus immer für das Wetter verantwortlich machen sollte, Herr Kommissar. Manchmal denke ich, ob es regnet oder nicht, das hängt irgendwie anders zusammen." Er warf Höfner einen belustigten Blick zu. Er hatte den Kommissar in den letzten zwei Wochen sehr gut kennengelernt und wartete geduldig auf die Reaktion. Sie kam prompt.

„Nun werden Sie nicht spitzfindig, Lenzen. Lassen Sie uns Sterblichen doch ein Fünkchen Hoffnung. Seitdem wir wissen, dass Petrus mit seinem Schlüssel nicht nur das Himmelstor, sondern auch die Himmelsschleusen nach Belieben öffnen und schließen kann, haben wir wenigstens jemanden, dem wir Vorwürfe wegen des Wetters machen können. Das können Sie nicht."

Höfner wandte sich zum Gehen.

Lenzen unterdrückte mühsam ein Schmunzeln. „Da haben Sie recht, Herr Kommissar."

„Ich höre genau, dass Sie schmunzeln, Lenzen, aber das wollte ich ja auch hervorrufen. Gute Laune ist so wichtig an einem schönen Sonnentag, finden Sie nicht? Kommen Sie, wir schauen uns als Erstes an, wie weit der Friseur inzwischen mit seinem Pavillon ist. Viel Zeit hatte er ja nicht, aber er hat gesagt, er will so schnell wie möglich wieder öffnen."

Der Friseur hatte noch nicht geöffnet, aber die Scherben vor dem Pavillon waren verschwunden und die Eingangstür wieder repariert. Offensichtlich hatte der Glaser schnell gearbeitet. Schon von Weitem sahen sie, dass jemand durch die Glastür spähte, die Klinke probierte und sich überhaupt auffällig verhielt.

„Hallo?", rief Lenzen. „Was machen Sie da?"

Der Mann drehte sich um. Es war Kurt Mäckerrath.

„Oh, guten Tag, Herr Kommissar. Und der Sergeant ist auch wieder dabei. Guten Tag. Nun, ich habe nur nachgesehen, ob der Friseur in seinem Pavillon ist."

„Wollten Sie sich bei ihm entschuldigen?", fragte Höfner.

„Sollte ich das, Herr Kommissar? Nein, ich wollte ihn fragen, was er von der Unfalltheorie der Polizei hält. Inspektor Grunau von der Ulmer Höh hat die Presse freundlicherweise davon informiert, dass man einen Täter für den Brand festgenommen hat, dass aber der Mord an Mertens kein Mord, sondern ein Unfall war. Das glaube ich aber nicht. Ich denke, hier wird etwas vertuscht, wahrscheinlich ein zweiter Täter."

„Ja, das habe ich gelesen, Mäckerrath, ein erstaunlicher Artikel, den Sie da verfasst haben."

„Ja, nicht wahr? Man muss den Dingen eben auf den Grund gehen. So ist es doch, Herr Kommissar."

Der arme Parfümeur, hatte in dem Artikel gestanden, hatte einen vielversprechenden neuen Duft erfunden, ja sogar noch am Abend seines Todes daran gearbeitet, wie der Verfasser aus sicherer Quelle wusste. Das war sein Untergang gewesen. Aber wer neidete ihm sein Genie?

Höfner kannte dieses Muster, das Insistieren auf Mutmaßungen, noch von der Bilker Einbruchserie. Jetzt musste man abwarten, bis diese neuen Spekulationen im Sande verliefen oder an anderer Stelle etwas Neues passierte, das den Reporter ablenkte. Erst dann würde er von seinem Opfer ablassen. Höfner ließ es nicht auf eine Diskussion ankommen und blickte Mäckerrath nur freundlich an.

„Übrigens", sagte der Reporter, „möchte ich mich von Ihnen verabschieden. Ich gehe ins Mekka der Zeitung, nach Berlin. Die *Morgenpost* sucht noch Mitarbeiter. Die kennen Sie sicher. Sie ist ein Massenblatt mit Auflagenhöhen, die Düsseldorf ins Träumen bringen würden. Und Ullstein hat einen Chefredakteur eingestellt, der ist ganz nach meinem Geschmack. Arthur Brehmer. Haben Sie den Namen schon mal gehört? Ein Wiener, ein Literat, ein großer Mann. Er arbeitet nach dem Grundsatz: ‚Erst sehen, dann darüber nachdenken, dann darüber schreiben.' Genau wie ich. Er spricht mir direkt aus der Seele."

Höfner lächelte zufrieden. „Dann darf ich Sie beglückwünschen, Mäckerrath. Gehen Sie nach Berlin und lernen Sie. Wir hören bestimmt noch von Ihnen."

Mäckerrath strahlte, wünschte den Herren alles Gute und ging leichtfüßig davon.

„So ein Glück", seufzte Lenzen.

„Das kann man so sagen", schmunzelte Höfner. „Jetzt muss ich ihn wenigstens nicht mehr über seine falschen Schlüsse stolpern lassen. Das machen jetzt andere. Und weil heute so ein Glückstag ist, kaufe ich mir jetzt ein Los bei der jungen Dame da. Wissen Sie etwas über die Preise, die die Ausstellung verlosen will, Lenzen? Ich habe gehört, es gibt außer Geld auch noch Sachpreise."

„Ich weiß es nicht so genau." Lenzen zuckte die Schultern. „Es sollen wohl Bilder aus der diesjährigen Ausstellung bei den Hauptgewinnen sein, Einrichtungen für Schlafzimmer oder Küche, ein Flügel, ein Landauer, ein Collier, ein komplettes Silberbesteck und …"

„Ich sehe schon, Lenzen, Sie wissen es nicht so genau."

Sie kauften sich beide für je eine Mark ein Los bei der Verkäuferin und spazierten weiter über das Gelände. Es war auffällig, wie viel mehr Besucher als sonst unterwegs waren. Die Sonne hatte sie alle herausgelockt. Nicht nur auf der großen Allee drängten sich die Menschen, auch auf den Nebenwegen, und an manchen kleineren Pavillons bildeten sich Schlangen, ebenso an den Haltestellen der Rundbahn. Die Terrassen des *Café Weitz* waren voll besetzt. Gegenüber in den Stuhlreihen um den Teich an der großen Fontäne herum saßen die ersten Besucher, um kurz auszuruhen. Über allem lagen ständige Geräusche, ein permanentes Brummen von all den Leuten, die sich miteinander unterhielten, dazwischen Rufen, Lachen, ein belustigter Aufschrei.

Es war anstrengend, fand Höfner. „Was halten Sie von einem Kaffee, Lenzen?", warf er den rettenden Anker aus.

Lenzen nickte nur, und sie steuerten sofort auf das *Café zur schönen Aussicht* zu. Hier im größten Café auf dem Gelände hatte man wohl die besten Aussichten, bei diesem Gedränge noch einen Platz zu finden. Sie stiegen die Außentreppe empor und sahen sofort das Paar, das gerade von einem Tisch aufstand und gehen wollte. Was für ein Glück! Sie hatten einen wunderbaren Blick über den Rhein, ein Kellner eilte fast umgehend herbei, und sie bestellten jeder ein Kännchen Kaffee. Höfner kramte sein Los hervor, weil er jetzt endlich Ruhe hatte, es genauer zu betrachten. Es war ein imposanter Losschein, fast so groß wie eine Ansichtskarte, mit Unterschriften des Geheimen Commerzienrats Lueg und des Oberbürgermeisters a. D. Haumanns, mit Stempel, Vignette, Losnummer und allen Informationen, die man brauchte.

„Sehen Sie mal hier, Lenzen, hier steht doch alles. Es sind 1 200 000 Lose und insgesamt 17 956 Wertgewinne und 7 Geldgewinne. Was möchten Sie lieber? Einen Landauer oder 40 000 Mark in bar?"

„Ist das wirklich eine Frage, Herr Kommissar?"

„Ja, natürlich. Wenn Sie den Landauer gewinnen, erwarte ich, dass Sie mich morgens abholen. Dann muss ich nämlich nicht mehr mit der Bahn fahren."

„Das würde ich gerne tun, Herr Kommissar, nur wird das nicht gelingen. Hier oben steht es auf dem Los: ‚Ziehung in Düsseldorf am 15. Oktober 1902 und folgende Tage', also kurz vor Schluss. Ich bekomme den Landauer nicht rechtzeitig. Außerdem wüsste ich nicht, wohin mit dem Pferd."

„Das ist wirklich schade, Lenzen. Da haben wir kein Glück.

Und ich könnte beim besten Willen keinen Flügel bei mir unterbringen, und meine Kücheneinrichtung gefällt mir eigentlich auch noch ganz gut. Wir können beide mit den Preisen nicht so richtig etwas anfangen, fürchte ich. Warum haben wir uns jetzt trotzdem ein Los gekauft?"

„Weil es Spaß macht, wenn man Glück hat und etwas gewinnt?", spekulierte Lenzen.

„Aber wir haben doch gerade gesagt, wir können den Preis eventuell gar nicht brauchen, Lenzen, wieso soll das dann Glück sein?"

„Vielleicht weil man überhaupt etwas gewinnen kann. Das passiert ja nicht so oft, und wenn es dann tatsächlich gelingt, ist das etwas Besonderes. Dann ist man glücklich. Oder nicht?"

„So könnte es wohl sein." Höfner nickte. „Da fällt mir ein, was unterscheidet uns eigentlich von Gustav Fischer und seinem Glücksspiel?"

„Wir geben nicht viel Geld aus, und wir nehmen an einem Gewinnspiel teil, das durch allerhöchsten Erlass genehmigt ist."

„Sie denken immer so praktisch, Lenzen."

Der Ober brachte die beiden Kännchen Kaffee und schüttete die erste Tasse für seine Gäste aus. Mit einem „Wohl bekomm's!" war er schon wieder verschwunden. Die Terrassen waren jetzt voll besetzt. Höfner lehnte sich auf seinem Stuhl zurück, betrachtete den Rhein und die gegenüberliegenden Wiesen und genoss die Wärme und seinen Kaffee. Lenzen tat es ihm gleich.

„Ich weiß gar nicht, warum wir uns um das Glück sorgen", sagte der Kommissar. „Diese Aussicht und die friedliche Atmosphäre reichen doch völlig, um glücklich zu sein, nach allem, was wir in letzter Zeit erlebt haben. Oder nicht, Lenzen?"

Wie zum Hohn schrillte die Glocke der Feuerwehr über

das Gelände. Die Menschen blickten erschrocken auf und suchten nach Rauchwolken vor dem makellos blauen Himmel. Lenzen nahm hastig noch einen Schluck Kaffee und sprang auf, bereit, zur Brandstelle zu eilen. Aber Höfner schüttelte den Kopf.

„Bleiben Sie sitzen, Lenzen. Wir haben zurzeit noch einen Kommissar, zwei Wachtmeister und fast dreißig Sergeanten auf dem Gelände. Meinen Sie nicht, jetzt könnte mal jemand anders zu der Brandstelle gehen?"

Lenzen blickte sich unschlüssig um und setzte sich dann wieder hin. „Da haben Sie recht, Herr Kommissar."

SONNTAG, 1. MAI 1904

Höfner war sehr gespannt, als er an diesem Sonntagmorgen
seit längerer Zeit wieder einmal in der Straßenbahn saß und
zu einer Ausstellung fuhr. Auf den Tag genau zwei Jahre war es
jetzt her, dass er auf der Großen Ausstellung in Düsseldorf, die
man inzwischen gerne „Die kleine Weltausstellung" nannte,
weil sie so ein Erfolg gewesen war, dass er also begonnen hatte,
auf dieser Ausstellung für Recht und Ordnung zu sorgen. Erfolgreich. Sogar der Staatsanwalt war zufrieden gewesen, wo
doch die Düsseldorfer Richter und Staatsanwälte als Erstes die
Hände über dem Kopf zusammenschlugen, wenn sie etwas
über die Polizisten sagen sollten, die in Düsseldorf in Krimi-
nalsachen ermittelten. Die allgemeine Meinung der Juristen
war, dass Ermittlungsarbeit so gut wie nicht existierte. Also, so
vernichtend wollte er das Ganze dann doch nicht sehen. Lenzen und er hatten auf der Ausstellung seiner Meinung nach
gut ermittelt. Sie waren bis an die Grenze ihrer Möglichkeiten
gegangen, sie hatten ja sogar den Chemiker beschäftigt, was
der Staatsanwalt sehr erfreut zur Kenntnis genommen hatte.

Sie hatten so gut ermittelt, dass Gustav Fischer für die Brand-stiftung eine Gefängnisstrafe bekommen hatte, letztes Jahr aber auf Bewährung wieder entlassen worden war. Er hatte großes Glück gehabt und hatte seine Stelle im Apollo behalten dürfen. Mittlerweile war er nicht nur ein freundlicher, sondern sogar ein fröhlicher Mensch. Ob er noch in Hinterzimmern Karten spielte, wusste Höfner nicht. Aber Fischer hatte sich so sehr verändert, dass es nicht mehr zu ihm zu passen schien.

Nach diesen Ereignissen war nicht mehr viel passiert, nur noch einige kleinere Brände und Taschendiebereien. Und das alles musste ihn sowieso nicht mehr kümmern. Jetzt war er Po-lizeikommissar a. D. und hatte sich ein Hobby zugelegt. Auf der Ausstellung vor zwei Jahren hatte er eine erstaunliche Erkennt-nis über sich gewonnen: Er mochte Blumen. Inzwischen war er sich mit dem Hausbesitzer Otterbach, dem Installateur von schräg gegenüber, einig geworden, dass er ein kleines Areal bei der Kastanie im Garten hinter der Wache für seine Zwecke nut-zen durfte. Seine ehemaligen Kollegen hatten schnell aufgege-ben, ihm vom Fenster des Vernehmungsraums aus Mut zuzu-sprechen oder sonst irgendwelche Bemerkungen zu machen, über die sie dann schallend lachten. Sie hatten sich einfach da-ran gewöhnt und freuten sich über das Blumenbeet, das immer schöner wurde. In Krefeld, in Elberfeld und in Essen gab es Ver-eine, wo man ein Stückchen Land für diese Zwecke bekommen konnte, einen Schrebergarten. Hier in Düsseldorf gab es das leider noch nicht, denn sonst hätte er sich sofort darum bemüht und auch noch Gemüse gezüchtet. Das alles war der Grund da-für, dass er heute in der Bahn saß und auf die neue Ausstellung fuhr, auf die *Kunst- und Gartenbau-Ausstellung 1904*.

Als er das Tor an der Inselstraße passierte, fiel ihm auf, dass das Gelände sehr viel kleiner war als vor zwei Jahren. Der ganze Bereich zwischen Brückenrampe und Inselstraße, wo das Panorama Caub, der Musikpavillon aus Beton, die Kanonenburg von Krupp und vieles mehr gestanden hatten, war wieder Park. Hinten zwischen den Bäumen Richtung Napoleonsberg blinkte das Majolika-Häuschen herüber, das zu einer beliebten Milchbar geworden war. Die Keramikfirma hatte sogar eine passende Theke gestiftet, rundherum mit bemalten Fliesen belegt. Fast alle anderen Pavillons von damals waren verschwunden. Auf dem Gelände traf er dann doch noch ein paar gute alte Bekannte wieder. Im Pavillon des Hoerder Bergwerks- und Hütten-Vereins war nun Platz für die Pflanzen-Sonderschau, den schlossartigen Palast der Rheinischen Metallwarenfabrik Derendorf nutzte man als Haupt-Restaurant – es wurde von Spickernagel von der Tonhalle geführt, man musste es allein deshalb einmal ausprobieren –, und die riesige Halle des Bergbaulichen Vereins diente als Große Blumenhalle. Der Kunstpalast war natürlich stehen geblieben, auch gegenüber die Wasseranlage des Betonvereins, in deren Ausstellungstunneln man die wissenschaftliche Ausstellung untergebracht hatte. Und da war auch immer noch der Dorn in seinem Auge, der große Zentauren-Brunnen aus Beton. Der Zentaur hatte die vielköpfige Schlange immer noch nicht besiegt, was nicht unbedingt für ihn sprach. Aber davor stand ein Mann, den er sehr gut kannte. Rasch ging er auf ihn zu.

„Lenzen, das freut mich aber. Was machen Sie hier?“

„Ich habe Dienst, Herr Kommissar. Wir haben hier abgesperrt, wie Sie sehen. Gerade ist der Kronprinz in den Kuppelsaal des Kunstpalastes gegangen, und gleich ist dort die Eröffnung. Da muss man ein bisschen aufpassen.“

„Und? Ist die einschlägige Taschendiebbande schon aufgetaucht?“

„Man soll es nicht glauben, aber ja, das ist sie. Geschnappt haben wir allerdings noch keinen von ihnen, sie sind schlau geworden seit der letzten Ausstellung. Aber die Klagen mehren sich, dabei ist die jetzige Ausstellung gerade ein paar Stunden alt. So, ich muss jetzt in den Kuppelsaal, dort nach dem Rechten sehen. Möchten Sie mich begleiten? Die Feier dauert ungefähr eine Stunde."

Das ließ Höfner sich nicht zweimal sagen. Letztes Mal hatte er die Eröffnung im Kuppelsaal der Hauptindustriehalle nicht so nah miterleben können, weil andere Polizisten und Wachen eingeteilt worden waren. Er war neugierig auf die Atmosphäre, auf die Redner, eben auf alles, was eine solche Veranstaltung ausmachte. Sie stiegen die Treppe zum Eingang hinauf und gingen an der Seite des Kuppelsaales vorbei zu ihrem Posten, von wo man die Ehrengäste und das Rednerpult gut sehen konnte. Der Saal war über und über mit Palmen und Blumen geschmückt, Girlanden zogen sich über die Geländer der Balkone im ersten Stock. Der Kronprinz und die Ehrengäste saßen auf Stühlen vor dem Rednerpult, der restliche große Saal war bis zum letzten Platz von stehenden Zuhörern gefüllt. Ein Fotograf machte so unauffällig wie möglich Fotos des Publikums. Reporter und Journalisten standen in einer großen Nische im Hintergrund und hatten erwartungsvoll die Notizblöcke gezückt. Höfner kniff die Augen zusammen, um besser sehen zu können, aber er täuschte sich nicht. Die junge Dame dahinten unter den Presseleuten kannte er. Es war Fräulein Korn, die neben ihrem Vater stand. Vor zwei Jahren hatte sie ein sehr gutes Interview mit ihm, Höfner, geschrieben. Da hatte er sogar sein Vertrauen in die Arbeit der Düsseldorfer Presse wieder zurückgewonnen. Und jetzt erklang zum feierlichen Auftakt das „Niederländische Dankgebet".

Professor Roeber, der auch dieses Mal Vorsitzender der Ausstellung war, schritt danach zum Rednerpult.

„Am 1. Mai vor zwei Jahren öffneten sich die Tore einer Ausstellung, die sinnverwirrend, betäubend und überwältigend sofort
alles in ihren Bann zog. In die Werkstätten der Industrie und des
Gewerbes gewährte sie die überraschendsten Einblicke, und der
gewaltigen Wirkung der genial konstruierten Eisenkolosse, die
sich trotz ihrer Schwere mit Leichtigkeit bewegten, konnte sich
der Beschauer ebenso wenig entziehen wie der Bewunderung der
Erfindungskraft und ausführenden Energie, die sich in allen Fä-
chern des gewerblichen Lebens und auf allen Gebieten der industriellen Tätigkeit entfaltete. Eine Besonderheit wies die Ausstellung von 1902 auf: den engen Bund der Industrie mit der Kunst,
die eigentlich unvereinbare Gegensätze darstellen. Aber heute,
welch ein anderes Bild gegenüber der Ausstellung von 1902! Ein-
heitlich und harmonisch wächst alles zusammen; die Kunst, die
den Geheimnissen der Natur und des Lebens auf Schritt und Tritt
nachgeht, die Natur, die in unerschöpflicher Fülle den schönsten
Schmuck und die prächtigste Zierde der Mutter Erde auf engem
Raum ausbreitet, in Duft getaucht und strahlend im Glanze un-
erreichbarer Farben. Herz, Geist und Phantasie finden hier ihre
Rechnung. Kein Verständnis ist nötig, keine technische Vorbil-
dung; für jung und alt, reich und arm, für jeden quillt ein Gesundbrunnen, in dem er sich erfrischen kann, denn nichts ist dem
Menschen so eigen, so angeboren, wie die Liebe zur Natur ...“

Die Rede war, wie üblich, lang, und weitere Reden würden
ihr folgen. Höfner stellte fest, dass sie für die Eröffnung einer
solchen Ausstellung gut und wichtig waren, aber dass er selbst
jetzt den eben gepriesenen Gesundbrunnen aufsuchen, den
Duft und die strahlenden Farben der unerschöpflichen Natur
persönlich genießen sollte, denn dafür war er hergekommen.

„Bis nachher auf der Wache, Lenzen“, flüsterte er und ging
leise hinaus.

ANHANG

DIE AUSSTELLUNG DAMALS

„Die Ausstellung Düsseldorf 1902 ist vorüber – mit all ihrem Glanz und all ihrer Pracht hat sie das unweigerliche Los des Schönen auf der Erde getroffen; sie gehört der Geschichte an. Wo im Sommer Lust und Leben blühte, wo die eisenstreckende Arbeit Triumphe und die das Leben verschönende Kunst Feste feierte, da breitet sich ein wüster Trümmerhaufen aus, der im Gemüte des Beschauers eine unendlich wehmütige Stimmung erzeugt." Johann von Wildenradt, Chefredakteur der Ausstellungszeitung, beschrieb die Ausstellung mit dem unaussprechlich langen Namen *Industrie-Gewerbe-Ausstellung für Rheinland-Westfalen und benachbarte Bezirke, verbunden mit einer deutsch-nationalen Kunstausstellung, Düsseldorf 1902* nur in Superlativen. Sie war ein so großer Erfolg, dass im In- und Ausland laut über den Sinn von gedrängten und übervollen Weltausstellungen nachgedacht wurde und man geneigt war, Regionalausstellungen den Vorzug zu geben.

Bereits 1898, noch vor der Weltausstellung 1900 in Paris,

war sie von zwei Seiten angeregt worden – von der Düsseldorfer Künstlerschaft, die sich Aufschwung und neuen Zusammenhalt davon erhoffte, und von den beiden Industriellen Heinrich Lueg und Friedrich Krupp, die sich eine wirtschaftlich erfolgreiche Schau wünschten, bei der mittelmäßige Produkte gar nicht erst gezeigt und eine Jahrmarktsatmosphäre wie auf den Weltausstellungen gar nicht erst aufkommen sollte.

Innerhalb von nur vier Jahren wurde der Wunsch in die Tat umgesetzt. 1898 war gerade die Rheinbrücke fertiggestellt, da wurde das Rheinufer vorverschoben und begradigt, Rheinpromenade und Unteres Rheinwerft gebaut und gleichzeitig damit begonnen, die sumpfige und bei Hochwasser immer überflutete Golzheimer Insel als Ausstellungsgelände zu erschließen. Von der linken Rheinseite brachten mehrere riesige Dampfbagger Kies und Sand herüber, die Heerscharen von Arbeitern von Hand verteilten. Das Land wurde stufenförmig sechs Meter und neun Meter über Düsseldorfer Pegel aufgeschüttet, bestehende kleine Wasserläufe des Binnenwassers bis auf eine kurze Strecke an der heutigen Rotterdamer Straße zugeschüttet. Im Süden verlängerte man die Eisenbahnschienen am neuen Unteren Rheinwerft bis auf das Gelände, um die tonnenschweren Ausstellungsstücke der Eisen- und Stahlindustrie in die Hallen bewegen zu können. Im Norden führten Gleise für den Personenverkehr vom Bahnhof Derendorf aus in einem großen Bogen bis zum Gelände und endeten am Ausstellungsbahnhof. Ende 1899 begann man mit der Bepflanzung und mit der Errichtung von insgesamt 160 Pavillons und Ausstellungshallen. Bei der Eröffnung am 1. Mai 1902 war das sechzig Hektar große Gelände fertig. Das Charakteristische war, dass keine einheitlichen Ausstellungshallen wie noch 1880 im Zoologischen Garten entstanden waren. Insbesondere die großen Firmen hatten individuelle Pavillons gebaut, aber alle hatten sich an der modernen Architektur des Jugendstils orientiert. Zeitzeugen waren vom Anblick verzaubert und sprachen insbesondere bei der abendlichen Illumination von einer „Zauber- oder Feenstadt".

Anzeige im Branchenverzeichnis
des Düsseldorfer Adressbuchs von 1901

DIE AUSSTELLUNG IN ZAHLEN
(1. Mai – 20. Oktober 1902):

Ausmaße   60 ha Fläche vom Rhein bis Kaiserswerther
Straße und von der Oberkasseler Brücke
bis zur (heutigen) Theodor-Heuss-Brücke,
16 450 m Kanalleitungen, 14 410 m
Wasserleitungen, 18 910 m Gasleitungen

Aussteller   2 500 Aussteller, 160 einzelne Pavillons,
4 Hallen

**Bepflanzung
durch die Stadt**   206 Bäume, 6500 Sträucher, 900 Tannen,
2000 Koniferen, 370 Kirschlorbeeren,
281 Palmen, 153 Bambusse, 275 Blattpflanzen, 40 000 Blumen, 4 800 Pfähle und
9,6 km Drahtseil zur Beet-Einfassung

Besucher   5 094 125 Besucher, 17 100 Dauerkarten
Herren à 20 Mark, 12 478 Dauerkarten
Damen à 15 Mark, 6163 Dauerkarten
Kinder à 10 Mark, 260 372 ermäßigte
Einzelkarten, 3 186 126 Tageskarten

Elektrizität   160 km Stromkabel, 30 000 Glühbirnen für
die abendliche Illumination, 1150 Bogen-
lampen, 60 Scheinwerfer, 585 Maschinen-
motoren, 1 379 420 erzeugte kWh

Feuerwehr   1 Feldwebel der Feuerwehr, 2 Oberfeuer-
wehrleute, 20 Feuerwehrleute, 20 Brände,
36 Alarmierungen, Betriebsfeuerwehrleute
in den großen Pavillons

Gartenanlagen   1 Obergehilfe, 3 Vorarbeiter, 115 Gärtner,
2 Pferde-Sprengwagen, 2 Hand-Spreng-
wagen, 10 Schlauchkolonnen

Polizei	2 Polizeikommissare, 3 Polizeiwachtmeister, 40 Polizeisergeanten; Nachtdienst: 1 Polizeiwachtmeister, 7 Polizeisergeanten; Feuerwerk: alle Polizisten und alle Gärtner als zusätzliches Wachpersonal
Post	294 930 Telegramme, 5 054 015 Postkarten, 20 572 074 Briefe, 328 764 Ferngespräche
Presse	120 Pressevertreter, davon 40 aus dem Ausland,
Sanitätsstation	Alle Polizeisergeanten, darunter 4 Militärsanitäter, 35 Düsseldorfer Ärzte im Wechsel, 1612 Verletzte und Erkrankte, 5 Todesfälle
Transport	5753 Waggons mit Baustoffen, 1809 Waggons mit Ausstellungsgütern, 6222 Züge zum und vom Ausstellungsbahnhof, 1 503 604 Reisende (Ausstellungsbahnhof), 931 076 Reisende (Hauptbahnhof), 4 917 323 Fahrgäste Straßenbahnen, 728 981 Fahrgäste Rundbahn
Unterhaltung	738 Konzerte von Militärkapellen, 8 Konzerte von Gesangsvereinen, 18 große Feuerwerke
Verpflegung	12 Bierrestaurants, 6 Weinrestaurants, 5 Cafés, 6 Ausschankstellen für Sekt, 2 für Likör, 3 für Mineralwasser, 1 für alkoholfreie Getränke, 1 Bodega, 4 Wirtschaften in Vergnügungsparks, 28 284 hl Bier, 224 128 Flaschen Regiewein, 157 061 Flaschen Winzer-Wein, 2725 Flaschen französischer Sekt, 42 891 Flaschen deutscher Schaumwein, 14 128 l Spirituosen, 295 904 Flaschen Mineralwasser

SPUREN DER AUSSTELLUNG HEUTE

Obwohl seit 1902 so viel Zeit vergangen ist, kann man die „kleine Weltausstellung", wie sie gerne genannt wurde, heute noch im Stadtbild entdecken, zum Beispiel, wenn man mit dem Auto von der Hofgartenrampe in die Oederallee hineinfährt, um dann, an der Tonhalle vorbei, in die Rheinuferstraße einzubiegen. Der Haupteingang der Ausstellung war genau am Beginn der Oederallee, damals noch ein Spazierweg, der statt an der Tonhalle am Rundbau für das „Panorama Caub" vorbeiführte. Die „Kanonenburg" von Krupp ragte an der Stelle des Forum NRW empor, und am Tonhallenufer (Fischmarkt) standen funktionsfähige Modelle der Arbeiterhäuser, mit denen die expandierende Firma Krupp ihr soziales Engagement unter Beweis stellen wollte. Die Hauptallee, die Nord-Süd-Achse der Ausstellung, ist heute teilweise die Mittelallee im Ehrenhof, der größere Rest heißt Cecilienallee. Die Längshälfte der Ausstellung zum Rhein hin teilt sich heute in Ehrenhof, Rheinterrasse und Rheinpark, im Osten der Cecilienallee sind der Sitz des Regierungspräsidenten, das Oberlandesgericht und im weiteren Verlauf nach Norden Häuserblocks entstanden. Das Binnenwasser ist verschwunden. Nur noch ein Straßenname erinnert daran, dass vom Golzheimer Platz bis ungefähr zum Reeser Platz der Rest eines alten Rheinarms erhalten war. Dort wurden die Marine-Schauspiele gezeigt, dahinter waren Höhlenfluss und Wasserrutsche.

Aber man kann die Ausstellung nicht nur in Straßenführungen entdecken, auch Gebäude sind bzw. waren erhalten, allen voran der Kunstpalast. Er hat seine barock anmutende Fassade, die an das Petit Palais von 1900 in Paris erinnerte, 1926 verloren und sein jetziges Aussehen bekommen. Nach wie vor beherbergt er, wie 1902 geplant, großartige Kunst. In seiner ursprünglichen Form erhalten ist das ehemalige große *Restaurant der Kunstausstellung* direkt daneben, heute Ehrenhof 3, an dem man noch die Architektur des Kunstpalastes und auch der gesamten Ausstellung erahnen kann: Stuck, Türmchen, Rundfenster – ein Schlösschen nur für Gäste, die damals auch auf einer großen überdachten Veranda am Haus und unter den Bäumen davor an den Tischen saßen und speisten.

Die traurige Geschichte des Majolika-Häuschens kennt fast jeder Düsseldorfer. Es war erst Milchbar, dann beliebtes Café und fiel am 9. Februar 1926 einer Nacht-und-Nebel-Aktion zum Opfer: Der Architekt des Ehrenhofes, erbaut im Rahmen der großen Ausstellung *GeSoLei,* mochte es wegen seiner Buntheit nicht und ließ es entgegen dem Willen des Oberbürgermeisters und der Bürger Düsseldorfs in dieser Nacht abreißen. Es blieb nichts davon übrig. Als der Pächter und Café-Besitzer am Morgen des 10. Februar 1926 das Majolika-Häuschen öffnen wollte, war es verschwunden. Stühle, Tische und Porzellan standen auf der Wiese. Erst in neuester Zeit hat man im Rahmen von Bodenarbeiten vereinzelte Scherben wiedergefunden. Ihre Farben strahlen immer noch.

Und nicht zuletzt stammt die „Kugelspielerin" im Kö-Gärtchen am Graf-Adolf-Platz von der Ausstellung. Sie war 1902 im Raum der Berliner Kunstgenossenschaft im Kunstpalast zu sehen, nachdem sie bereits im Jahr 1900 in Paris die Große Goldmedaille gewonnen hatte. Der Industrielle Gustav Herzfeld erwarb die Skulptur und schenkte sie der Stadt zur Erinnerung an die Ausstellung. Übrigens gelang Ähnliches noch einmal zwei Jahre später bei der Kunst- und Gartenbau-Ausstellung: Man zeigte den „Märchenbrunnen" von Max Blondat, und der Industrielle Albert Poensgen erwarb das

Marmormodell, das am Ananasberg im Hofgarten aufgestellt wurde. Dort steht inzwischen eine Replik aus Bronze, der Originalbrunnen befindet sich zu seinem Schutz seit 1997 im Innenhof des Stadtmuseums.

Die Krupp-Kanonenburg wurde bis 2009 als Reparaturhalle im Werk Duisburg-Rheinhausen genutzt und ist seit Stilllegung des Werks abgebaut und eingelagert. Ganz in der Nähe stand während der Ausstellung die Halle des Bochumer Bergwerks- und Hütten-Vereins, leicht erkennbar am kirchturmartigen Glockenturm. Diese Halle wurde zunächst ab 1903 als Gebläsemaschinenhalle für Hochöfen in Bochum weiterbenutzt und stark erweitert. 2003 schließlich wurde daraus die „Jahrhunderthalle", ein Veranstaltungsort für vielfältige kulturelle Ereignisse.

Die weiteste Reise hat wohl der filigrane Pavillon der Gutehoffnungshütte hinter sich gebracht. Er wurde nach Mexiko verschifft und von 1903 bis 1905 in Mexiko-Stadt wieder errichtet, als Naturkundemuseum. Heute beherbergt das *Museo del Chopo* Kunst des 20. Jahrhunderts, ein Kino, eine Bibliothek, ein Archiv und ein Café. Der kleinere „Anbau" an den Pavillon, die Halle der Gasmotorenfabrik Deutz, ist inzwischen eine denkmalgeschützte Werkshalle, nach dem Architekt „Möhringhalle" genannt, auf dem ehemaligen Gelände von Klöckner-Humboldt-Deutz.

DAS WETTER

Im Verlauf dieser Ausstellung ist sehr viel über das schlechte Wetter geschrieben worden, das ausgerechnet Anfang Mai einsetzte und mit kurzen Unterbrechungen bis weit in den Sommer anhielt. Lange war es einfach zu kühl, erst im August und September wurde es wärmer. Gottfried Stoffers beschreibt in seinem Buch über die Ausstellung immer wieder die Schwierigkeiten, mit denen man aufgrund des Wetters zu kämpfen hatte. Hier eine kleine Auswahl:

„Um 3 Uhr wurde das Gelände dem Publikum geöffnet. Der Besuch war sehr gut, und er wäre sicher noch bedeutend besser gewesen, wenn nicht gerade am Eröffnungstage nasses, kaltes Wetter eingesetzt hätte."

„Auch die Ungunst des abnorm kalten, stürmisch-nassen Maiwetters wirkte nicht nur auf den Besuch der Ausstellung lähmend, sondern verzögerte in unliebsamer Weise die Fertigstellung mancher dekorativen Einzelheiten, sowohl an den Gebäuden, wie innerhalb einzelner Gruppen. Aber rastlos und unaufhaltsam wurde gearbeitet, bis in Kürze auch das Wenige, was am Eröffnungstage noch fehlte, vollendet war."

„Die Besuchsziffer ließ zwar den ganzen Monat Mai hindurch infolge des trostlos schlechten Wetters zu wünschen übrig. Auch das Pfingstfest, das sonst sicher viele Zehntausende nach Düsseldorf geführt hätte, verregnete vollständig."

„Der schwache Besuch im Monat Mai und das anhaltend schlechte Wetter, wobei die Illumination häufig ausfallen mußte, bedingten eine erheblich schwächere Belastung der Centralstation als in anderen Monaten."

„Fremdkörper, meistens Sandkörner, waren häufig aus dem Auge zu entfernen, obwohl das Wetter die Staubentwicklung nicht übermäßig begünstigte und auch für künstliche Besprengung der Wege möglichst gesorgt wurde. Mit dem Ausbleiben allzu großer Hitze dürfte es zusammenhängen, daß die eigentlichen Sommerkrankheiten, wie Magen- und Darmstörungen, auch Nasenbluten, nicht stärker hervortraten."

„Mit um so größerer Ungeduld sah man einem Witterungsumschlag entgegen und dies umso mehr, als der Besuch des Kaiserpaares für den 21. Juni in Aussicht gestellt war."

Anzeige im Fremdenführer
Düsseldorf 1902

DIE FOTOS IN DIESEM BUCH

Als Großherzog Friedrich von Baden die Ausstellung besuchte, wurde ihm zur Erinnerung ein Fotoalbum überreicht, das der Düsseldorfer Hofphotograph Julius Söhn (1868–1943) zusammengestellt hatte. Seine Fotos bestechen dadurch, dass sie aufmerksam beobachten und Einblicke gewähren, wie sie in den normalen Pressefotos der *Ausstellungswoche* oder auf Ansichtskarten nicht zu finden sind, zum Beispiel die Ausstellung der Grabsteine vor Halle I oder auch echte und nicht (wie häufig auf den Ansichtskarten) hereinkopierte Besucher – was man nicht zuletzt daran erkennt, dass sie auf den Fotos von Söhn fast immer einen Schirm dabeihaben.

PANORAMA DER AUSSTELLUNG.
Blick von der Brücke: in der Mitte die „Kanonenburg" von Krupp.
Heute von links nach rechts: Tonhallenufer,
Rheinuferstraße, Forum NRW, Ehrenhof

HOFGARTENTOR (HAUPTEINGANG).
Heute: Hofgartenrampe der
Oberkasseler Brücke, Abzweig Oederallee

GRUPPE DES DEUTSCHEN BETONVEREINS.
Die Zentaurengruppe wurde von
Bildhauer Karl Janssen entworfen.
Heute: Rheingärtchen neben der Rheinterrasse

SULDENTHAL UND ZILLERTHAL.
Heute: Cecilienallee/Ecke Homberger Straße
in Richtung Kennedydamm

BLICK AUF DIE INDUSTRIEHALLE.
Heute: Bereich zwischen Klever und Homberger Straße
vom Rhein bis zum Golzheimer Friedhof, vor der Industriehalle
verläuft die heutige Cecilienallee.

ANTON PETERS HOLZGROSSHANDLUNG.

Der weiße Pavillon rechts ist Pavillon 117 von Franz Busch,
hier allerdings nur von hinten zu sehen. Heute: Wiesen im
Rheinpark kurz hinter der Homberger Straße

GUTEHOFFNUNGSHÜTTE.

Heute: Präsidentenschlösschen neben der
Bezirksregierung und Cecilienallee

KUNSTPALAST.
Heute: Kunstpalast im Ehrenhof

**HALLE III FÜR SCHULWESEN
UND POLYGRAPHISCHE GEWERBE.**
Halle mit Presseräumen des „Litterarischen Büros" (rechts).
Heute: Rheinterrasse

**PANORAMA DER AUSSTELLUNG
WÄHREND DER BELEUCHTUNG.**
Heute: Rheinpark und Ehrenhof zwischen
Klever Straße und Oberkasseler Brücke

**HALLE I. GESUNDHEITSPFLEGE,
WOHLFAHRTSEINRICHTUNGEN.**
Links vor der Halle die Grabsteinausstellung.
Heute: Bebauung zwischen Cecilienallee und
Kaiserswerther Straße nördlich der Homberger Straße

AUSSTELLUNGSBAHNHOF.
Heute: Rheinpark fast in Höhe Golzheimer Platz

**VERGNÜGUNGSPARK UND
MARINE-SCHAUSPIELE.**
Heute: Cecilienallee, rechts Golzheimer Platz
(Tribüne der Marine-Schauspiele)

MARINE-SCHAUSPIELE.
Heute: Cecilienallee und
Rotterdamer Straße (statt Binnenwasser)

DIE SCHADOWSTRASSE

Bis Anfang des 19. Jahrhunderts führte der alte Flinger Steinweg aus den Befestigungsanlagen Düsseldorfs hinaus bis nach Grafenberg und weiter nach Gerresheim. Die Bebauung war spärlich. Auf der linken Seite gab es vereinzelte Bauernhäuser und Gartenlokale mit großen Vorgärten und die großen Bleichwiesen an der Düssel (Goltsteinstraße), auf der rechten Seite Gasthöfe mit Pferdetränken, Ställen und Scheunen. Zu der damaligen Zeit war der Flinger Steinweg die Ausfallstraße für Postkutschen nach Berlin.

Nachdem bis 1810 die Bastionen, Wälle und Wassergräben um die Stadt abgetragen worden waren, nutzten die Düsseldorfer die neuen Möglichkeiten. Die Stadt wurde langsam größer. Es entstanden die Alleestraße (Heinrich-Heine-Allee) und die Kastanienallee (Königsallee). Aus dem Kälbermarkt wurde das Rondell (Schadowplatz) mit seinen im Kreis gepflanzten doppelten Baumreihen. Auch auf dem Flinger Steinweg begann man mehr Häuser zu bauen und darauf zu achten, dass die Straße breiter wurde, indem man die neuen Häuser weiter zurücksetzte. Jetzt führte links neben dem Postkutschenweg ein schmaler Fußweg an Vorgärten vorbei. Er war mit Reihen von Ebereschen bepflanzt.

Als in den 1830er-Jahren die Düsseldorfer Malerschule unter ihrem Direktor Wilhelm Schadow ihre Blütezeit erlebte, wohnte Schadow auf dem Flinger Steinweg (Schadowstraße 30, dann 54). Felix Mendelssohn Bartholdy, der 1833 als Musikdirektor in die Stadt kam, bewohnte zwei Zimmer im Haus der Schadows. Die Schadowstraße 30 war daher bis zum Zweiten Weltkrieg als „Mendelssohn-Haus" bekannt. Am 30. November 1851 wurde Schadows 25. Berufsjubiläum festlich begangen. Oberbürgermeister Hammers überreichte dem Jubilar eine Urkunde: Von nun an trug der Flinger Steinweg den Namen Schadowstraße.

In der Gründerzeit gegen Ende des 19. Jahrhunderts veränderte die Schadowstraße wieder ihr Gesicht. Ganz allmählich verschwanden die zweistöckigen Häuser zugunsten höherer Wohn- und Geschäftshäuser. Man baute neu oder stockte auf, in jedem Fall wurden auch in bestehende Häuser Ladenlokale eingebaut. Um die Ecke der Kö gelegen, sollte die Schadowstraße zu einer großstädtischen Einkaufsstraße werden.

1902, zur Zeit der großen Ausstellung, war das Ziel erreicht. Die Schadowstraße lud nicht nur zu Einkaufsbummeln ein, zum Beispiel bei Peek & Cloppenburg an der Ecke Eckstraße, deren Kaufhaus gerade eine neue Jugendstilfassade bekommen hatte, oder schräg gegenüber an der gleichen Kreuzung Ecke Viktoriastraße (Ingenhoven-Tal) beim Kaufhaus Matthaei. Beide Kaufhäuser hatten große Schaufenster, sogar im ersten Stock. Die günstigen Lichtverhältnisse auf der Straße sorgten auch dafür, dass Maler und Fotografen ihre Ateliers hier eröffneten, unter anderem die Maler Andreas Achenbach und Emanuel Leutze und die Fotografen Wilhelm Severin und Fritz Overbeck. Überhaupt war die Straße auch ein Kulturzentrum. Seit 1818 hörte man die Pfingstkonzerte des Niederrheinischen Musikfestes in der Tonhalle. 1906 erwarb Constans Heinersdorff das Eckhaus Nr. 52 an der Bleichstraße (Ibach-Haus), gegenüber von Achenbachs Haus, und verkaufte hier Ibach-Pianos und andere Musikinstrumente. 1909 wurde um die Ecke auf der Bleichstraße 23 der Große Ibach-Saal angebaut, der Kammermusiksaal Düsseldorfs mit kleiner Bühne und Plätzen für 360 Zuhörer. Das Haus war lange Zeit auch Treffpunkt verschiedener kultureller und musikalischer Vereine. Komponisten wie Max Reger gehörten zu den aufführenden Künstlern.

Niemand konnte sich damals vorstellen, dass die ganze Pracht nach zwei Kriegen verschwunden wäre, dass einer der Luftangriffe 1943 ausgerechnet zu Pfingsten die Tonhalle treffen würde und auch der Kammermusiksaal und die Geschäftshäuser zerstört wären. Die Schadowstraße wurde mit den typischen, schnell hochgezogenen Fünfzigerjahre-Häusern wieder aufgebaut. Die Berliner Allee, ab 1954 parallel zur Königsallee angelegt, pflügte sich ihren Weg durch die historisch gewachsenen Straßenverläufe, auch durch die Schadowstraße.

Das Ende der langen Arbeiten an der Großbaustelle Wehrhahnlinie und die allerneueste Bebauung mit Geschäfts- und Bürohäusern, aber auch mit viel „Platz zum Promenieren", wie man 1902 gesagt hätte, können heutzutage dafür sorgen, dass diese Straße wieder lebendig wird. Sie ist ja Veränderung gewöhnt, seit sie ein Weg für Reiter und Fuhrwerke nach Gerresheim war.

Als Felix Mendelssohn Bartholdy zu Pfingsten 1833 in die Stadt kam, um das 15. Niederrheinische Musikfest zu leiten, fand es, wie seit 1818 üblich, in der „Tonhalle" im Becker'schen Garten statt. Felix' Vater Abraham schrieb nach Hause: „An der Landstraße von Berlin, etwa zweitausend Schritt vor der Stadt, in einem großen, schattenreichen, zu einer Gastwirtschaft gehörigen Garten, ist ein Saal von einhundertfünfunddreißig Fuß Länge, etwa siebenzig Fuß Breite […] hineingebaut, ganz ohne alle und jede Verzierung und – ich erröte – geweißt!! – Es ist allerdings unbegreiflich, daß in einem geweißten Saal Musik erklingen kann, aber es ist wirklich wahr. Der Saal faßt ungefähr eintausendzweihundert bis eintausenddreihundert Menschen."

Bis 1863 erklang Musik in diesem hölzernen, geweißten Saal im – nach einem Besitzerwechsel – Geisler'schen Garten und lockte Zehntausende Zuhörer an. Berühmte Musiker (Norbert Burgmüller, Joseph Joachim, Robert Schumann) und Sänger und Sängerinnen (Jenny Lind) traten hier auf. Dann kaufte die Stadt das Grundstück und ersetzte den Saal durch ein Steingebäude. Jetzt gab es zwei Säle: den Rittersaal mit einer Guckkastenbühne und Plätzen für ca. 1000 Personen und dahinter in Richtung Oststraße den Kaisersaal mit einer frei zugänglichen Bühne, durch Treppenstufen erhöht, und Plätzen für 3000 Personen. Eine lange Glashalle über die Längsseite des Baus führte in den großen Garten, der auch Platz für Konzerte bot.

1889 reichten insbesondere die Wirtschaftsräume nicht mehr für den Massenandrang, den die Konzerte hervorriefen. Man baute kurzerhand bis 1892 alles neu, behielt die Namen für die beiden größten Säle bei und sorgte im ersten Stock für größere und kleinere Veranstaltungsräume, im Erdgeschoss für Restaurants und Ladenlokale sowie für einen Gewölbekeller über die gesamte Länge der Säle.

Die glanzvolle Zeit der Städtischen Tonhalle endete bei Bombenangriffen 1942 und 1943 jäh. 1949 wurde das zerstörte Gebäude abgerissen und das Grundstück an die Karstadt AG verkauft, die dort das noch bestehende Kaufhaus errichtete. Ein Gedenkstein mit einer brennenden Leier und der Jahreszahl 1943 links neben dem Haupteingang erinnert an die Zerstörung der alten Städtischen Tonhalle. Der große Tonhallengarten wurde zur Liesegangstraße. Zur Erinnerung an den traditionsreichen Ort vieler Künstlerfeste steht eine der vier Säulen aus der ehemaligen Hauptfassade der alten Tonhalle im Malkastenpark.

DAS APOLLO-THEATER, 1898–1959

Es gab sie natürlich auch in Düsseldorf, die kleineren Sing-spielhallen, zum Teil in den Sälen von Gartenwirtschaften. Aber Düsseldorf wollte Großstadt werden und brauchte daher ein repräsentatives Varieté-Theater. Oberbürgermeister Wilhelm Marx unterstützte 1897 die Pläne, Geldgeber fanden sich und gründeten Anfang 1898 eine Theatergesellschaft, am 25. Juli 1898 erfolgte der erste Spatenstich für eine der größten und schönsten Bühnen Deutschlands. Der „Tempel für die leicht geschürzte Muse" entstand auf dem Grundstück des ehemaligen Cöln-Mindener Bahnhofs, im Häuserkarree Königsallee–Adersstraße–Jahnstraße–Luisenstraße. Er beinhaltete alles, was ein damaliges modernes Varieté-Theater brauchte. Der Zuschauerraum bot Plätze für 3000 Personen, im Parkett allein 1000 Personen an Tischen. Die symmetrische Bauweise erlaubte einen Wandelgang um das gesamte kreisförmige Parkett herum mit Ausgängen in jeweils zwei, insgesamt sechs Restaurants im Parterre und auf den beiden Rängen. Jederzeit konnte das Parkett für Zirkusvorstellungen in eine Manege mit Wassergraben umgewandelt werden. Hydranten, eine Berieselungsanlage für die Bühne und eine direkte Verbindung zur Hauptwache der Feuerwehr sorgten für schnelle Hilfe bei Bränden. An der Luisenstraße führte eine Rampe in unterirdische Stallungen für Pferde und Zirkustiere. Der künstlerische Direktor Jacques Glück brachte seine ganze Erfahrung und seine Beziehungen zu Künstlern auf der ganzen Welt in das Unternehmen und machte es berühmt.

In dem Häuserkarree entstand auf die Dauer zusätzlich eine Art überdachtes Vergnügungsviertel der „Internationalen Panorama- und Automaten-AG". Auf deren Grund und Boden stand auch das Hotel Artushof (46 Zimmer, 50 Betten), an der Adersstraße/Ecke Jahnstraße, in dem zumeist Künstler für die Zeit ihres Engagements wohnten. Es besaß ein großes Restaurant und im Innenhof einen Restaurationsgarten, erreichbar von der Jahnstraße aus. Daneben, an der Jahnstraße/Ecke Luisenstraße, stand ein großer Rundbau für wechselnde Panoramagemälde. Gegenüber an der Adersstraße lag zwischen Apollo-Theater und Artushof der Eingang zu weiteren Betrieben: American Bar, Automatenhalle und Panoptikum, Automatisches Restaurant, Stereorama, Irrgarten mit Spiegeln und einem kleinen Konzertsaal (Urania-Saal).

Nach dem Ersten Weltkrieg ließ das Interesse an Varieté und Vaudeville nach. Das Apollo-Theater bekam 1926 eine neue, strenge Fassade und wurde nur noch als Konzert- und Filmtheater genutzt. Nach dem Zweiten Weltkrieg modernisierte man das Gebäude. Es war das größte Lichtspielhaus der Bundesrepublik in der damaligen Zeit, bis es wegen der Kinokrise 1959 geschlossen und 1966 dann abgerissen wurde.

Anzeige im Branchen-Verzeichnis des
Düsseldorfer Adressbuchs von 1902

DIE FIKTIVEN DÜSSELDORFER

An der Geschichte in diesem Buch sind unterschiedliche Personengruppen beteiligt, die auf verschiedene Weise mit den Ereignissen verknüpft sind. Fiktiv sind natürlich die Übeltäter Albert Mertens, Otto Engel und Gustav Fischer. Es gab sie nicht, auch nicht ihre Familien. Tante Hedwig und ihre Schützlinge sind auch erfunden, ebenso wie Johannas Eltern, Polizeisergeant Lenzen, Feuerwehrmann Schröder, Gutachter Dr. Mostrich, der Reporter Kurt Mäckerrath und die Vermieterin Frieda Maus.

DIE HEUTE WENIGER BEKANNTEN DÜSSELDORFER

Das Düsseldorfer Adressbuch von 1902 gibt auf mehr als tausend Seiten umfangreiche Aufschlüsse über Düsseldorfer Leben. Es listet nicht nur sämtliche Bewohner mit Namen, Beruf und Straße auf, sondern bietet auch noch ein alphabetisches Straßenverzeichnis mit Informationen zu jedem einzelnen Haus. Es nennt zuerst den Eigentümer (in Klammern, wenn er nicht dort wohnt), dann die Bewohner, wieder mit Beruf, Stockwerk und – wenn vorhanden – Telefonnummer. Man kann also im Geiste durch die damaligen Straßen gehen und weiß sogar, welches Haus unbewohnt ist, wo noch keine Häuser stehen, welche Berufsgruppen sich in einer Straße besonders häufen. Auf diese Weise ist ersichtlich, dass damals der Installateur Reinhard Otterbach vier Häuser auf der Josefstraße besaß, dass eines davon die Polizeiwache IV beherbergte und dass dort Kommissar Höfner, die Wachtmeister Lenz und Richartz und Sergeant Peter Böckem lebten und arbeiteten. Eventuell gehörte auch noch Wachtmeister Thieß, der um die Ecke auf der Van-der-Werff-Straße wohnte, dazu. Polizeiwache III auf der Kreuzstraße mit Kommissar Blase und Sergeant Heckhausen war ähnlich strukturiert. Gerichtsarzt F. C. Th. Schmidt und Gerichtschemiker Edler von Graeve waren von der Stadt ernannt worden, um für die Behörden zu arbeiten. Eine regelrechte Gerichtsmedizin gab es erst ab 1907 in den Städtischen Krankenanstalten (heute Uniklinik Düsseldorf).

Ein besonderer Glücksfall war das Adressbuch für das Personal der Tonhalle. Unter dem Eintrag „Schadowstraße 89–93, E. (Stadt Düsseldorf) Tonhalle" findet man den Geschäftsführer Ernst Döring, Sekretär Franz Brieden und seine Frau mit ihrem Handschuh- und Krawattengeschäft, Friseur Heinrich Fütterer, Küchenchef Wilhelm Spickernagel und Hausmeister Josef Redemann, in weiteren Einträgen Garderobier und Cantinen-Wirt Jean Schmitz, Tonhallengärtner Hubert Zimmermann und natürlich Kellermeister Paul Hürter. Ähnliches gilt für das Apollo-Theater mit seinem Restaurantchef Georg Pütz. Ein Glücksfall waren auch Kaspar Jänicke und Frau, denn eine Gesindevermittlerin und ein Bühnenarbeiter ließen sich bestens in die Geschichte weben.

Gottfried Stoffers hat 1903 eine Beschreibung der Ausstellung herausgegeben. Minutiös sind Werdegang und Aufbau, Ausstellergruppen, statistische Auswertung und die gesamte Technik der Ausstellung beschrieben. Zuständige Personen werden mit Namen genannt, und so sind weitere Charaktere in die Geschichte gekommen: Inspektor Setzermann, Herr Fudickar und die Pressevertreter von Wildenradt und Stoffers selbst. Ein besonderer Platz gebührt Franz Busch, den man auf der Liste der Brandfälle finden kann: „9.6.02 Pavillon 117 Friseur Busch Einrichtungs-Gegenstände verbrannt". Er hatte sein Friseurgeschäft Am Wehrhahn 15, später im eigenen Haus auf der Kölner Straße 19.

Alle diese Menschen haben der Geschichte ihre Namen und Berufe gegeben. Wie sie aussehen, wie sie handeln und was sie sagen – das ist erfunden.

DIE PROMINENTEN

Buths, Julius

(*1851 in Wiesbaden, †1920 in Düsseldorf)

Er stammte aus einer Musikerfamilie und war Pianist, Komponist und Dirigent. Nach mehreren beruflichen Stationen, unter anderem in Paris, wurde ihm 1890 die Stelle als Musikdirektor der Stadt Düsseldorf in der Nachfolge von Julius Tausch angeboten. Bis 1907 dirigierte er mehrere Uraufführungen von Werken zeitgenössischer Komponisten, leitete sechsmal das Niederrheinische Musikfest und komponierte ein Festvorspiel für die Eröffnung der Ausstellung 1902. Im selben Jahr gründete er mit seinem Kollegen Otto Neitzel das Buths-Neitzel-Konservatorium, das 1935 in Robert-Schumann-Konservatorium umbenannt wurde (heute Robert-Schumann Musikhochschule). Buths war der letzte Musikdirektor der Stadt, der es duldete, dass während der Konzerte in der Tonhalle diniert wurde.

Glück, Jacques

(*1853 in [?], †1916 in Bad Reichenhall)

Er war Theaterdirektor, verfasste Operetten-Libretti und kannte sich in der Welt des Varietés seiner Zeit aus wie kein Zweiter. Nach Anfangsjahren im berühmten Wintergarten leitete er ab 1893 das Apollo in Berlin, an dem er Künstler wie den Komponisten Paul Lincke und den Sänger und Komiker Otto Reutter zu Stars machte. 1899 kam er als künstlerischer Direktor ans neu erbaute Apollo-Theater nach Düsseldorf und sorgte dafür, dass es in den folgenden Jahren zu einer der größten und schönsten Bühnen Europas wurde. Er starb 1916 unerwartet bei einem Aufenthalt in Bad Reichenhall und wurde in Düsseldorf unter großer Anteilnahme der Bevölkerung beerdigt.

Kremo, Elvira

(*1884 in Groß Köris, Brandenburg, †1973 ebenda)

Sie stammte aus der berühmten ursprünglich tschechischen Artistenfamilie Kremka, später Kremo, deren Mitglieder bis heute in Varieté und Zirkus auftreten. Ella hatte früh ein Soloprogramm als Seiltänzerin und war in Europa, Amerika und Australien für ihren Salto mortale auf dem Seil berühmt, eine Kunst, die sie damals als Einzige beherrschte. Artikel über sie oder ihre Freundin Elsie Moulier und deren Schwester Kathie erschienen in den ersten Sportzeitschriften in New York, wo man sie als beispielhaft für den weiblichen Sport darstellte. Man wollte der gängigen Meinung entgegenwirken, dass Sport schädlich für Frauen sei. Elsies Postkarte an Ella aus Antwerpen existiert übrigens wirklich: Am 31. Mai 1902 traf sie im Apollo-Theater ein.

Lueg, Heinrich

(*1840 in Sterkrade, †1917 in Düsseldorf)

Er wurde in eine Essener Industriellenfamilie hineingeboren. Während sein Vater mit seinem Bruder Carl die Gutehoffnungshütte leitete, gründete er mit Franz Haniel und dessen Onkel Ludwig die Maschinenfabrik Haniel und Lueg. Er war mit Fritz Roeber zusammen Initiator der großen Ausstellung 1902, setzte sich für den Bau der Rheinbrücke ein und war Mitbegründer der Rheinischen Bahngesellschaft. Er hat Oberbürgermeister Wilhelm Marx in seinen Plänen für die Stadt unterstützt und die Künste gefördert. 1917 wurde er im Familiengrab auf dem Nordfriedhof beigesetzt.

Marx, Wilhelm

(*1851 in Oelinghoven, Siegkreis, †1924 in Düsseldorf)

Er war Jurist, Politiker, ab 1888 Beigeordneter der Stadt Düsseldorf und von 1899 bis 1910 Oberbürgermeister. In beiden Funktionen hat er maßgeblichen Einfluss auf die vielfältigen Veränderungen der Stadt auf dem Weg zur Großstadt genommen. Enorme bauliche Veränderungen gehören zu seinen Erfolgen, ebenso wie Eingemeindungen heutiger Stadtteile oder auch die beiden großen Ausstellungen von 1902 und 1904. Im Jahr 1910 wurde er Ehrenbürger der Stadt Düsseldorf, 1924 wurde das erste Bürohochhaus Deutschlands, das Wilhelm-Marx-Haus an der Heinrich-Heine-Allee, nach ihm benannt. Als er 1924 starb, wurde er in Olpe, der Heimatstadt seiner Frau, beerdigt. 2008 errichtete die Stadt für die Familie ein Ehrengrab auf dem Düsseldorfer Nordfriedhof.

Roeber, Fritz

(*1851 in Elberfeld, †1924 in Düsseldorf)

Er war Historienmaler der Düsseldorfer Schule und von 1908 bis zu seinem Tod 1924 Direktor der Kunstakademie. Nach einem privaten Studium bei Schadow-Schüler und Akademiedirektor Eduard Bendemann arbeitete er ab 1893 als Akademieprofessor. Ab 1898 war er zusammen mit Heinrich Lueg Initiator der beiden sehr erfolgreichen Ausstellungen von 1902 und 1904. Er machte sich einen Namen mit seinen Historienbildern, monumentalen Wandgemälden und vor allem mit dem Entwurf „Der Triumph der Wahrheit" für das große Glasmosaik am Giebel der ehemaligen Kunsthalle. 1921 wurde er Ehrenbürger der Stadt Düsseldorf. Sein Grab befindet sich auf dem Nordfriedhof.

Vezin, Frederick

(*1859 in Philadelphia, †1933 in Düsseldorf)

Er wuchs in Philadelphia als Sohn französischer Einwanderer auf. Durch seine familiären Verbindungen nach Europa unterstützt, begann er 1876 ein Kunststudium an der Düsseldorfer Akademie, unter anderem bei Peter Janssen, Eduard von Gebhard und Wilhelm Sohn. Seine Malerei ist impressionistisch beeinflusst. Er wurde als Genre- und Landschaftsmaler, aber auch als ausgezeichneter Porträtist bekannt. Mit seiner Frau, der Dichterin und Schriftstellerin Ida Vezin, hatte er einen Sohn, für den beide 1906 das Buch *Kinderleben* veröffentlichten. Er besaß das Eckhaus Nr. 2 auf der damaligen Rubensstraße/Ecke Duisburger Straße. Heute ist dort die Einfahrt zu einem unterirdischen Parkhaus an der Vagedesstraße. Die damalige Rubensstraße, deren Bebauung verschwunden ist, ist nur noch ein namenloser Fußweg zur Rochusstraße.

Waldersee, Alfred Graf von

(*1832 in Potsdam, †1904 in Hannover)

Er besuchte die Kadettenschule Potsdam, und seine anschließende Militärkarriere fand 1888 mit der Nachfolge Helmuth Graf von Moltkes als Chef des Generalstabs ihren Höhepunkt. 1891 fiel er in Ungnade, weil er die Truppen des Kaisers beim Kaisermanöver besiegt und damit offengelegt hatte, wie wenig der Kaiser selbst von Strategie verstand. Er wurde als Kommandierender General nach Altona versetzt und litt sehr unter dieser Herabsetzung. Militärisches Geschick und Kaisertreue wollte er 1900/01 als Generalfeldmarschall und Oberbefehlshaber der europäischen Truppen in China beweisen. Seine Erfolge brachten ihm einerseits das Lob des Kaisers ein, andererseits wegen der – neben anderen Gräueltaten – willkürlichen Erschießungen von Kriegsgefangenen und Zivilisten sehr harsche Kritik von linken, liberalen, teilweise auch konservativen Politikern. Nach seiner Rückkehr 1901 wurde er Generalinspekteur in Hannover, wo er 1904 starb.

DIE WICHTIGSTEN QUELLEN

Adreßbuch 1902 für die Stadtgemeinde Düsseldorf
und die Landbürgermeistereien Benrath, Eller, Gerresheim,
Heerdt, Kaiserswerth und Rath. Nach amtlichem Material
zusammengestellt von Jos. Schumacher.
Düsseldorf: Düsseldorfer Verlagsanstalt, 1902
urn:nbn:de:hbz:061:1-482969
Link: https://nbn-resolving.de/urn:nbn:de:hbz:061:1-482969

Adreßbuch 1902 für die Stadtgemeinde Düsseldorf
und die Landbürgermeistereien Benrath, Eller,
Gerresheim, Heerdt, Kaiserswerth und Rath.
Nachtrag Mai 1902. Düsseldorf: Düsseldorfer
Verlagsanstalt, 1902
urn:nbn:de:hbz:061:1-620835
Link: https://nbn-resolving.de/urn:nbn:de:hbz:061:1-620835

Düsseldorfer Fremdenführer: durch die Stadt,
zur Ausstellung, zu den Sehenswürdigkeiten;
mit Stadtplan und Fahrplan. Düsseldorf:
Redemann & Ising, 1902
urn:nbn:de:hbz:061:1-13814
Link: https://nbn-resolving.de/urn:nbn:de:hbz:061:1-13814

Stoffers, Gottfried (Hrsg.). Die Industrie- und Gewerbeaus-
stellung für Rheinland, Westfalen und benachbarte
Bezirke verbunden mit einer Deutsch-
Nationalen Kunstausstellung. Düsseldorf: Bagel, 1903
urn:nbn:de:hbz:6:1-193023
Link: https://nbn-resolving.de/urn:nbn:de:hbz:6:1-193023

Söhn, Julius (Fotograf). Industrie-Gewerbe-
und Kunst Ausstellung Düsseldorf 1902 (Album).
Widmungsexemplar für Großherzog Friedrich I. Landesarchiv Baden-Württemberg, Fotosammlung.
69 Baden, Sammlung 1995 F I Nr. 96
Link: http://www.landesarchiv-bw.de/plink/?f=4-1255908

Frauberger, Heinrich (Hrsg.). Internationale
Kunstausstellung, Kunsthistorische Ausstellung,
Große Gartenbau-Ausstellung Düsseldorf 1904.
Düsseldorf: Bagel, 1905
urn:nbn:de:hbz:061:1-18422
Link: https://nbn-resolving.de/urn:nbn:de:hbz:061:1-18422

Henne, J. (Fotograf). Internationale Kunst- und
grosse Gartenbau-Ausstellung Düsseldorf 1904 (Album).
Widmungsexemplar für Großherzogin Luise. Landesarchiv
Baden-Württemberg, Fotosammlung.
69 Baden, Sammlung 1995 F I Nr. 70
Link: http://www.landesarchiv-bw.de/plink/?f=4-1253167

Stadtplan 1904 und Plan der Ausstellung 1902
*Link: https://www.landkartenarchiv.de/deutschland_
historischestadtplaene.php*

Ausstellung 1902.

Restaurant Jean Schmitz

direkt am Ein- und Ausgang der Ausstellung
an der Kaiserswertherstrasse
in nächster Nähe des Ausstellungsbahnhofes.

Eigene Schlachterei.

Diners

von 60 Pfg., eine Mark und in allen
Preislagen.

Frühstück à la carte. * Abendplatten.

Warme Krüstchen
zu jeder Tageszeit.

Diverse Schnittchen.
Specialität:
Ausstellungsschnittchen.

ff. Biere und Liqueure.

Ia. Regie-Weine.

Erfrischungsgetränke.

Anzeige im Fremdenführer Düsseldorf 1902

DANKSAGUNG

Auch bei der Entstehung dieses Buches gab es wieder Menschen, die gelesen, kritisiert und ermutigt haben.

Mein Dank gilt allen voran meinem Mann und meiner Familie: Rainer Holtei, Gabriele und Michael Bleckmann und Petra Bleckmann. Trotz ihrer eigenen Arbeit haben sich Freunde und Bekannte fürs kritische Lesen Zeit genommen, worüber ich mich sehr gefreut habe: Kai Berkenbrink, Christine Hocky, Ines und Gerhard Hottenrott, Markus Krabbe, Marlene und Karl-Heinz Springer.

Ein besonderer Dank gilt Dr. Martin Stingl und Michael Bock vom Landesarchiv Baden-Württemberg für ihre Informationen zum Fotoalbum des Düsseldorfer Fotografen Julius Söhn für den Großherzog Friedrich von Baden, heute im Besitz des Generallandesarchivs Karlsruhe. Julius Söhns Fotos dokumentieren die Ausstellung 1902 in perfekter Weise und eignen sich bestens dazu, die örtlichen Gegebenheiten von damals zu veranschaulichen.

Und ganz zum Schluss ein herzliches Dankeschön für die gute Zusammenarbeit an meine beiden professionellen Leser, die Lektorin Anna Lefringhausen (Droste Verlag Düsseldorf) und den Autor und Lektor Cornelius Hartz (Hamburg).

Christa Holtei, im April 2021.

BILDNACHWEIS

S. 4/5, 305: Adreßbuch 1902 für die Stadtgemeinde Düsseldorf und die
Landbürgermeistereien Benrath, Eller, Gerresheim, Heerdt, Kaiserswerth und Rath,
urn:nbn:de:hbz:061:1-482969;
S. 7: Stadtarchiv Düsseldorf 5-1-0-1323.0000;
S. 279: Adreßbuch der Stadt Düsseldorf für das Jahr 1901,
urn:nbn:de:hbz:061:1-478555;
S. 287, 318: Düsseldorfer Fremdenführer: durch die Stadt, zur Ausstellung,
zu den Sehenswürdigkeiten, mit Stadtplan und Fahrplan,
urn:nbn:de:hbz:061:1-13814;
S. 288-295: Landesarchiv Baden-Württemberg, Fotosammlung, 69 Baden,
Sammlung 1995 F I Nr. 96, Permalink
http://www.landesarchiv-bw.de/plink/?f=4-1255908

IMPRESSUM

Bibliografische Information der Deutschen Nationalbibliothek
Die Deutsche Nationalbibliothek verzeichnet diese Publikation in der
Deutschen Nationalbibliografie; detaillierte bibliografische Daten sind
im Internet über http://dnb.d-nb.de abrufbar.

© *2021 Droste Verlag GmbH, Düsseldorf*
Schutzumschlag/Einband: Katja Holst, Frankfurt am Main,
unter Verwendung einer Postkarte der Rheinisch-Westfälischen Industrie-
und Gewerbeausstellung Düsseldorf 1902 (Privatbesitz Holtei)
sowie eines Ornaments von Shutterstock (c) svekloid
Druck und Bindung: CPI – books GmbH, Leck
ISBN 978-3-7700-2285-4

www.droste-verlag.de